KB133786

도시에 산다는 것에 대하여

Stress and the City
Warum Städte uns krank machen. Und warum sie trotzdem gut für uns sind
by Mazda Adli

도시에 산다는 것에 대하여

도시의 삶은 정말 인간을 피폐하게 만드는가

마즈다 아들리Mazda Adli
이지혜 옮김

나아날로그

차례

프롤로그

스트레스로 넘쳐나는 도시, 그럼에도 왜 떠나지 못하는 걸까?

거주지는 매우 중요한 문제다. 우리는 지금 살고 있는 곳이 과연 자신에게 적합한지, 정확히 말해 자신의 뇌가 뮌헨이나 뒤셀도르프, 나우엔, 뵈텐슈테트 혹은 겔더스하임에서 살기에 적합하게 만들어져 있는지를 끊임없이 스스로에게 묻는다.

자신이 도시형 인간인지 시골형 인간인지를 궁금해하는 사람도 많다. 대도시에서 어린 자녀를 키우는 부모라면 조용한 변두리나 녹지가 있는 도시의 경계 구역에 새 보금자리를 구하기 위해 주말마다 정보지나 인터넷 부동산 사이트를 뒤질 것이다. 반면에 문화생활을 즐기는 또 다른 누군가는 도시 밖에서 사는 일은 상상조차 할 수 없을 것이다. 또 다른 누군가는 대도시의 소음과 악취와 북적임을 떠올리며 무슨 일이 있어도 자연 가까이에서 지내는 지금의 삶을 대도시의 삶과 맞바꾸지 않겠노라 다짐하고 있을 것이다.

실제로 도시는 긴장감을 유발하는 공간, 한시라도 빨리 벗어나고 싶은 곳인 경우가 많다. 도시의 밀집도, 무관심하고 표정 없는 사람들, 꽉 막힌 도로 교통, 온갖 소음, 분주한 분위기는 사람의 기력을 소진시킨다. 도시에 사는 사람이라면 사소한 스트레스 한 번 겪지 않고 그냥 보내는 날은 단 하루도 없을 것이다.

스트레스는 사람들의 정신적 · 신체적 건강을 해치는 까닭에 이는 절대적으로 중요한 문제다. 우울증 같은 스트레스성 질환은 전 세계 모든 나라에서 국민질병으로 자리 잡는 중이다. 세계보건기구에 따르면 21세기에는 스트레스가 가장 큰 건강 위해 요인이 될 것이라고 한다. 그런데 도시가 실제로 이에 적잖은 영향을 미친다는 증거가 여럿 발견되었다. 스트레스에 노출되었을 때 도시 거주자의 뇌가 시골 거주자의 뇌와 다르게 반응한다는 사실은 이미 잘 알려져 있다. 도시민의 뇌는 스트레스에 더 민감한 것으로 추측되고 있으며, 현재 거주 중이거나 나고 자란 도시의 규모가 클수록 스트레스 민감도는 더 높아진다. 대도시에서 유년기를 보낸 사람은 조현병 같은 특정한 정신질환에 걸릴 위험도 높다. 오늘날에는 도시에서 발생하는 스트레스가 정신건강에 결정적인 영향을 미친다는 것이 신경학적으로도 증명되었다.

전원생활을 꿈꾸는 사람들

미리 언급하건대 나는 대도시에서의 삶을 사랑한다. 언제나 그래왔고 아마 앞으로도 그럴 것이다. 내게 도시는 매혹적이다. 이 책에서 나는 도시에서 내가 직접 겪은 일들에 관해 이야기할 예정이다. 현재 내가 살고 있는 도시이자 직장인 정신의학 · 심리치료 전문병원이 있는 베를린에서 경험한 일들은 물론이고, 지금껏 방문하거나 거주한 적이 있는 다른 여러 도시에서 관찰한 것들에 대해서도 이야기할 것이다.

내가 도시에서의 삶을 매력적으로 느끼는 이유는 무엇일까? 나는 낯선 사람은 물론이고 내가 사는 건물과 주변의 다른 건물에 사는 이웃들과도 가까이 지내며 시선 교환하기를 즐긴다. 집 앞에 있는 거리에 보행자들이 많이 다닌다는 점도 마음에 든다. 자동차 통행량 역시 많지만, 그래서 방해가 된다고 느껴본 적은 없다. 일부러 사교활동을 하지 않아도 문 밖에만 나서면 사람들을 만날 수 있다는 사실은 마음을 편하게 만든다. 도시에서 누릴 수 있는 문화도 사랑한다. 베를린에는 수많은 극장과 세 곳의 국립 오페라하우스, 헤아릴 수 없이 많은 박물관, 카페, 상점, 시장, 광장과 공원이 있다. 그때그때의 기분에 맞춰 유익한 자극을 선택할 수 있다.

물론 나 역시도 도시 생활을 하며 스트레스를 받을 때가 많다. 시내에서 방해받지 않고 이동하는 일이 불가능하거나 교통체증에 시달릴 때는 신경이 날카로워진다. 그럴 때면 스트레스 연구가이자 정신과 의사인 나 같은 사람(아마 내 동료들도 마찬가지일 것이다)도 정신적 긴장감에는 면역력이 없다는 사실을 새삼 떠올리게 된다.

그래서 나는 이따금 새로운 환경을 찾아 나선다. 예컨대 붐비는 대도시를 뒤로 하고 베를린 근교로 나가 드라이브를 즐길 때도 있다. 이 사소한 도피는 기분전환을 하는 데 유용하다. 정기적으로 루피너 란트Ruppiner Land(크고 작은 호수가 많아 휴양지로 각광받는 베를린 북부의 자연지대 – 옮긴이)를 찾아 도심으로부터 80킬로미터 떨어진 가르츠의 고저택에 사는 친구를 방문하기도 한다.

저택의 테라스에 서 있노라면 새들이 수천 가지 음으로 지저귀며 내 머리 위로 음향의 아치를 드리운다. 테라스의 좌우로 줄지어 선 나무들은 공원 양쪽의 경계를 이루며 멀리 보이는 연못까지 이어져 있는데, 이따금 불어 온 바람이 나무의 열에 부딪혀 부서질 때면 길고 거칠게 웅웅거리는 소리가 울린다. 이곳에서는 시간의 흐름이 멈춘 것처럼 보인다. 옛 브란덴부르크 변경백령의 문화지대 한가운데 자리 잡은 이 황홀한 전원의 풍경은 내 머릿속에 깊은 인상을 남긴다. 그러나 이내 나는 자신에게 묻는다. 내가 이곳에 산다면, 지금 이 풍경이 이토록 아름답게 느껴질까? 그저 소란스러운 회색빛의 도시 베를린과 대비되어 매력적으로 보이는 것은 아닐까?

이 문제와 관련해서는 나도 여느 사람들과 똑같다. 자연에서 사는 삶을 갈망하는 순간은 끊임없이 찾아오지만, 실제로 그런 삶을 영위하는 내 모습을 상상하기는 어렵다. 언론이 전원에서의 삶을 환기시키는 데도 이와 비슷한 원리가 작용한다. 점점 더 많은 사람들이 도시로 거주지를 옮기면서 시골은 급격한 심한 인구 감소 현상을 보이는 시대에 텔레비전과 영화, 잡지, 언론에서만은 '전원에서의 삶'이 각광을 받는 중이다.

빛과 어둠이 공존하는 도시

사람들이 도시로 몰리고 있다는 사실에는 의문의 여지가 없다. 이는 전 지구적인 현상으로, 세계 각지에서 사람들은 '황폐한 시골'을 등지고 있다. 사람들이 도시로 이주하는 이유는 교육의 기회와 풍요, 그리고 자녀들의 미래를 보장받을 수 있기 때문이다. 도시민들은 이를 위해서라면 무미건조한 고층아파트나 현대적인 침상도시 bed town(거주 기능을 담당하는 위성도시 – 옮긴이) 혹은 거대한 메트로폴리스의 끝없이 펼쳐진 변두리에 사는 것까지 기꺼이 감수한다.

실제로 지난 수세기 동안 세계인구의 급격한 증가와 더불어 도시는 전혀 새로운 차원으로 발전했고, 어느덧 전 세계인구의 절반이 도시민이 되었다. 점점 더 많은 도시들이 인구 천만 명 이상의 메가시티로 성장하고 있다. '끝없는 도시 Endless Cities'라는 개념도 연구가들의 입에 오르내리는 중이다. 이는 경계가 무너지고 통제가 불가능하며 어떤 형식이나 기반시설도 갖추지 못한 채 허허벌판을 끝없이 잠식해 나아가는 도시를 일컫는다. 국제연합은 2050년까지 세계인구의 약 70퍼센트가 도시에 거주하게 될 것이라고 추정하고 있다. 미래에는 수많은 국가들이 주로 자국의 대도시에 의해 정의될 것이다. 도시는 현대사회를 움직이는 동력이다.

도시화는 지상의 인류가 겪은 가장 두드러진 변화다. 인류의 공존이 점점 더 협소한 공간 안에서 이루어진다는 것은 무엇을 의미하는가? 이 변화가 지구에서의 삶에 어떤 의미를 갖는가? 이 모든 문제들은 미래에 점점 더 크게 대두할 것이다. 도시화가 기후변화 못지 않게 인간의 건강에 영향을 미칠 것이라는 추측도 가능하다.

이런 이유로 이 책에서는 유럽의 국경 너머까지 시선을 넓혀볼 예정이다. 예를 들면 우리는 상상도 할 수 없을 정도로 열악한 수많은 홍콩 이주노동자들의 거주 조건을 살펴보고 브라질의 파벨라 Favela(브라질 대도시의 빈민촌 – 옮긴이) 주민들의 삶도 들여다볼 것이다. 하지만 일차적으로는 서구의 대도시들 및 그곳 주민들이 겪는 문제에 초점을 맞추기로 한다. 나 자신에 관해서는 물론이고, 도시를 대하는 내 마음가짐, 그리고 나를 지금의 도시형 인간으로 만든 경험에 대해서도 이야기할 것이다. 그중에는 기이한 경험, 멋진 경험은 물론이고 폭력에 관한 기억도 있다. 말하자면 이 책은 지극히 개인적인 색깔을 띠고 있다.

현재 내가 살고 있는 베를린을 비롯해 빈, 런던, 파리 같은 유럽의 메트로폴리스는 문화도시이자 학문도시로서 전 세계에서도 손꼽힐 만큼 매력적인 삶의 터전을 제공한다. 이런 곳에서는 사람들이 도시로 이끌리는 이유가 무엇인지, 그들이 도시에서 무엇을 추구하는지를 체험하게 된다. 그와 동시에 거부감을 불러일으키고 이따금 두려움을 안겨주기도 하는 것의 실체가 무엇인지도 알게 된다. 도시에서 접하는 문화적 · 사회적 다양성은 삶의 질을 끌어올리며, 특히 젊은 이들은 대도시에서 각자의 잠재력을 마음껏 펼칠 수 있다.

반면에 협소한 공간에서 느끼게 되는 극명한 대비와 긴장감도 언급하지 않을 수 없다. 측정이 불가능할 정도로 어마어마한 부와 넘치는 풍요로부터 멀지 않은 곳에 빈곤과 비참한 삶의 모습이 존재한다. 이는 삶의 질과 교육, 소득의 커다란 격차뿐 아니라 건강 상태와 수명 문제에서도 무시할 수 없는 계층 간 차이를 초래한다.

도시인이 경험하는 밀집성과 고독의 동시적 존재는 사회적 스트레스를 가중함으로써 질병을 일으키기도 한다. 사회적 스트레스는 온갖 스트레스 중에서도 인간에게 가장 큰 해를 미치고 건강을 어마어마하게 손상시킨다. 도시의 소음과 오물도 마찬가지로 큰 부담이지만, 우리를 망가뜨리는 데 무엇보다도 크게 일조하는 것이 바로 사람과 사람 사이, 사회적 공존에서 겪는 스트레스다. 이 문제는 다른 위험요소들의 폐해에 이미 노출된 사람들이 있는 장소에서 특히 쉽게 발생한다. 기존의 유전적 위험인자 외에도 나이, 이민 배경 등의 사회적 요인이나 인구통계학적 요인도 그런 위험요소에 속한다. 어떤 사람들은 이런 요인들 때문에 도시에서의 삶에 전제되는 여러 가지 장점을 제대로 누리지 못한다.

모두에게 '이상적인 도시'가 과연 존재할까?

학계에서는 최근 몇 년 사이에야 비로소 '스트레스와 도시'라는 연구 분야를 발견했다. 따라서 무엇이 도시민의 정신건강과 신체적 안위에 도움이 되며 무엇이 그렇지 못한지, 도시 내의 위험에 노출되어 일차적 구제가 필요한 인구가 증가한 원인은 무엇인지 등에 대해 학문적으로 확실히 규명된 바도 아직 너무나 적다.

신경도시학 분야에서 숙고 끝에 제시한 최초의 연구 가설들은 신경학, 의학, 도시계획, 사회학, 건축학 등의 지식을 기반으로 하며, 이 주제를 포괄적인 연구의 관점에서 조망하는 것을 목표로 삼는다.[1] 연구 활동을 뒷받침하기 위해 이 분야의 여러 학자들이 베를린에 협회를 창설하기도 했다. 어떤 요소들이 도시 스트레스를 유발하는지, 또한 도시 생활에서 건강을 증진하는 요인은 어디에서 찾을 수 있는지에 관한 이해를 넓히는 것이 신경도시학의 핵심 과제다. 신경도시학적 관점에서 보면 건강한 도시를 만드는 일은 사회 · 보건 · 정치적 측면에서 볼 때도 시급한 문제다.[2]

하지만 우리는 이제 겨우 출발점에 서 있다. 이 책 또한 '도시와 스트레스'라는 주제에 관한 몇몇 사실과 관념을 분류하려는 첫 시도다. 도시 생활이 불러일으키는 정서적 문제점을 집중적으로 탐구하게 될 것이다. 나는 이와 관련해 워낙 다양한 관점이 존재하는 까닭에 집필 과정에서 도시에 사는 수많은 사람들과 이야기를 나누었으며 이들을 관찰하고, 연구하고, 형상화했다. 건축가, 도시계획가, 도시사회학자뿐만 아니라 어느 도시의 시장, 정신병리학자, 오페라 감독 등을 만났다.

무엇이 우리로 하여금 이토록 이 주제에 심취하게 만드는 것일까? 지극히 실용적인 목적에서, 다시 말해 도시 생활에서 겪는 고충에 더욱 잘 대처하기 위한 비법과 전략을 찾기 위한 사람도 분명 있을 것이다. 그러나 나는 이 같은 관심의 이면에 더 큰 의미가 숨어 있다고 확신한다. 더 나은 도시, 나아가 이상적인 도시를 모색하는 일이 그것이다.

그렇다면 과연 '이상적인 도시'는 어떤 모습이어야 할까? 이 물음에 대한 답은 천차만별이다. 더 많은 녹지, 더 많은 극장, 유연한 상점의 영업시간 등 사람에 따라 원하는 것은 제각각 다르다. 또 다른 누군가는 경찰과 감시 카메라를 늘려야 한다고 생각하며, 자전거 도로를 더 많이 만들어야 한다는 사람도 있다. 그러나 모든 사람이 기본적으로 원하는 것이 딱 하나 있다. 생계를 보장하고 우리를 보호하며 고무시키는 도시, 도움이 필요할 때 외면하지 않는 도시에서 살고자 하는 소망이 그것이다. 우리가 원하는 이상적인 도시는 아마도 아름다운 건물과 생기 넘치는 거리, 밝고 조용한 거주 공간, 효율적인 대중교통 시설이 마련된 도시일 것이다. 모든 이에게 충분한 공간이 제공되고 최대한 많은 곳에 녹지가 조성되어 있으며, 깨끗하고 안전하고 경제적으로 번창하며 문화가 꽃피고 역사적 의미가 있는 곳이어야 함은 물론이다.

더 건강하고, 더 유익한 도시를 위한 조건

하루 24시간 모든 장소에서 만사가 순조롭게 돌아가는 유토피아 같은 도시는 존재하지 않는다. 이 물음에 대한 답은 아무리 구해도 끝이 없다. 첫눈에 이상적으로 보이는 도시라도 실상을 들여다보면 그렇지 못할 수 있다. 그렇다면 이상적인 도시에는 무엇이 또 필요할까? 이 책에서 그 물음에 대한 답을 찾아나갈 것이다.

도시가 우리 삶에 어떤 영향을 미치는지, 정신적으로 어떤 부담을 주는지, 반대로 어떤 면에서 유익한지도 규명하고자 한다. 그처럼 이상적인 도시가 진정 우리에게 적합한 것인가? 그처럼 흠잡을 데 없는 세계에서 우리는 과연 지속적인 만족감을 얻을 수 있는가? 한 도시에서 자극제와 재생의 기회를 동시에 얻기 위해 우리의 뇌와 정신은 무엇을 필요로 하는가?

다시 한번 강조하건대 나는 대도시를 사랑하는 사람이다. 도시에서의 삶을 평가 절하할 마음은 추호도 없다. 도시는 내게 유익하다. 내가 살아본 큰 도시들이 지금의 나를 만들었다. 쾰른은 나를 개방적이고 소통을 즐기는 사람으로 키웠다. 본은 소도시가 그보다 훨씬 더 큰 세계의 미니어처일 수도 있음을 가르쳐주었다. 테헤란은 도시들이 서로 극명한 대비를 이룰 수 있음을 보여주었다. 샌프란시스코에서는 기이한 마천루가 만들어내는 미국 대도시 특유의 풍경을 처음으로 보았다. 눈부시게 빛나는 태양과 거의 날마다 새파랗게 빛나는 하늘을 배경으로 우뚝 선 도시가 내 눈앞에 펼쳐졌다. 빈에서는 한 나라의 문화적 생동감이 대도시에서 심장박동처럼 울려 퍼질 수도 있음을 배웠다. 파리는 젊은 의대생이었던 나로 하여금 거주지 근처를 구석구석 파고들게 함으로써 메트로폴리스 전체를 정복할 수 있음을 몸소 체험하게 해주었다. 베를린에서는 독일에서도 지중해풍의 분위기를 맛볼 수 있음을 알게 되었다. 진정한 '바깥세상'이 그곳에 있었다.

도시는 분명 사람들에게 유익하다. 그러나 어떤 조건에서도 다 그런 것은 아니다. 따라서 어떤 상태와 생활 조건이 도시를 우리가 바라는 약속의 땅으로 만드는지 이해해야 한다. 도시는 우리에게 친근한 존재여야 한다. 더불어 시민들의 다양한 출신과 욕구, 관심사를 존중해야 하며 그와 동시에 공동체를 다지고 그 안에서 우리들 각자가 설 자리를 마련해주어야 한다. 세계는 도시화되는 중이다. 이는 우리가 사는 도시의 얼굴을 바꾸어놓고 사람들의 건강에도 영향을 미친다. 도시를 유익한 장소로 만들 방법을 모색해야 하는 이유가 바로 여기에 있다.

: Chapter 1 :

도시의 스트레스

아무도 원하지 않는 모두의 것, 스트레스란 무엇인가?

일기 형식의 소설 『말테의 수기Die Aufzeichnungen des Malte Laurids Brigge』에서 라이너 마리아 릴케Rainer Maria Rilke는 세기말 시대 파리의 인상을 다음과 같이 묘사했다. 이 작품에서 릴케는 파리에 사는 말테라는 인물의 입을 통해 여러 차례에 걸쳐 이 도시에 관해 이야기한다.

창문을 열어둔 채 잠자는 습관은 버릴 수가 없다. 전차들이 종을 울리며 내 방을 뚫고 질주한다. 자동차들은 나를 밟고 달린다. 문 하나가 닫힌다. 어디선가 유리 한 장이 쨍그랑 소리를 내며 떨어지고, 커다란 유리조각의 웃음소리와 작은 유리조각들의 킬킬대는 소리가 들려온다. 그 뒤에는 건물 안의 반대편으로부터 별안간 갇힌 듯 둔중한 소음이 이어진다. 누군가 계단을 올라온다. 멈추지 않고 다가온다. 다 왔다, 이미 한참 전에. 그리고 지나친다. 이제는 또다시 거리의 소음 차례다. 한 여자아이가 날카롭게 내지른다. "아, 입 닥쳐! 더 이상은 원치 않아." 심한 동요를 일으키며 달려오는 전차가 고함을 삼키고, 모든 것을 삼키며 멀어져간다. 누군가 고함을 친다. 사람들은 앞다투어 달려간다.

19세기에서 20세기로 넘어가는 전환기에 파리는 런던과 뉴욕에 이어 세계에서 세 번째로 큰 메트로폴리스였다. 릴케가 이 소설을 쓰던 무렵에는 산업화가 이미 상당히 진행되어 대도시들이 급속도로 성장하고 기계화가 이루어지는 중이었다. 교통량이 증가하고 전기로 운용되는 최초의 시가전차들이 마차버스를 대체하고 있었으며 곳곳에 신호등이 세워졌다. 조용하고 여유로운 휴식은 생각할 수도 없었다. "최대한 빨리 빈 공간을 가로질러 병원 안으로 들어가야 하는 마차들 중 어느 것에 치일지 모를 위험을 감수하지 않고는 파리 대성당의 파사드를 감상하는 것이 거의 불가능하다."

빈부 격차는 커져만 갔고 비인간적인 상태가 파리를 지배했으며 빈곤과 오물 천지였다. 말테는 이 도시를 생존투쟁의 장으로 묘사했다. 어째서 사람들이 이곳으로 몰려드는지 그로서는 이해할 수 없는 일이었다. "그래, 사람들은 살기 위해 이곳으로 온다지만, 내 생각에는 이곳에서 사람들이 죽어가는 것 같다." 이 장면은 말테가 파리를 소음과 동요, 압박감, 불안 등 현대어로 축약하자면 스트레스와 연관 짓고 있음을 분명히 보여준다.

나도 1992년 빈으로 이사했을 때 유사한 경험을 했다. 이사 초기부터 큰 스트레스에 시달렸다. 춥고 습하기까지 한 가을철의 빈은 황량하기 그지없었다. 겨울나기가 힘들기로 유명한 도시가 여럿 있는데 빈도 그중 하나다. "빈은 유럽은 물론 세상 전체로부터 홀로 내팽개쳐진 거대한 공동묘지처럼 오래되고 생기 없는 도시 같았다." 토마스 베른하르트Thomas Bernhard는 단편소설 「인스부르크 상인 아들의 범죄Das Verbrechen eines Innsbrucker Kaufmannssohns」에서 오스트리아의 수도를 이렇게 묘사한다. 이는 흔히 거론되는 빈의 높은 사망률을 상기시킨다. 우중충한 겨울 날씨는 가로수 한 그루 없이 높은 건물들만 우뚝 솟아 있는 거리를 지저분한 회색빛 집들의 바다처럼 보이게 만든다.

1990년대의 빈은 내 눈에 1660년대 독일의 도시처럼 보였다. 끔찍하리만치 촌스럽고 외부 세계로부터 고립되고 누렇게 빛바랜 모습이었다. 공공기관에 볼일이 있을 때면 먼저 도처에 널린 트라픽Trafik(오스트리아에서는 매점이나 작은 상점을 이렇게 불렀다)에 들러 인지印紙를 구입해야 했다. 대로와 오래된 건물들에는 이 도시가 한때 누렸을 영화의 흔적이 남아 있었지만, 이제는 먼지를 뒤집어쓴 폐허처럼 보일 뿐이었다.

나는 빈의 16구에 위치한 작은 원룸에서 살았는데, 복도에 있는 공용화장실을 같은 건물에 사는 다른 거주자들과 함께 사용해야 했다. 내 맞은편 방에는 남자를 밝히는 알코올 의존증 여성이 살았다. 건물 주인은 처음부터 내게 그녀를 조심하라고 경고했다. 이따금 그녀가 상상 속의 상대방과 밤새도록 언쟁을 벌이는 소리도 들려왔다.

쌀쌀한 가을의 어느 날, 석유난로를 켜자 불과 몇 분 만에 방 안이 이글이글 끓기 시작했고 소방관들이 들이닥쳤을 때는 거의 50도까지 올라가 있었다. 그들은 난롯불을 끄고 안전을 위해 난로를 폐쇄해버렸다. 전문가가 와서 점검한 뒤에야 재사용이 가능하다는 것이었다. 나는 내 생애 가장 추운 2주를 보내야 했다.

그 후 나는 조금씩 빈의 매력을 탐색하고 이 도시를 채운 삶의 리듬에 적응했지만, 그럼에도 그 시간들은 끝내 그리 좋은 기억으로 남지 않았다. 스트레스로 가득한 나날이었고, 나는 홀로 도시 한복판에 내던져진 기분이었다.

유익한 스트레스와 유해한 스트레스

앞에서는 문학과 개인적 경험을 통해 대도시 스트레스에 관해 살펴보았다. 이때 묘사된 대도시 스트레스는 우리가 보통 스트레스에 관해 생각하는 바와 일치한다. 이 개념은 다분히 부정적인 의미로 점철되어 있다. 지나치게 비좁은 공간, 소음, 빠른 속도, 익명성, 그리고 스스로 통제할 수 없는 상황 말이다.

그러나 스트레스에는 언제나 또 다른 측면이 존재한다. 흥미롭게도 영어에서는 이 개념이 오로지 부정적인 의미로만 쓰이지 않는다. 우리는 스트레스를 특히 신체적 · 정신적 부담, 불안감, 두려움과 연관 짓지만, 영어에서는 이 단어가 흥분이나 자극, 강조의 의미를 지니기도 한다.

생리학적 정의도 대체로 중립적인 편이다. 빈 출신의 내분비학자 한스 셀리에Hans Selye는 1936년에 이미 몬트리올 대학교에서 이 현상을 묘사했으며, 1950년에는 최초로 이를 가리켜 '스트레스'라는 용어를 사용했다.[1] 심리학자들이 사용하는 스트레스의 정의는 어떤 요구에 대해 유기체가 보이는 반응과 관련된다. 그것을 좋게 평가하는지 나쁘게 평가하는지는 여기에서 별개의 문제다. '도시 스트레스'에 관해 숙고할 때도 이처럼 이중적인 의미를 자각하고 있는 것이 좋다. 도시 생활은 부담스럽고 복잡하다. 하지만 고무적이고 자극적이며 우리를 깨어 있게 만듦으로써 개인적 발전을 이끌어내기도 한다.

스트레스와 그것이 우리의 건강에 미치는 영향력은 개개인의 주관적 평가에 따라 크게 달라진다. 미국의 심리학자 리처드 라자루스Richard Lazarus는 이를 기반으로 자신의 이름을 딴 스트레스 모델을 고안했다.[2] 그는 자기 힘으로 극복할 수 있다고 여겨지는 어떤 상황에 직면할 경우에는 스트레스가 에너지를 공급하며 정신적 능력 발휘를 자극한다고 보았다.

단순하고 사소한 예로 상식게임, 퀴즈, 또는 지식을 총동원하고 여러 요소를 조합함으로써 무언가를 최대한 빨리 알아맞히는 게임대회 등에 참가하는 일을 들 수 있다. 이때 참가자들은 흥분과 긴장감은 물론 게임 결과에 대한 불확실성도 체험하지만, 일차적으로는 긍정적인 자극을 받는다. 대다수 사람들은 도전과제를 풀면서 즐거움을 느낀다. 이때 받는 스트레스는 우리에게 필수적일 뿐 아니라 권장할 만한 것이기도 하다. 공연을 앞두고 긴장감에 사로잡혀 있는 피아니스트의 상황은 이보다 한층 '심각'하다. 연구 결과를 최초로 소개하는 발표회에서 같은 분야의 수많은 동료들 앞에 선 학자도 마찬가지다. 이런 상황에서 받는 스트레스도 대개는 매우 자극적이다. 이때 일어나는 동요는 평범한 상황에서라면 상상도 할 수 없을 정도로 고도의 능력을 발휘하게 만든다.

그러나 어떤 사람에게는 같은 상황이라도 감당하기 어려운 두려움을 유발하기도 한다. 자기 능력에 커다란 회의를 품고 있는 경우 특히 그렇다. 무대공포증이 대표적인데, 이는 일종의 사회적 공포, 다시 말해 남들에게서 평가받고 바보 취급을 당하고 웃음거리가 될지도 모른다는 두려움이다. 많은 사람들 앞에서 악기 연주나 노래, 연설, 기예 등을 선보이는 자리에서는 누구나 약간의 무대공포증을 느낀다. 다만 이것이 지나치게 상승할 경우 당사자는 사회적 공포증에 사로잡히고, 그로써 행동에 어마어마한 제약이 생긴다. 손이 떨리고 무릎이 후들거리고 입 안이 바싹 마르며, 머릿속은 깜깜해지고 방향감각을 잃는다. 연구에 따르면, 음악가들 중 약 50퍼센트가 유해한 강도의 무대공포증에 시달린다고 한다. 피아니스트인 마르타 아르헤리치Martha Argerich, 테너가수 엔리코 카루소Enrico Caruso, 바이올리니스트 나이젤 케네디Nigel Kennedy는 모두 병적인 무대공포증을 겪었거나 겪고 있는 음악가들이다.

초월적 능력을 발휘하게 만드는 급성 스트레스

뜻밖의 스트레스는 대부분 유기체에 일정 정도 갑작스러운 반응을 유발한다. 신체적 · 정신적 변화를 일으킴으로써 부담과 위협에 빠르고 적절하게 반응하도록 만드는 것이다. 이것이 바로 급성 스트레스다. 이는 생존을 확보하고, 우리를 자극해 평온한 조건에서라면 발휘할 수 없는 능력을 분출하게 한다. 말하자면 우리 몸의 스트레스 반응은 위험에 적절히 대응함으로써 주변에 도사리고 있는 난관에 적응하게 만드는 기능을 한다.[3]

수렵 · 채집생활을 하던 초기 인류는 맹수의 위협을 스트레스로 받아들였다. 위험에 처하면 '투쟁-도피 반응Fight or Flight response'이 일어났다. 그들의 신체와 정신은 도주 혹은 공격에 맞는 상태로 전환됨으로써 위험에 무방비로 노출되는 일을 피할 수 있었다. 맹수를 보고도 스트레스가 유발되지 않은 이들은 죽음으로 그 대가를 치러야 했을 것이다. 진화에 자비란 없다. 적응력과 생존능력이 부족한 생명체는 도태되게 마련이다. 인류의 진화 과정에서 스트레스를 감지하고 그에 적절히 반응하는 능력은 좀 더 큰 환경 적응 능력을 키워주었다.

급성 스트레스가 유발되면 사람은 더 빨리 달리거나 더 높이 뛰어오르거나 더 무거운 것을 들 수 있게 된다. 급성 스트레스가 불과 몇 초 이내에 이른바 교감신경계통을 활성화하기 때문이다. 교감신경계통은 자율신경계의 일부분으로, 신호전달물질인 아드레날린Adrenalin과 노아드레날린Noradrenalin이 분비되도록 부신수질을 자극한다. 그러면 경고신호가 단시간 내에 우리를 고도의 반응 상태로 유도해 근육과 혈관이 축소되고 혈압은 상승하며, 심박이 빨라지고 목 근육이 수축된다. 격투 중에 부상을 입을 경우에는 다량의 출혈을 막기 위해 혈액 응고성이 높아진다. 뇌 내의 뉴런은 더욱 강하게 활동전위를 생성한다.

그보다 약간 늦게, 정확히 말하면 몇 분 뒤에는 두 번째 호르몬 체계가 활성화되어 스트레스 호르몬인 코르티솔Cortisol이 분비된다. 이 호르몬 체계는 시상하부-뇌하수체-부신 축Hypothalamic-Pituitary-Adrenal Axis이라고도 불린다. 앞서 언급한 교감신경계통의 활성화를 일으키는 스트레스 축에 이은 두 번째 스트레스 축이 이것이다. 이때 어떤 현상이 일어나는가? 뇌 내, 정확히 말해 시상하부(중뇌의 일부분)에 있는 뉴런 내에서 스트레스가 감지되면 코르티솔 분비 호르몬Cortisol Releasing Hormone; CRH이 생성되고, 이는 다시금 혈관을 통해 단시간 내에 두개골 내 뇌의 하부에 위치한 뇌하수체로 전달된다. 코르티솔 분비 호르몬이 이곳에서 부신피질 자극 호르몬Adrenocorticotropic hormone; ACTH을 분비시키면, 이 자극 호르몬은 혈관을 타고 몸속을 거쳐 부신피질에 이르러 혈관 속으로 스트레스 호르몬 코르티솔을 분비시킨다. 이때 체내에 비축된 에너지가 스트레스 상황에 맞게 일시적으로 에너지 공급에 변화를 일으킨다. 그러면 몸 전체에서 에너지 비축분이 동원되고 혈당이 상승한다.

코르티솔 분비와 동시에 탁월한 반응체계가 활성화되고 시상하부세포와 뇌하수체의 특별한 세포들은 코르티솔에 민감하게 반응하는 수용체를 처리한다. 이것은 혈액 내 코르티솔 농도가 위험수위에 도달했음을 감지할 경우, 즉시 자극 호르몬인 코르티솔 분비 호르몬 및 부신피질 자극 호르몬의 분비량을 낮춘다. 이는 보일러의 온도 조절기와 비슷하게 기능한다. 혈액 내 코르티솔 농도의 상승이 코르티솔 분비 호르몬과 부신피질 자극 호르몬의 분비를 모두 제한함으로써 자동으로 코르티솔 감소를 유도하는 것이다.

만성 스트레스가 사람들을 병들게 한다

급성 스트레스 반응은 감지된 실질적 위협에 적절하고도 신속하게 대처하도록 도와준다. 이런 의미에서 스트레스는 지극히 합리적이고 필수불가결한 신체반응이다. 문제는 스트레스가 멈추지 않고 신체가 지속적인 위험상태에 머물며[4] 만성 스트레스를 불러올 때다. 건강에 악영향을 미치는 도시 스트레스도 만성 스트레스의 일종인데, 더 정확히 말하자면 만성적 · 사회적 스트레스라 할 수 있다.

만성 스트레스는 오래전부터 건강 위해 요인으로 알려져 있다. 가령 직장에서 최선을 다했는데도 충분히 인정받지 못한다면 스트레스를 받게 되고 이것이 지속되면 만성 스트레스에 시달릴 수밖에 없다. 제한된 공간 안에 많은 사람들과 함께 거주하며 시도 때도 없이 갈등을 겪고 이를 제대로 극복하지 못할 때, 특별한 보살핌을 필요로 하는 가족이 있어 밤낮으로 대기해야 할 때도 마찬가지다. 만성 스트레스는 사라지지 않는 두려움, 부담감, 위협감 등과 맞물린다. 이에 통제력을 상실했다는 느낌까지 가세한다. 그러다 보면 혼자 힘으로는 영향력을 미칠 수도, 개선할 수도 없는 상태에 이르러 무엇을 하든 부담으로부터 벗어나지 못한다. 언젠가는 이것이 고문처럼 느껴져 자포자기에 이르고 무력감까지 들게 된다.

우리 몸이 스트레스 축의 쉼 없는 가동에 적응해버리면 호르몬 반응체계의 전원도 언젠가는 꺼지고 만다. 코르티솔 수용체가 있는 시상하부와 뇌하수체의 세포들이 더 이상 반응하지 않는 것이다. 코르티솔 수위가 상한선에 도달하는 즉시 제동을 걸어야 함에도 아무 신호를 보내지 않는다는 말이다. 그 결과 스트레스를 유발하는 상황이 종료되거나 약화된 뒤에도 부신피질의 자극 상태가 지속되고 증가된 코르티솔 분비도 그대로 유지된다. 이런 식으로 유기체 내에 코르티솔이 과다 분비되면 물질대사와 에너지 수급, 정신적 기능에도 일련의 문제가 생긴다. 만성 스트레스는 우울증을 비롯한 대부분의 스트레스성 질병의 원인이다.

만성 스트레스는 생명체를 병들게 한다. 정신적 질병 외에 일련의 신체적 손상도 가져올 수 있다. 앞서 설명한 두 스트레스 축의 지속적인 활성상태는 근육을 긴장시키고 심장혈관을 좁힌다. 혈액 응고 기능을 하는 혈소판의 응집반응이 높아져 심근경색과 뇌졸중 위험도 커진다. 만성 스트레스와 심근경색 발병 가능성 간의 관련성은 이미 수많은 연구를 통해 증명되었다.[5]

만성 스트레스는 장기적으로 면역체계를 파괴한다. 감염병에 걸릴 확률이 높아지기 때문에 호흡기 감염, 헤르페스 감염, 상처 감염의 위험도 커진다. 이는 수많은 사례 중 극히 일부만을 나열한 것이다. 면역력이 이미 약해져 있다면 만성 스트레스에 의해 상태가 한층 악화될 수 있으며, 인간면역결핍 바이러스Human Immunodeficiency Viru; HIV에 감염된 사람에게서는 스트레스가 병을 가중시키기도 한다.[6] 세포 노화를 촉진하고 조직 재생력을 저해하는 것은 물론이다.[7]

그 밖에도 만성 스트레스는 물질대사에 일련의 변화를 유발한다. 유기체 전체의 세포들은 물질대사 호르몬인 인슐린Insulin에 제대로 반응하지 못하고, 그 결과 글루코스Glucose(포도당)가 에너지 공급을 위해 세포 내에 저장되는 것도 방해한다. 그러면 혈액 내에 혈당농도가 유지되는데, 높은 혈당은 처음에는 에너지원으로 사용되지만 장기적으로 인체에 해로운 영향을 미친다. 당뇨병 환자에게서 관찰되는 물질대사가 바로 그 결과물이다. 또 한 가지 언급해야 할 점은 만성 스트레스로 인한 지속적인 부담이 니코틴과 알코올 섭취 등 건강에 악영향을 미치는 습관을 불러올 가능성이 매우 높다는 사실이다.

그러나 만성 스트레스를 조절하는 법을 배우면 상황을 개선할 수 있다. 나는 흔히 환자들에게 오랫동안 지속되는 한 가지 스트레스원에 사람이 마냥 무방비하게 노출되지 않는 이유가 무엇인지 곰곰이 숙고해보라고 조언한다. 그것은 바로 (직장에서 겪는 고충이나 부부 간의 끊임없는 불화 등에도 불구하고) 부담을 덜기 위해 스스로 무언가를 할 수 있는 것이다. 예컨대 누군가의 도움을 받아 해결책을 찾거나 자기 자신을 좀 더 잘 보살피는 것도 한 방법이다. 여럿이 모여 여유 및 자의식 훈련을 하는 것도 좋다. 두 가지는 모두 연습을 통해 강화할 수 있다.

물론 이런 것들이 문제 자체를 해결해주지는 않는다. 그러나 중요한 것은 자신이 스트레스에 무방비하게 노출되어 있다는 느낌에서 벗어나는 것이고, 그렇게 되면 만성적인 스트레스의 특징 및 그로부터 유발되는 해로운 결과도 사라질 수 있다.

· INTERVIEW ·

"스트레스는 때때로 우리 삶에 좋은 자극제 역할을 합니다."

플로리안 홀스뵈어Florian Holsboer

정신과 의사이자 화학자, 세계적으로 명성을 떨치고 있는 우울증 연구가다. 1989년부터 2014년까지 뮌헨에 위치한 막스-플랑크 정신의학 연구소를 이끌었다. 핵심 연구 주제는 우울증, 공포증, 수면장애 발병 및 예방이다.

유기체의 스트레스 반응을 사람들이 이해하기까지 교수님의 연구가 결정적인 역할을 했습니다. 스트레스는 어떤 경우에 질병을 유발하나요?

:

먼저 스트레스 자체는 유익하다는 점을 분명히 말해두고 싶습니다. 세밀하게 조정된 체내의 스트레스 반응 경과는 뇌가 만들어낸 탁월한 기능으로, 위험하고 부담스러운 상황을 극복하는 데 필수적입니다. 이런 상황에서 우리는 정신을 바짝 차리고 신중하게 상황을 파악함으로써 모든 행동방식을 그에 맞추어야 합니다. 스트레스 상황에 적절히 반응하는 능력이 결여된 생명체는 변화하는 세계에서

도태됩니다. 우리는 이미 다윈에게서 이를 배웠지요. 인간이 특수한 지위를 점하게 된 것도 새로운 부담에 끊임없이 적응하는 능력 덕분입니다.

스트레스를 무조건 나쁜 것으로 간주하는 것은 어리석은 행동입니다. 최근 시행된 연구에 따르면, 독일인의 61퍼센트가 스트레스 없는 삶을 원합니다. 설문에 응한 사람들 중 약 5분의 1은 스트레스와 일에서 비롯되는 압박감을 부담스러워합니다. 하지만 스트레스를 소음이나 미세먼지처럼 객관적으로 측정할 수 없다는 사실은 논외로 하더라도, 스트레스 없는 삶이 초래할 결과에 관해서는 깊이 숙고해야 합니다. 스트레스를 제거하면 신체 능력 발휘도와 사고력도 감소하거든요. 스트레스를 받으면서도 건강을 유지하기 위한 핵심 전제조건은 그로부터 오는 부담이 '장기간' 지속되어서는 안 된다는 점입니다. 끊임없이 뒤쫓기듯 사는 긴장된 삶은 건강에 악영향을 미칩니다.

이때 무엇보다도 중요한 사실이 하나 있습니다. 스트레스를 받은 개개인은 상황을 어떻게 평가하며, 그에 어떻게 대처할까요? 여기서 키워드는 '통제'입니다. 롤러코스터를 타고 내리막을 쏜살같이 내달리는 상상을 해보세요. 많은 사람들이 이때 기분 좋은 짜릿함을 느낍니다. 까마득한 허공에서 자유 낙하하는 것을 몸으로 느끼되 상황 전체가 통제되고 있다는 것을 알고 있기에 스트레스는 일정선 이상으로 올라가지 않습니다. 그러나 도로에서 그와 똑같이 빠른 속도로 내리막을 달려 내려올 때는 상황이 완전히 다릅니다. 동물원에서

곰을 구경하는 것과 숲을 산책하다가 곰과 마주치는 것이 다르듯 말이지요. 결국 중요한 것은 상황 전체의 맥락과 그것에 대한 통제 가능성 여부입니다. 상황에 적응하지 못하면 질병에 걸릴 위험은 그만큼 증가합니다.

똑같은 스트레스라도 어떤 사람에게는 병을 일으키고 또 다른 사람에게는 아무런 영향도 주지 않습니다. 그 이유는 무엇입니까?

:

스트레스는 수없이 많은 원인에 의해 유발될 수 있으며, 그것이 초래하는 결과 또한 다양합니다. 유기체에 가장 큰 스트레스를 유발하는 것은 혈액손실입니다. 모든 포유동물은 이에 즉각 반응하지요. 맥박과 스트레스 호르몬 분비가 증가하며 치명적인 위험을 피하려 노력합니다. 신체 스트레스는 팽팽한 긴장감과 명료한 정신, 비상대기 상태를 유발합니다. 한편, 감염은 그와는 전혀 다른 종류의 스트레스로, 이때 우리는 스트레스 호르몬이 증가했음에도 무감각하고 졸린 상태가 됩니다. 말하자면 스트레스라고 다 똑같은 게 아닙니다. 그런데 이보다 덜 위급한 스트레스 상황에는 사람마다 무시하지 못할 차이가 드러납니다. '강철 밧줄 같은 신경'을 가진 굳건한 사람이 있는가 하면, 극도로 예민하게 반응하며 전형적인 스트레스성 질병에 시달리는 사람도 있거든요.

다시 말해 이 차이는 우리가 상황에 적응할 수 있느냐, 그리고 스트레스성 질환에 노출되기 쉬운 소인을 가지고 있느냐에 따라 달라집니다. 우울증이 그 전형적인 사례입니다. 우울증 소인은 부모에게서 유전되거나 유년기의 트라우마 경험 등으로 갖게 됩니다. 위험인자에 노출되더라도 행복하고 스트레스 없는 삶을 산다면 질병에 걸릴 위험이 낮아지지만, 만성 스트레스에 시달리는 사람은 언젠가는 병에 걸리게 마련입니다. 직업과 가족이 주는 부담감에서 한계를 느끼는 와중에 우울증 소인까지 지니고 있어 끊임없이 존재론적 근심을 안고 사는 사람들이 이에 해당됩니다.

스트레스 민감도가 사람마다 다양하게 나타나는 까닭은 무엇입니까?
:

우리는 만인이 신 앞에 평등하기를 소망합니다. 그러나 지구상에서 숨 쉬고 있는 동안에는 모든 사람이 천차만별일 수밖에 없어요. 기본적인 유전자를 포함해 모든 것이 똑같은 인간은 세상에 없거든요. 이는 어떤 사람이 무엇을 좋아하는가, 무엇에 신경이 곤두서거나 스트레스를 받는가에서 드러납니다. 저 자신을 예로 들어 보지요. 저는 한때 인기 있던 쿨재즈에 취미를 붙여보려고 몇 년 동안이나 노력한 적이 있습니다. 음반도 구입하고 재즈 콘서트에도 가봤어요. 그런데 도무지 좋아지지가 않더군요. 체계도 잡혀 있지 않고 뒤죽박죽이라는 느낌만 들었습니다. 게다가 제게는 너무 시끄럽고 신경에 거슬렸어요. 재즈는 제 취향에는 맞지 않았던 겁니다. 그 이후로 지금까지 재즈는 거들떠보지도 않습니다.

아이들의 웃고 울고 떠드는 소리도 비슷합니다. 제게는 이 소리가 끔찍하기 짝이 없었습니다. '아동 친화 호텔' 같은 장소는 최대한 피하고 놀이터가 있으면 멀리 돌아서 갈 정도였지요. 그런데 아빠가 되고 나자 별안간 아이들이 내는 소리가 별로 신경에 거슬리지 않더군요. 물론 소음 자체는 여전히 방해가 됩니다만.

요약하자면 아이의 울음소리에는 무난히 적응했지만, 재즈의 경우 굳이 그럴 필요가 없었으므로 적응하지 못했던 겁니다. 저는 또한 일상의 온갖 영역에서 아주 작은 미관상의 흠집만 발견해도 곧장 스트레스를 받습니다. 심미주의자들은 오늘날 많은 고충을 겪습니다. 이에 관한 한 저는 타협하는 재능 자체를 타고나지 못했습니다. 생물학적으로 표현하자면 스트레스 적응력이 결핍되었다고나 할까요. 그러나 이런 약점 때문에 위험에 처하거나 스트레스성 질환이 발발할 가능성은 없습니다.

교수님께서는 도시를 좋아하십니까? 도시 생활 중 신경에 거슬리는 것들은 없는지요?

:

저는 도시에 사는 것을 좋아합니다. 오랜 시간 시골에 거주하는 것이 오히려 제 신경을 예민하게 만들지요. 그렇다고 도시의 모든 발전상을 좋게만 보는 것은 아닙니다. 예컨대 소상인들의 재정조건은 악화되었고 소규모 업체들이 사라지고 있어 사회적 교류의 기회가 최소한으로 줄어들었습니다. 예전에는 재래시장이 중심적인 교류의 장이었는데 이 역시 없어졌고요. 다른 한편으로 대부분의 도시가 제공하는 문화적 혜택은 우리에게 커다란 즐거움을 주며 끊임없이 새로운 것을 탄생시키는 영감의 근원이 됩니다. 물론 다양한 혜택이 오히려 부담으로 작용할 수도 있습니다. 그중 어떤 것을 선택해야 할까? 더 좋은 것을 놓치지는 않을까? 문화적 혜택, 전시회, 오페라, 극장, 스포츠 행사 등 이 모든 것이 여가 스트레스가 강화되는 데 일조합니다.

현재 거주하고 계신 뮌헨에서 가장 좋아하는 장소는 어디입니까?
:

뮌헨은 제가 태어난 곳이기도 하고 제게 이상적인 도시입니다. '살고, 살게 하자'가 이곳의 금언이에요. 뮌헨 시민들은 관대하고, 일을 많이 하되 틈날 때마다 즐깁니다. 뮌헨은 성공적인 도시 모델을 보여줍니다. 이 도시의 미래가 밝은지는 저도 알 수 없지만, 그러기를 간절히 바랍니다. 저희는 영국정원 바로 옆에 위치한 슈바빙 지역에 사는데, 여름날 저녁 가족들과 함께 저희 집 테라스에 앉아 있을 때면 더할 나위 없이 느긋해집니다.

: Chapter 2 :

도시의 사람들

사회적 스트레스,
공존을 가로막는 장벽

1997년에 빈에서 베를린으로 이사한 나는 우선 어느 셰어하우스로 들어갔다가 얼마 지나지 않아 하우스메이트 없이 혼자 살 수 있는 아파트로 옮겼다. 파자넨 광장Fasanenplatz 가장자리에 위치한 아주 멋진 집이었다. 외벽은 고루한 겨자색이었고, 방은 비좁았으며, 벽이 얇은 전형적인 1960년대 건축물이었지만, 전망만은 환상적이었다. 나는 오롯이 혼자서 차지하게 된 나만의 영역을 마음껏 즐겼다.

이사한 지 며칠이 지났을 때 옆집에서 커다란 비명소리가 들려 나는 기절할 듯 놀랐다. 무슨 일이 벌어진 것일까? 주위는 다시 조용해졌고 나는 귀를 기울였다. 아무 소리도 들리지 않았다. 현관문 쪽으로 달려가 렌즈구멍으로 바깥을 살폈다. 밖은 어두컴컴했고 아무것도 보이지 않았다. 조심스럽게 문을 열어 보았다. 여전히 조용했다. 그때 또 한 번 비명소리가 울렸다. 심장이 멎을 듯 놀란 나는 문을 쾅 닫고 숨을 죽였다. 비명소리는 밤새 수차례 더 이어졌다. 이튿날 저녁에도 마찬가지였다. 반 시간마다 한 번씩 짧은 비명이 울렸다.

일주일이 지난 뒤에 복도에서 그 이웃과 마주쳤다. 나는 그에게 말을 걸고 내 소개를 했다. 말을 아끼는 걸로 보아 내성적인 성격인 모양이었다. 시간이 흐르고 비명소리에 익숙해질 즈음 나는 드디어 원인을 찾았다. 그가 강박장애의 일종인 투렛 증후군Tourette syndrome을 앓고 있었던 것이다. 통제 불능의 음성을 내는 것이 이 병의 특징으로, 환자는 소리나 외침, 비명 등을 내야 한다는 강박에 사로잡혀 이상한 소리를 내뱉는다. 이유를 명확히 알고 나자 마음이 무척이나 홀가분해졌다. 비명소리가 울려도 더 이상 두렵지 않았고 방해도 되지 않았다. 스스로 통제할 수 있는 행동이 아니라 병의 증상이며, 그 자신에게도 이로 인한 부담이 적지 않을 것이라는 생각 덕분이었다.

수용과 배척 그리고 사회적 스트레스

개개인은 자기가 처한 환경 조건에 영향을 발휘하기가 쉽지 않다. 함께 일하는 사람들, 거주하는 집, 살고 있는 나라, 이 모두는 쉽게 바꿀 수 없는 것들이다. 지극히 보편적으로 볼 때 개개인에게 닥치는 운명도 간혹 그럴 때가 있다. 당시 내게는 이웃 남자의 이상한 행동에 대한 원인을 찾은 것이 도움이 되었다. 내 사고방식을 그에 맞출 수 있었던 덕분에 소음은 더 이상 방해가 되지 않았다. 그러나 모든 일에 다 적응할 수 있는 것은 아니다. 사람이 모이고 조직이 필요한 장소에서는 언제나 사회적 노고가 요구된다. 사람의 수가 많을수록 위험요소는 커지고 개개인에게 가해지는 압박감도 가중된다. 예컨대 직업적 위계질서에서 결정권 및 참여권을 비교적 적게 가진 사람, 지원을 받지 못하는 사람, 공동체로부터 배제된 사람, 혹은 부당한 대우를 받았다고 느끼는 사람들이 이런 압박감에 시달린다. 이들에게서는 사회적 스트레스가 유발된다.

도시에서는 사회적 스트레스의 원인이 밤과 낮을 가리지 않고 끊임없이 생겨난다. 도시는 사회적 조직 형태이자 우리에게 많은 것을 제공하는 생활공간이다. 동시에 끊임없이 사회적 능력을 발휘할 것을 요구받기도 한다. 우리는 같은 도시에 사는 사람들의 대부분을 알지 못하지만 날마다 그들과 마주치고 일상적인 합의를 한다. 빵집에서 줄을 서는 일, 백화점의 에스컬레이터를 이용하는 일, 버스에서 빈자리를 찾는 일, 보행자로서 도로를 건너거나 운전자로서 횡단보도 앞에 멈춰 서는 일이 모두 일종의 사회적 합의에 따른 것이다. 이때는 이른바 '사회적 안테나'를 끊임없이 사용한다. 그러지 않으면 순간순간 어려움을 겪게 될 뿐 아니라 장기적으로는 이 안테나의 기능이 멈출 수도 있다.

사회적 존재로서 우리는 타인과의 공존에서 발생하는 자극을 필요로 한다. 사람들이 도시로 향하는 이유도 바로 여기에 있다. 늘 자각하는 것은 아니지만, 일차적으로 도시가 주는 사회적 자극이 우리에게 유익하기 때문이다. 인적이 드물고 자극이 적은 환경은 대부분의 사람들에게 그다지 유익하지 않을 것이다.

오늘날 우리는 인류가 진화 과정을 거치며 이룩한 사회적 발전이 뇌의 능력 개선과 긴밀히 맞물려 있음을 알고 있다. 공동체 내에서의 어울림은 개개인에게 훨씬 많은 인식력, 다시 말해 지적 능력을 요구한다. 그래서 공존하는 삶이 다양하고 복잡해짐에 따라 인간의 사고기관 역시 진화되어온 것이다.[1] 주위 사람들과 공동체를 이루고 사는 사람은 타인의 안위 여부에 영향을 받을 수밖에 없으므로 자신의 욕구뿐 아니라 타인의 욕구도 파악하고 있어야 한다. 다양한 상황에 유연하게 반응할 수 있어야 하며, 갈등에 대처하고 이를 해결하는 법도 배워야 한다. 사회 또는 무리의 규모가 클수록 우두머리의 뇌도 크다.

뇌의 용량은 사회적 복합성을 증대시키는 다른 요소들에 의해서도 증가한다. 예를 들어 집단 형성 능력이나 짝짓기 능력도 이에 포함된다. 그래서 일부일처 형식의 짝짓기를 하는 모든 종은 일부다처 형식의 짝짓기를 하는 종에 비해 큰 뇌를 가졌다. 복잡다단한 우리 사회에서 단 한 명의 짝과 긴밀한 관계를 유지하려면 좀 더 높은 사회적 능력이 요구되기 때문이다. 이때는 집단 내에 다른 선택 가능성이 있다 하더라도 배우자를 최우선으로 삼는 데 집중해야 한다. 다른 누군가가 구애를 해온다면 그를 선택했을 때의 장 · 단점이 무엇인지 숙고해야 하며, 배우자를 붙잡아 두기 위해서도 더 많은 노력을 기울여야 한다. 그러나 일부다처제를 취하는 종에게는 이와 같은 불편을 겪을 가능성이 적다. 인간도 마찬가지다.

인간은 갈등에 대체로 능숙하게 대처하는 법을 학습했다. 인간 종에게서는 이 능력이 고도로 발달되어 있다. 그러나 공동체 내에 위협이 많고 지지는 적다면, 상황은 어려워지고 우리는 사회적 스트레스를 경험하게 된다. 기본적으로 타인들과 공존하는 과정에서 자신의 지위가 위협당한다고 느끼는 수많은 상황이 이에 해당된다. 예를 들면, 이웃이 텔레비전을 지나치게 크게 틀어놓으면 내 집 안인데도 타인에게 방해를 받고 내 영역을 침해당했다고 느끼며 스트레스를 받는다. 파티에서 새로운 사람들을 사귀거나 구직을 위해 면접을 보는 것도 마찬가지로 스트레스를 유발한다.

가족 사이의 갈등, 직장에서의 따돌림 또는 이른바 '수당 위기 Gratification Crisis(독일의 사회의학자 요하네스 지그리스트Johannes Siegrist가 제시한 모델로, 노고에 상응하는 보상이 주어지지 않았을 때 초래되는 질병 가능성을 지칭하는 개념 – 옮긴이)', 즉 능력을 제대로 인정받지 못하는 상황은 특히 강한 사회적 스트레스를 유발한다.

인간은 공동체를 지향하는 존재이기 때문에 이런 난관에 매우 민감하게 반응한다. 사회적 스트레스는 우리에게 가장 강력한 영향을 미칠 수 있는 스트레스원 중 하나로서 우리의 사회적 통합을 시험대에 올린다. 공동체로부터의 배제 같은 극단적인 상황은 당사자의 생명에도 위협이 될 수 있다. 그래서 급진적인 형태의 배제, 즉 고립이 독방 감금이라는 형태의 고문 수단으로 사용되기도 하는 것이다. 고립 역시 사회적 스트레스를 유발한다.

배척당한 경험은 특히 극단적인 사회적 스트레스를 유발한다. 가령 대도시로 이주해 좁은 공간에서 다른 이민자들과 함께 지내는 이주자들이 이런 경험을 한다. 1세대 이주자들은 같은 문화권 출신의 사람들과 연대함으로써 혜택을 누리는 반면, 이후 세대는 이런 행동 방식이 초래하는 결과에 의해 크게 고통을 받는다. 게토Ghetto가 형성되면 이주자들과 그 자녀들은 고립된 채 생활하게 된다. 1세대 이민자들의 연대 전략은 대체로 납득할 만한 것이지만, 이것이 향후 필수적인 통합을 가로막을 수도 있다. 더구나 자녀 세대가 스스로를 또래 선주민 자녀들과 비교하고 동일시하는 경향이 강할 때 사회적 배제는 이들에게 사회적 스트레스가 된다. 1세대 이민자들에 비해 그들의 자녀 세대에게서 조현병 같은 정신질환 발생률이 높게 나타나는 이유도 이로써 설명할 수 있다(9장 참고).[2]

강한 사회적 스트레스를 경험해본 사람들은 급진적인 정치관에 이끌리는 경향이 있다. 특히 자신의 운명에 대해 느끼는 좌절과 비참함, 아무런 희망도 없다는 생각이 폭력적으로 분출될 때 그렇다. 종교적 · 이념적 구원의 약속에 유혹당하기도 쉽다. 극단주의자 및 테러리스트의 양산 과정에 대한 연구들이 이를 잘 보여준다. 여기에서 다루어지는 극단적인 개별 사례들을 살펴보면 특정한 공통점이 관찰된다. 물론 함부로 일반화하는 오류를 범해서는 안 된다.

이슬람 테러리스트 400명의 생애를 연구한 전 CIA 요원이자 법정신의학자 마크 세이지먼Marc Sageman은 이들 중 대부분이 급진화되기 이전에 고립과 사회적 배척을 경험했다는 결론을 내렸다.[3] 참고로 이들은 대부분 중산층에서 고소득층 사이의 지극히 정상적인 가정에서 자랐으며, 평균 이상의 학력에 눈에 띄는 범죄 경력도 없었다. 게다가 지하드에 참가하기 전에는 딱히 종교적인 성향을 보이지도 않았다. 부모가 해외 유학을 보낸 경우도 다수였다. 그들은 그곳에서 주변에 있는 극단주의적인 조직으로부터 인정받을 때까지 타인들과 어떤 연결고리도 찾지 못한 채 고립되어 있었다. 극우주의 성향을 지닌 사람들의 삶에서도 이와 유사한 경험이 발견된다.

우리는 매일 투쟁하며 살아간다

위계질서 투쟁도 흔히 사회적 스트레스의 원인이 된다. 위계질서는 사람들이 좁은 공간에 공동 거주할 때 발생한다(이는 동물 사이에서도 마찬가지다). 이런 갈등은 가족에게서 자주 발생하며, 자녀들이 독립성과 자주성을 요구하기 시작하는 시기에 특히 심해진다.

도시에서는 사소한 위계질서 투쟁이 일상적으로 벌어진다. 예를 들면 도로에서 녹색 신호를 놓치지 않으려 필사적으로 달리거나 버스에서 빈자리를 차지하려 할 때, 슈퍼마켓 계산대에서 짧은 줄을 노릴 때가 그렇다. 대도시의 자동차 운전자들과 점점 공격적으로 변해간다는 말을 듣는 자전거 이용자들 사이에 벌어지는 갈등은 도로와 우선순위, 시간을 둘러싼 사회적 위계질서 투쟁을 적나라하게 보여준다. 커다란 리무진을 타고 다니는 사람이 경차 운전자와는 다른 영역 관념을 갖고 있다는 사실을 모르는 사람은 없다. 다들 똑같은 도로 사용자라 해서 이들 사이에 반드시 합의가 이루어진 것은 아니며, 그 결과가 바로 사회적 스트레스다. 주위에 들리지는 않지만 밀폐된 자동차 안에서 앞 차에 대고 큰 소리로 욕하는 사람이 있다. 이런 사람들은 순간적으로 자신의 머릿속에 구축된 영역을 침범당했다고 여기는 것이다.

지리적 영토뿐 아니라 사회적 영역의 경계선 침해도 사회적 스트레스를 불러일으킨다. 사회적 영역이란, 지극히 추상적으로 표현하자면, 개개인이 누리는 사회적 자유의 결과물이라 할 수 있다. 모든 인간에게는 교육 수준, 재정적 여유, 성별, 직업, 성격 그리고 다른 여러 가지 변수에 따라 제각각 나름의 기능이 주어져 있다. 사회적 자유의 정도와 사회적 영역의 규모는 바로 이 기능에 따라 달라진다. 간단히 말하자면, 더 나은 경제적 여유 및 교육 수준과 더불어 사회적 영역도 확장된다.

좁은 공간에서 수많은 사람들과 이들 각자가 차지한 사회적 영역 간의 민감한 어우러짐은 명확한 규칙을 토대로 이루어지기도 하지만, 그보다 훨씬 더 강하게 이를 지배하는 것이 바로 불문율이다. 말하자면 우리는 법과 규칙체계를 따르되 관습과 관례, 전통에도 의존한다. 각자의 사회적 영역이 침범당했다고 느낄 때 우리는 갈등에 휘말린다. 예컨대 이런 일은 누군가 대화할 때 상대방의 말을 끊임없이 자르거나 약속시간에 늦어 상대방을 오랫동안 기다리게 만들 때도 발생한다. 우리는 이런 행동방식에 대해 '선을 넘는 행위'라고 느끼고 자신의 사회적 영역에 대한 침범으로 간주한다.

또 다른 사례로, 어떤 사람이 실직을 해서 경제 기반과 안정을 잃었다고 가정하자. 별안간 지금까지 했던 만큼 많은 것을 누리지 못하게 된 것이다. 이때는 조금 더 작은 집으로 이사를 하고 나들이와 여행을 포기하는 등 삶에 많은 제한을 둘 수밖에 없다. 도시에서는 이런 강제적 제한이 시골에 비해 훨씬 더 큰 삶의 변화를 초래한다. 도시에는 부유층과 빈곤층의 구역이 나뉘어 있으며, 임대주택을 구할 때 구역 간의 격차 또한 현저하다. 임대비용이 저렴한 지역으로 이사해야 할 처지에 놓인 사람은 이를 즉각 피부로 느낄 수밖에 없다. 반면에 시골에서는 이런 격차가 그리 크지 않다.

생활비 역시 전 세계 어디에서든 시골보다 도시가 월등히 높다. 주택임대 비용도 지난 수년간 급격히 상승하는 바람에 기업체들은 숭계 인력을 도시로 끌어들이는 데 점점 더 어려움을 겪고 있다. 가족과 함께 도시로 이사하기에는 비싼 부동산 시장을 감당할 수 없기 때문이다. 자우어란트의 소도시 굼머스바흐에서는 월세 1,400유로에 단독주택 한 채를 임대할 수 있다. 그러나 뮌헨에서는 이 금액으로 겨우 거실과 침실이 각각 한 칸씩 있는 아파트를 구할 수 있을 뿐이다. 재정적 이유로 도심을 떠나야 한다면, 뮌헨 중심가에서 아주 멀찍이 떨어진 변두리에 집을 알아볼 수밖에 없다. 그나마도 전철이 연결되어 시내까지 교통편이 좋은 지역은 임대료가 중심가와 큰 차이가 없기 때문에 갈 수 없다. 이처럼 경제 상황의 악화는 특히 도시에서 커다란 사회적 영역 스트레스를 초래한다. 시골에 비해 자유가 훨씬 크게 제약당하는 탓이다.

참고로 사회적 · 지리적 영역 스트레스는 대체로 유사한 양상을 보인다. 그러나 대부분의 경우 사회적 영역 스트레스가 더욱 큰 압박감을 가져온다. 다만 이것은 좀처럼 눈으로 확인하기 어려울 뿐이다. 지리적 경계선을 침범당했을 때는 어떤 대응을 해야 하는지가 훨씬 명확하다. 간단히 말해 침입자를 '영역 밖으로 밀어내면' 되기 때문이다. 침입자보다 물리적으로 열세라면 평화와 안전에 위해를 입기 전에 포기하는 편이 낫다는 사실도 즉각 판단할 수 있다.

그러나 사회적 영역의 경계가 침범당했을 때는 경계선이 어디인지 명확히 어림할 수 없다. 텔레비전을 크게 틀어놓는 이웃의 사례를 다시 한 번 예로 들어보자. 우리는 소음에 의해 방해를 받았다고 느낀다. 하지만 대개는 당장 화가 나서 배려심 없는 이웃집의 초인종을 누르고 소리를 줄여달라고 요구하기보다는 짜증스러운 기분을 참거나 자신의 예민한 청력을 원망한다. 그런데 신경을 긁어대는 텔레비전 소음을 의식하지 않으려 노력할수록 점점 더 예민해지는 사람도 있다. 이런 갈등은 그로써 장기화되는 경우가 잦으며, 우리가 입는 피해도 더불어 커진다.

정신의학자로서 나는 위계질서와 관련된 문제에서 타협하는 태도가 개개인의 성격에 따라 얼마나 크게 달라지는지를 날마다 경험한다. 성격은 우리가 사회적 위계질서에서 얼마나 공격적으로 행동하는가, 소심하거나 대담한가, 금방 포기하는가 아니면 오랫동안 인

내심을 발휘하는가를 결정짓는다. 주위 사람들의 행동에 얼마나 빨리 위협을 느끼는가, 그럼에도 침착함과 평정심을 유지하고 자신이 옳다는 확신을 잃지 않는가 여부도 마찬가지다. 이때 적절히 혼합된 의지 관철 능력과 적응력을 발휘하는 것이 도움이 된다.

지나치게 겁이 많고 무슨 일에서든 한 발 물러나는 사람은 아주 작은 변화에도 동요하고, 언제나 최악의 상황부터 상상하는 탓에 낯선 이들로부터 무언가를 요청받으면 지레 두려움을 품는다. 이런 사람에게는 북적이는 인파를 뚫고 지나가는 일조차도 고문이다. 반대로 지나치게 공격적인 사람에게는 복잡하게 얽힌 사회 조직 내에서 나름의 입지를 찾는 데 필요한 타협 능력이 부족하다. 이런 이들에게서는 흔히 공격성과 더불어 다소 편집증적인 기본태도를 관찰할 수 있다. 낯선 이가 자신에게 다가오는 것만 봐도 불신을 품고 주머니 속에 든 칼을 미리 움켜쥐며 만약의 경우에 대비하는 것이다.

그러나 한 가지 분명한 점은 사회적 갈등만으로 질병이 야기되지는 않는다는 사실이다. 공동체 내에서 어울려 살아가는 일에는 항상 수많은 사회적 스트레스원이 잠재되어 있지만 그 자체가 질병의 위험으로 작용하는 것은 아니다. 명확한 대화를 나누고 도움을 줄 사람을 찾거나 그저 갈등 유발 위험이 있는 상황을 피하는 것도 갈등을 조절하고 변화시키는 능력이며, 이 능력을 지닌 한 우리는 상황에 적응하고 이를 통제할 수도 있다. 그러나 통제력을 잃고 혼자 힘으로 그 상황을 벗어날 수 없게 되었을 때는 사회적 스트레스가 촉발되어 우리의 안위를 위협하거나 질병을 일으킨다.

다른 모든 스트레스와 마찬가지로 사회적 스트레스도 만성이 될 때 문제를 일으킨다. 그러나 안타깝게도 우리는 이것을 제때 감지하지 못하는 경우가 많다. 명확한 원인을 찾을 수 없다는 점, 그리고 언젠가는 부담스러운 상황에 적응해버린다는 점에서 이는 '은폐된 스트레스'라 할 수 있다. 이때 우리는 보이지 않게 일어나는 어떤 과정에 갇히고 만다. 도시에서의 스트레스는 대부분 만성의 사회적 '잠입 스트레스'라고 봐도 무방하다.

사회적 스트레스는 어떤 질병을 유발하는가?

만성 스트레스가 건강에 악영향을 미칠 수 있음은 앞서도 이미 언급했다. 이는 심장·순환계 장애와 면역체계 장애는 물론 우울증 같은 정신질환도 초래할 수 있다. 신체적·정신적으로 심각한 결과를 낳을 수 있는 사회적 스트레스는 특히 그렇다. 사회적 거부, 배척, 다툼 등은 우울증의 위험을 높인다. 도시 공간의 밀집된 조직 내에서는 이런 사회적 스트레스가 도시에서 발생하는 스트레스 유형 중 무엇보다도 중요하다. 최신 스트레스 연구는 사회적 스트레스가 건강에 미치는 영향력에 관해 많은 것을 밝혀냈다.

다툼이 잦은 부부는 화목한 부부보다 우울증에 걸릴 위험이 10배에서 20배나 높다. 유년기에 사회적 지지를 거의 받지 못한 사람, 소수의 인간관계만을 경험한 사람들도 성인이 되면 우울증에 노출될 위험이 크다.

노르웨이 연구팀의 연구에 따르면, 사회적 스트레스는 모체 내에 있는 태아에게도 영향을 미친다. 학자들은 임신 기간 내에 다툼이나 감정적으로 큰 영향을 미칠 수 있는 변화를 경험한 여성들을 연구한 끝에, 이들의 자녀가 유아기에 호흡기 · 위 · 장 · 요도 감염 등의 감염병에 걸린 일이 다른 아이들보다 잦았음을 알아냈다.[4]

사회적 스트레스는 면역체계에도 영향을 미친다. 끊임없이 사회적 스트레스를 받는 사람에게서는 혈액 내의 이런저런 염증수치(예를 들면, 인터루킨Interleukin이나 C-반응성 단백질C-reactive protein의 수치)가 높아진다.[5] 실험쥐를 2주일 동안 날마다 2시간씩 사나운 동종의 수컷 쥐가 있는 우리에 가두어 스트레스를 받게 했을 때 공격당한 쥐의 폐 조직 내 염증세포 수가 크게 증가했다.[6]

피츠버그 대학교의 심리학자들은 또 한 가지 증거를 내놓았다. 이들은 지난 반년 동안 일정 정도 사회적 스트레스를 겪은 건강한 피험자들을 연구했다. 배우자나 다른 가족 구성원과의 갈등, 직장에서의 고충, 실직 위기 등의 스트레스 상황을 경험한 사람들이 대상이었다. 이들에게 감기 바이러스를 주입하고 관찰한 결과, 급성 사회적 스트레스는 감염 확률에 영향을 미치지 않은 데 반해 지속적인 사회적 스트레스를 겪은 이들에게서는 감염 위험이 3배나 높게 나타났다. 직장에서 문제를 겪은 사람들의 경우는 더욱 심각했다. 평균적으로는 스트레스가 지속된 기간이 길수록 감염 위험도 커졌다.[7]

심장 · 순환계 질환 및 혈관 질환과의 연관성도 면밀히 연구되었는데, 사회적 스트레스가 지속될 경우 이런 질병에 걸릴 위험이 증가했다. 보통의 경우 야간에는 혈압이 떨어지는 것이 정상이지만, 심한 차별을 당한 사람들에게서는 혈압에 큰 변화가 없었다. 이는 심근경색의 주요 위험요인이다. 오늘날까지 큰 차별을 겪고 있는 아프리카계 미국인들에게서 고혈압과 심근경색 위험이 더 높게 나타난다는 사실도 이미 오래전에 밝혀졌다.[8]

사회적 스트레스는 결국 유전재료를 포함한 인간의 생체와 긴밀히 연결되어 있다. 이 스트레스는 부정적인 사회적 경험이 후손에게까지 전달되게 만든다. 이를 '후생유전학적 변화'라고 부른다. 후생유전학은 개인적 경험이 유전자의 활동에 어떤 방식으로 흔적을 남기는지 연구하는 비교적 최신의 학문 분야다. 유전자(인간의 DNA에는 약 3만여 개의 유전자가 존재한다)에는 우리 조상들로부터 전해 내려온 생물학적 유산이 반영되어 있다.

유전자는 신경세포를 비롯해 우리가 가진 세포들의 기능방식을 조절한다. 개인이 삶에서 얻은 경험, 기억, 감정은 생물화학적 '온·오프 버튼'을 통해 유전자에서 활성화될 수 있다. 그리고 이로써 해당 유전정보가 세포로부터 선별되어 단백질로 전환되는지 여부를 결정한다. 이는 트라우마 경험과 관련해 특히 면밀히 연구되었다. 실험용 새끼 쥐들(쥐도 인간과 마찬가지로 사회적 존재다)을 어미 쥐로부터 격리하면 스트레스를 조절하는 유전자 영역에 큰 생물화학적 변화가 일어난다. 이런 변화는 유전자의 기능에 끊임없이 영향을 미친다. 이를 통해 새로 프로그래밍되는 유전자의 활동 표본은 후손에게도 유전되어 일종의 선천적 경험기억을 탄생시킨다.

우울증도 이런 후생유전학적 영향에 의해 발병하는 것으로 알려져 있다. 이를 입증한 사람은 독일의 정신의학자 엘리자베트 빈더 Elisabeth Binder 와 심리학자 크리스티네 하임 Christine Heim 을 비롯한 다수의 과학자들이다. 이들의 연구 대상은 미국 조지아주의 주도인 애틀랜타에서 열악한 사회적 조건하에 살며 감정적 · 신체적 폭력을 자주 경험한 아프리카계 미국인들이었다. 연구 끝에 두 학자들은 이런 부정적 경험이 후생유전학적 메커니즘을 거쳐 생물학적 세포기억으로 저장된다는 사실을 알아냈다. 이들이 성인이 된 후 우울증에 걸릴 위험이 높아지는 이유도 이 때문이라는 것이다.[9]

스트레스가 뇌에 도달하는 과정

스트레스, 특히 만성적인 스트레스는 인간의 신체적 · 정신적 안위에 커다란 영향을 미칠 뿐 아니라 머릿속에 흔적을 남긴다. 두개골 안에서는 과연 어떤 일이 벌어지고 있을까? 스트레스, 그중에서도 사회적 스트레스는 인간의 세포와 유전자, 면역체계, 호르몬, 그리고 뇌에 어떤 작용을 할까? 도시 스트레스를 포함한 스트레스는 얼마나 강한 흔적을 남길까?

특정 뇌 부위의 구조와 기능방식은 스트레스 작용에 의해 바뀐다. 진화학적으로 오래된 뇌줄기(뇌간)의 영역들이 이에 해당하는데, 정

뇌 속의 스트레스

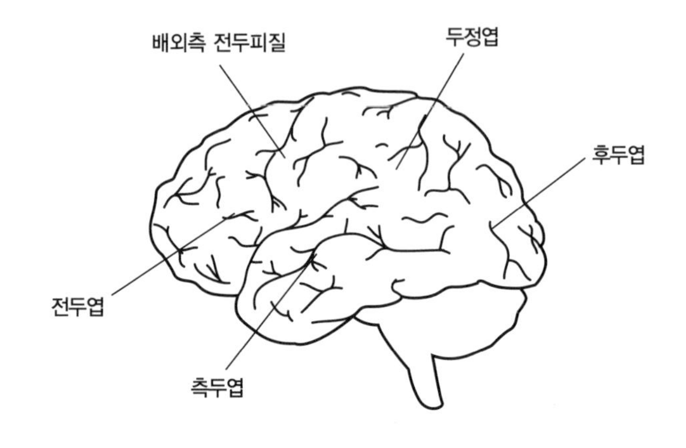

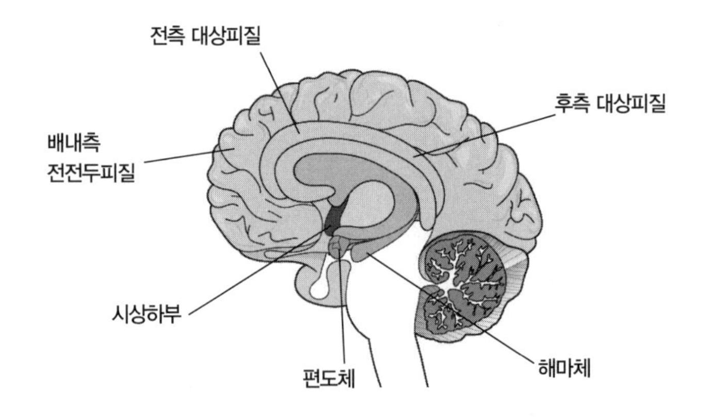

스트레스 반응을 보이는 뇌 영역(위: 외부 구조, 아래: 내부 단면도)

확히 설명하자면 이는 특히 기침반사나 구토반사 같은 단순한 생존 반응을 조절하는 영역이다. 그러나 이보다 고차원의 '조절 영역', 즉 전전두엽과 대상피질처럼 감정과 의식, 의지, 자기통제 등의 조화를 담당하는 영역도 영향을 받는다. 스트레스 및 복합적인 개념적 경험 지식은 이런 뇌 영역에서 상호 연결된다.

동물실험을 통해 밝혀진 바에 따르면, 지속적인 스트레스의 영향력은 전전두엽의 특정 부위, 정확히 말해 (뇌의 중심을 향한) 배내측 영역에 변화를 초래한다. 배내측 전전두피질은 대뇌 전두엽의 일부이자 감정을 처리하는 데 매우 중요한 역할을 하는, 이른바 대뇌변연계라 불리는 조직에 속한다. 스트레스는 이 뇌 부위에서 조직에 구조적인 변화를 일으킬 뿐만 아니라 세로토닌 수용체serotonin receptors를 약화시키는 작용도 한다.

시냅스Synapsis에 위치한 세로토닌 수용체는 감정적으로 중요한 신호를 세로토닌 전달물질의 형태로 수용하는 기능을 한다. 이 수용체의 민감도가 떨어지고 숫자까지 감소하면 우울증과 불안장애가 발생한다. 그 밖에도 해당 신경세포들을 전자 현미경으로 관찰해 보면 밀도가 낮고, 다른 신경세포와의 연결 안테나 역할을 함으로써 자극을 받아들이는 가지돌기(뉴런에서 뻗어 나온 나뭇가지 모양의 돌기 - 옮긴이)의 길이도 짧다. 다시 말해 다른 신경세포와의 연결점 수가 감소한다는 것이다. 그 결과 향후에 활성화되는 여타 수많은 뇌 영역에서도 세로토닌 농도가 감소한다. 스트레스성 정신 질환이 발병하는 데 결정적인 역할을 하는 메커니즘이 바로 이것으로 추정된다.

이 점을 활용해 개발된 항우울제는 신경세포 간의 세로토닌 생성을 증가시킴으로써 우울증을 개선한다.

스트레스가 뇌에 작용함으로써 초래하는 또 다른 결과는 앞서도 언급했던 스트레스 호르몬인 코르티솔과 관련이 있다. 뇌가 강한 스트레스를 받아 코르티솔이 과다 분비되면 신경세포가 파괴된다.[10] 특수한 코르티솔 수용체를 다량 함유한 신경세포들이 위치해 있는 뇌 영역에서는 이 현상이 특히 집중적으로 발생한다. 측두엽 깊숙한 곳에 위치하며 감정과 기억을 처리하는 핵심 기관인 해마체도 그 중 하나다. 해마체는 특히 기억된 내용을 단기 기억 저장소에서 장기 기억 저장소로 옮기는 일을 담당한다. 지속적인 스트레스에 노출되어 있거나 만성 우울증을 앓는 사람들 중 약 절반가량이 코르티솔 과다 분비로 인해 해마체의 크기가 줄어들었다.[11]

이것이 문제가 되는 이유는 자극 호르몬인 코르티솔 분비 호르몬을 덜 분비하도록 시상하부에 신호를 보내는 신경세포들이 해마체에 포진하고 있기 때문이다. 코르티솔의 지속적인 생산은 그로써 억제될 수 있다. 말하자면 해마체는 스트레스 축에서 자연적인 코르티솔 억제 기능을 유지함으로써 스트레스가 강화되는 것을 막는 데 결정적으로 기여하는 것이다. 그런데 이곳의 신경세포가 사멸되면 자연적인 중지 신호가 차단되고, 이것이 코르티솔 생산으로 이어지는 악순환이 야기된다.

2011년에 막스-플랑크 정신의학 연구소가 보고한 바에 따르면, 해마체는 또 다른 측면에서 스트레스의 영향을 받는 것으로 나타났다. 학자들은 실험쥐 여러 마리를 철창 하나에 빽빽하게 몰아넣거나 극히 협소한 공간에 가두거나 진동하는 판 위에 올려 두는 일을 날마다 한 시간씩 한 달간 지속함으로써 만성적인 스트레스를 유발했다. 이후 쥐들의 뇌를 분석하자 병적으로 변형된 단백질 입자가 여러 겹 침전되어 있는 것을 발견했다. 플라크 형태로 축적되어 해마체 영역에 단단하게 굳어 있는 이 침전물은 전형적인 '알츠하이머 플라크Alzheimer-Plaque'였다. 쥐들이 스트레스에 노출된 기간이 길수록 해마체와 전전두엽 피질에 축적된 플라크의 양도 많았다. 동시에 보통의 조건에서는 뛰어난 학습능력을 가진 것으로 유명하던 쥐들에게서 이 능력이 퇴화되었다.[12] 요약하자면 만성 스트레스는 뇌를 손상시키고 지적 능력을 영구 저하시킨다는 것을 알 수 있다.

이런 연구결과를 살펴보며 스트레스 연구가로서 나는 모든 사람에게 적합한 예방책 및 만성 스트레스 대처법에 대해 합리적으로 설명해줄 필요가 있음을 깨달았다. 누구에게나 삶의 특정 상황에서 이와 같은 스트레스를 받을 수 있기 때문이다. 모든 인간은 매사에 저마다 다르게 반응하기 때문에 스트레스는 세상의 그 어떤 법칙으로도 규정하거나 설명할 수 없다. 가장 중요한 예방수단도 다름 아닌 개개인의 손에 달려 있다. 스트레스를 평가하는 주관적 척도, 어려운 상황에서 침착하게 대응하는 태도, 효과적인 재충전 방법이 모두 이에 속한다. 스트레스에 대처하는 올바른 자세는 건강한 식생활이나 올바른 양치질의 중요성과 마찬가지로 건강교육의 일부가 되어야 한다.

도시 사람들이 더 많은 사회적 스트레스를 받을까?

도시 사람들의 뇌 속에서는 어떤 일이 일어나고 있을까? 도시민들이 다른 사람들에 비해 사회적 스트레스에 더 많이 노출되어 있다고 전제한다면, 도시에서의 삶이 뇌의 구조와 기능방식에도 변화를 초래한다고 보아야 하는가? 만하임의 정신건강 중앙연구소에서 일하는 안드레아스 마이어 린덴베르크Andreas Meyer-Lindenberg 는 자신이 이끄는 연구팀과 함께 이와 관련한 몇 가지 의미 있는 사실을 밝혀냈다.[13]

학자들은 각각 대도시와 소도시, 그리고 시골에 사는 건강한 피험자들을 연구했다. 현재 어느 지역에 거주하며 어떤 조건에서 성장했는지에 따라 피험자들이 사회적 스트레스에 다르게 반응하는지 알아내는 것이 목적이었다. 피험자들은 기능적 자기공명영상fMRI 장치가 뇌를 촬영하는 동안 스트레스 테스트를 받았다. 이때 다양한 뇌 영역의 활성도를 추론하기 위해 자기장을 이용해 다양한 뇌 영역의 혈중 산소포화도를 측정했다.

피험자들이 받은 스트레스 테스트는 실험심리학 분야의 실험 결과물인 이른바 '트리어 사회적 스트레스 테스트Trier Social Stress Test; TSST'를 변형한 것이었다. 이 테스트는 사회적 스트레스를 불러일으키는 두 가지 주요 동인을 기반으로 만들어졌다. 사회적 굴욕을 당할 위기와 통제 불능의 상황이 그것이다.

테스트는 텔레비전의 캐스팅쇼Casting Show 와 유사한 방식으로 진행되었다. 공개적인 평가, 망신당할 가능성, 예측과 통제가 거의 불가능한 심판진이 결정적인 역할을 하도록 했다. 이 테스트의 한 버전을 보면, 매우 엄격해 보일 뿐 아니라 상대방이 무슨 말과 행동을 해도 표정 하나 바뀌지 않는 심사위원들 앞에 한 피험자가 등장한다. 그리고 심사위원들이 무언의 의사소통을 분석하는 데 능숙하며 피험자가 보여주는 장기에 대해 평가를 내릴 것이라는 설명을 피험자에게 한다. 방 안에는 카메라와 마이크가 돌아가고 있다. 물론 모두 가짜지만 피험자는 이 사실을 알지 못한다. 실험 담당자는 녹화와 녹음이 신체언어 및 목소리를 정확히 분석하기 위한 것이라고 이야기한다. 피험자들은 이제 면접을 볼 때처럼 5분 동안 쉬지 않고 자신의 장점과 강점에 관해 자유롭게 이야기해야 한다. 동시에 매우 어려운 암산 문제도 주어진다. 이 문제들은 피험자가 아무리 노력을 기울여도 정답을 맞힐 확률이 25~40퍼센트 사이에 그치도록 사전에 조작되어 있다. 이로 인해 낮은 점수가 나오면 심사위원진은 부정적이고 모욕적인 평가를 내뱉는다.

만하임의 연구진은 이 스트레스 테스트를 기능적 자기공명영상 장치와 함께 시행하되 피험자에게 주는 과제는 암산에만 국한했다. 그리고 그가 계산하느라 진땀을 흘리는 동안 영상을 통해 심사위원진의 반응을 보여주었다. 이들은 고개를 절레절레 흔들거나 두 손으로 얼굴을 감싸쥐기도 했다. 더불어 피험자가 착용하고 있던 헤드폰으로는 조금 더 노력해야겠다는 둥, 지금까지 이 실험실을 찾은 사람 중 실력이 최하위권이라는 둥의 경멸 섞인 촌평이 흘러나왔다.

간단히 말해 사회적 비난이 피험자에게 모멸감을 주는 스트레스원으로 작용하도록 한 것이다.

테스트가 끝난 뒤 90분 동안 연구가들은 일정한 간격을 두고 피험자의 타액을 채취한 뒤 스트레스 호르몬인 코르티솔의 농도를 측정했다. 스트레스 테스트가 진행되는 동안 타액 속의 코르티솔 농도는 처음에 비해 2배에서 4배까지 두드러진 증가세를 보였다. 피험자가 실제로 스트레스에 노출되었다는 증거였다. 코르티솔 농도는 테스트 종료 후 약 30분에서 60분 사이에야 점차적으로 정상 수치로 내려갔다. 긴장 상황이 해소되자 즉시 안정을 되찾은 것이다. 단, 이것은 암산 문제가 의도적으로 풀 수 없게 제시되었고, 심사위원들의 경멸적인 반응도 연극이었으며, 신체언어 및 목소리를 분석하려는 목적도 없었음을 피험자가 알게 된 경우에 해당된다.

물론 만하임 연구팀의 피험자들이 경험한 스트레스가 도시 스트레스는 아니었다. 그러나 실험에서 발생된 사회적 스트레스는 실제로 사회적 도시 스트레스가 처리되는 뇌의 중추들을 정확히 자극했을 것이다. 도시와 시골 주민들의 스트레스 처리 과정에 근본적인 차이가 있음을 증명했다는 점에서 이 실험 결과는 매우 고무적이었다.

학자들은 실험 도중 활성화된 피험자들의 뇌 영역 중에서도 특히 두 가지에 주목했다. 편도체와 전측 대상피질이 바로 그것이었는데, 이 영역은 스트레스 상황에서 감정을 처리하는 데 결정적인 기여를 한다. 특히 부정적인 감정과 위협을 처리하고 주변으로부터 받아들인 정보를 감정과 연결 짓는다. 만하임 실험에서는 각 피험자가 현재 거주하고 있는 도시의 규모가 클수록 두 영역의 활성도도 크게 나타났다.

편도체는 시상하부를 통해 스트레스 축과 연결되어 있다. 또한 시골 거주자보다 도시 거주자들에게서 더욱 자주 관찰되는 우울증과 불안장애가 발생되는 데 중요한 역할을 한다. 나아가 행동 및 충동 조절에 중요한 기능을 담당하기 때문에 폭력성을 높이는 데도 영향을 미치는 것으로 추측된다. 또 다른 영역인 전측 대상피질의 활성도는 개개인이 대도시에서 얼마나 오랜 기간 동안 성장했는지에 따라 달라진다. 이 영역은 스트레스 처리 과정을 통제하고 스트레스 호르몬 축을 조절하며, 여기에도 코르티솔 수용체가 밀집되어 있어 스트레스 호르몬 과다 분비에 매우 민감하다.

피험자들이 생애 첫 여러 해를 보낸 장소의 규모는 그 밖에도 편도체와 전측 대상피질 사이의 연결 강도에 영향을 미친다. 도시에서 성장한 사람에게서는 연결이 비교적 약하게 나타나는데, 이는 조현병 환자에게서 관찰되는 바와 유사하다. 연구가들은 서로 관련이 없는 두 피험자 집단에서 이러한 연관성을 증명했다. 참고로 이 실험은 활성도의 차이를 일으키는 다른 원인들이 높은 확률로 배제되는 조건하에 진행되었다. 그리하여 피험자들의 다양한 뇌 영역을 활성화시킨 것이 전적으로 사회적 스트레스의 작용임을 증명하는 데 성공한 것이다.

관찰된 뇌 영역의 부피를 측정한 연구팀은 또 한 가지 중요한 사실을 발견했다. 피험자들이 출생 직후 도시에서 성장한 기간이 길수록 배외측 전전두피질의 회백질이 적게 나타난 것이다. 전두엽에 있는 이 영역은 감정조절과 행동계획, 충동조절과 관련이 있다. 뇌의 회백질이 중요한 이유는 여기에 신경세포의 세포체와 세포핵이 포함되어 있기 때문이다. 말하자면 회백질에서는 모든 감각 처리 과정이 일어난다. 추가로 남성 피험자들에게서는 도시에서 보낸 성장기와 회백질 감소 간의 상관관계가 전측 대상피질에서도 관찰되었다.[14] 이 영역의 크기 변화는 조현병, 우울증, 양극성 장애를 앓는 환자에게서 나타나는 것으로 알려져 있다.

그러나 안드레아스 마이어 린덴베르크는 이 실험결과가 도시 생활의 해악을 증명하는 것은 아니라고 못 박는다. 단지 도시 생활이 뇌에 흔적을 남긴다는 사실을 보여줄 뿐이라는 것이다. 만하임의 학자들은 도시 거주자의 뇌가 시골 거주자의 뇌와는 다른 양상을 보인다는 사실을 입증하는 데 성공했다. 도시민들은 사회적 스트레스에 좀 더 민감하게 반응하며, 개개인이 사는 도시의 규모가 크고 도시에서 성장한 기간이 길수록 그 차이가 더 커진다는 사실이다.

다만 이것은 도시민이 자동적으로 더 많은 스트레스를 받는다는 의미가 아니다. 도시에서 성장하는 사람은 많은 사람들과 복잡한 교통상황, 좁은 공간에 익숙해지는 법을 배운다. 뇌가 더 많은 사회적 스트레스를 경험하기 때문에 이를 처리하는 시스템도 좀 더 강력하고 신속하게 기능한다. 즉 도시민들은 스트레스에 대비해 잘 단련된 시스템과 더 섬세한 안테나를 장착하고 있는 것이다.

: Chapter 3 :

도시의 고충

더 빠르게, 더 번화하게,
더 다양하게

몇 년 전, 한 남자가 나를 찾아왔다. 그는 수개월 전부터 이전까지 즐겨 하던 모든 일, 그에게 커다란 의미를 주던 모든 것에서 더 이상 기쁨이 느껴지지 않는다고 하소연했다. 늘 힘이 없고 기진맥진하며 불면증까지 생겼다고 했다. 낙천적이고 적극적인 성격이었는데, 이제는 아침에 잠에서 깨면 머리가 무거워 20~30분 동안이나 허공을 바라보며 누워 있다가 겨우 몸을 일으켜 욕실로 향한다는 것이었다. 정신적으로 끊임없이 시달리다 보니 직장에서든 일상에서든 정상적인 생활을 되찾을 수 있을 것이라는 희망도 사라졌다고 했다.

나는 그에게 주요우울병삽화 Major Depressive Episode 라는 진단을 내렸다. 원인은 무엇이었을까? 우울증을 유발할 정도로 큰 변화가 있었던 것일까? 그의 대답을 들으며 나는 퍼즐을 한 조각씩 맞추어나갔다.

반년 전까지만 해도 그 남자는 바이에른의 어느 농가에서 살았다. 거의 평생을 전원에서 보낸 것이나 마찬가지였다. 어린 시절에는 아버지 농장에서 일을 돕다가 성인이 된 후에 전원주택을 구입해 광고 사무실을 차렸다. 그러나 시골 특유의 고립성이 자신에게는 물론이고 사람들과 많이 접촉해야 하는 그의 직업에도 그리 유익하지 못했기 때문에 결국 거주지를 베를린으로 옮기기로 마음먹었다. 이후 그는 집을 팔고 베를린의 쇠네베르크에 있는 임대아파트로 이사했다. 그런데 하필이면 그때 아파트 보수 · 개조 공사가 한창이었다. 베를린에 마땅히 아는 사람도 없던 그는 집 안에 틀어박혀 공사 소음은 물론 쉼 없이 들려오는 도로의 소음까지 고스란히 듣고 있어야 했다. 하늘이라고는 침실 창문 앞에 있는 조그마한 발코니에 나가야 겨우 볼 수 있었다.

일주일 만에 그는 도시로 이사한 것을 후회하며 일생일대의 실수를 저질렀다고 생각했다. 대도시의 분주하고 복잡한 분위기와 익명성으로부터 위협을 느꼈을 뿐 아니라, 자신이 이에 무방비하게 노출되어 있는 것 같았다. 그는 대도시가 온몸의 에너지를 앗아간다고 하소연했다. 집에 틀어박혀 있노라면 외로움도 외로움이었지만, 도로의 소음 사이사이로 사방 벽에서 울려대는 드릴 소리와 망치질 소리까지 가세하는 바람에 도무지 쉴 수가 없다고 했다. 그는 날마다 고뇌에 빠진 채 이사를 결정한 자신을 끝도 없이 탓했다.

우리는 심리치료를 시작했다. 그는 직업적 미래 계획과 전망에 관해 이야기하고, 자책하기보다는 시골과 도시의 차이점을 분석하고 도시만의 장점이 무엇인지 숙고했다. 마침 바이올린 연주 솜씨가 뛰어났던 그는 시민 오케스트라에서 활동하게 되었다. 눈에 띄게 기분이 좋아지자 용기를 얻고 서서히 예전의 낙관주의를 되찾았다. 다시 숙면을 취하게 되고, 온갖 잡다한 생각에 골몰해 있지 않으니 예전처럼 일에 집중할 수도 있었다.

마침내 그는 자신이 도시 한가운데 무방비하게 내던져진 것이 아니라는 확신과 함께 치료가 끝난 뒤에는 도시에서만 누릴 수 있는 문화적 · 직업적 장점을 활용할 수 있게 되었다. 오케스트라에서 활동한 덕분에 친구도 생겼으며, 아파트 보수공사는 얼마 지나지 않아 끝이 났다. 원하는 모습으로 집을 꾸민 그는 마침내 대도시 한복판에서 훌륭한 안식처가 되어줄 공간을 갖게 되었다.

신경과민, 도시민의 새로운 역병

물론 모두가 그처럼 우울증에 걸리는 것은 아니지만, 많은 사람들이 그가 겪은 것과 같은 고충을 한번쯤은 경험해보았을 것이다. 도시는 수없이 많은 면에서 정신적 부담을 주며, 주말이면 도시를 피해 야외로 탈출해야 할 이유도 그만큼 많다. 우리는 도시의 밀집된 인구로 인한 부담감과 군중 속에서의 고독을 동시에 느낀다. 익명성도 문제를 일으킬 수 있다. 우리는 좁은 공간에서 사회적 갈등을 경험하며, 큰 불행을 목격함으로써 사회의 적나라한 현실과도 마주하게 된다. 거주지 근처에서 벌어지는 범죄와 폭력 사건들은 정신을 피폐하게 하고, 소음이나 끝없는 교통체증도 사람을 지치게 만든다. 여가시간을 보내는 데도 선택권이 넘쳐나다 보니 도리어 피로가 쌓인다. 밤이 사라진 수많은 대도시의 거주자들은 휴식할 틈이 없다고 호소한다. 도시는 날마다 우리에게 더 많은 결정과 더 많은 사람들과의 대면, 더 많은 감정을 요구한다. 도시가 클수록 그 강도도 세진다.

스트레스에 시달리는 대도시 시민의 모습은 거의 150년 전부터 낯익은 것으로 자리 잡았다. 예전에도 도시는 늘 분주하고 번잡했지만, 19세기 말부터 시작된 대도시의 급속한 성장은 도시에서의 삶에 또 다른 질을 부여했다. 위력적인 도시의 변화와 더불어 도시민의 삶도 변화를 맞았다. 도시 연구가와 역사학자들은 당시 대도시에 살던 사람들의 '내적 도시화'에 관해 이야기한다. 신경의학자 빌헬름 에르브Wilhelm Erb는 1893년에 출간한 『우리 시대 신경쇠약의 증가에 관해Über die wachsende Nervosität unserer Zeit』라는 책에서 대도시의 삶을 신경쇠약의 일차적인 원인으로 꼽았다. 하이델베르크 대학교에서 같은 제목으로 진행한 강의에서도 "대도시의 빠른 성장과 그에 동반되는 온갖 해로운 현상들이 이에 가세한다."라고 했다. "큰 도시에서의 삶은 점점 더 긴축되고 불안정해지고, 무기력해진 신경은 더욱 큰 자극과 더 강한 양념이 가미된 향락에 탐닉함으로써 더 큰 피로를 유발한다."

신경쇠약 치료 분야에서는 물론 대중과학 저작물에도 널리 쓰이고 있는 '신경쇠약Neurasthenia'은 전형적인 대도시 거주자의 정신적 상태를 잘 묘사하는 개념이다. 이들은 메트로폴리스의 증가하는 인구밀도와 소음, 분주함, 그와 맞물려 증가하는 익명성에 크게 시달리고 있다. 신체적 · 정신적 피로, 냉담함과 과민함 사이를 오가는 기복과 변덕은 '신경쇠약에 걸린' 도시민의 특징이다. 도시 생활의 영향에 따른 일종의 신경과민이 그 원인인 것으로 추정된다.

정신의학자 알베르트 오일렌부르크Albert Eulenburg는 20세기 초반 10년 동안 베를린 시민들이 겪은 피폐한 정신적 삶에 관해 다수의 저작(『대도시 신경위생학Nervenhygien in der Großstadt』, 『불안한 베를린 여성Die nervöse Berlinerin』을 남겼다. 이 책들에서는 베를린 같은 대도시를 지배하는 혼잡한 교통상황과 '관습적인' 것은 물론 '비관습적인' 것에 이르기까지 점점 다양해지는 오락거리도 다루고 있다.

그 밖에도 당대의 여러 신경과 의사들이 비슷한 관점에서 수많은 사람들의 주관적 체험을 분석했다. 도시 행정기관과 법원에는 넘쳐나는 도시 소음으로 인한 민원이 쉴 새 없이 쏟아져 들어왔고, 교통시설과 오락거리는 메트로폴리스에서만 누리는 특권인 동시에 저주이기도 했다. 우후죽순으로 생겨나던 정신병원과 수 치료hydrotherapy 병원들은 이 새로운 역병의 혜택을 톡톡히 보았다. 도시연구가 게오르크 짐멜Georg Simmel도 신경과민에 걸린 대도시 시민들의 상을 간파하고 1903년에 「대도시와 정신적 삶Die Großstadt und das Geistesleben」(8장 참고)을 집필했다.[1] 이로써 '신경과민'이라는 대중적인 개념과 상투적인 현대인의 상이 탄생했다.

이런 역사적 저작물에는 앞서 소개한 내 환자 같은 사람도 분명 등장할 것이다. 이는 일종의 '대도시 신경과민증'이 실제로 존재한다는 사실을 입증한다. 그러나 그 환자의 경우에는 이 병이 휴식의 결핍과 대도시의 익명성, 소음 등에 적응하는 데 어려움을 겪음으로써 발생한 '일시적' 증상이었다는 점이 중요하다. 바이올린을 매개로 도시 생활에 참여하기 시작하자 증상이 해소된 걸 보면 그렇다.

템포: 도시의 삶은 항상 빠르게 흘러갈까?

신경과민에 걸린 대도시 시민의 상은 실제로도 여전하다. 21세기 도시인으로서 우리는 모든 것이 빠르게 돌아가는 도시에서 일상에 쫓기는 자신의 모습을 발견하는 일이 많다. 그러나 자세히 관찰해보면 도시들 간에도 무시할 수 없는 차이를 발견할 수 있다. 모든 도시는 기질상 서로 다르며, 고유의 속도를 가지고 있는데, 한 도시가 돌아가는 속도는 그곳 분위기의 큰 부분을 결정짓는다.

단순 방문이나 관광 목적으로 특정 도시를 찾는 사람들은 대부분 메트로폴리스다운 분주함과 여유가 혼재된 분위기를 선호한다. 그토록 많은 사람들이 프랑스를 대표하는 메트로폴리스인 파리를 사랑하는 이유도 바로 여기에 있을 것이다. 파리는 분주하고 인구밀도가 높아 정신없게 느껴질 때가 많다. 아울러 발 닿는 곳마다 그림처럼 아름답고 로맨틱하게 느껴지는 광장과 골목, 다리를 만날 수 있다. 이곳에서 사람들은 사색에 잠기거나 낮잠을 즐기거나 신문을 읽거나 연인과 입맞춤을 한다. 출퇴근 시간대면 수많은 지하철 및 경전철 역은 미로 같은 통로를 누비는 사람들로 인산인해를 이룬다.

1990년대 중반에 에라스무스 프로그램 Erasmus Programm(유럽연합 청년들을 위한 장학지원제도 – 옮긴이) 장학생으로 선발되어 파리에 가게 되었다. 도나우 강이 흐르는 빈을 등지고 센 강이 흐르는 파리에 몇 달을 체류하게 된 것이다. 나는 도착하자마자 두 도시의 차이를 감지했다. 파리는 빈보다 훨씬 템포가 빨랐다. 이곳에 머무는 동안 아침마다 단골 카페에 들러 전형적인 파리의 카페 문화를 즐겼다. 마레지구 한복판의 리볼리 가에 있는 카페의 바 앞에 선 채 에스프레소나 카페 크렘을 마시고 있노라면 파리의 분주함을 온몸으로 느낄 수 있었다.

카페에 들르는 사람은 대부분 근처에 살며 출근길에 들르는 주민들이었다. 바 너머로 커피를 주문하면 바리스타는 순식간에 에스프레소 필터를 빼서 요란한 소리가 나도록 찌꺼기 통에 탕탕 치며 속을 비웠다. 손님이 한마디도 하지 않고 받침접시에 동전을 올려 두면 그는 세어 보지도 않고 돈주머니에 쓸어 담았다. 동시에 몇 안 되는 테이블을 돌보는 종업원에게 큰 소리로 이런저런 지시를 내리기도 했다. 자리에 앉아 있는 손님들은 대개 외국인 관광객이었다. 이들은 이른 아침에 바 앞에 선 채 불과 몇 분 사이에 크루아상 한 개를 커피에 적셔 먹고 사라지는 사람들을 이해할 수 없는 눈초리로 바라봤다. 나는 빠름과 느림, 분주함과 여유가 지극히 독특하게 뒤섞인 파리를 무척이나 사랑했다.

무엇이 한 도시의 '템포'를 결정짓는지를 설명하는 것은 쉽지 않다. 그러나 도시마다 생활과 일상, 교통상황과 사람들의 움직임이 다르다는 느낌은 누구나 받을 것이다. 빈과 코펜하겐, 밴쿠버가 비교적 느긋하고 여유로운 분위기를 지닌 반면, 뉴욕과 파리, 뭄바이는 번잡하고 어수선하게 느껴진다. 한 도시의 템포는 매우 다양한 요소들의 결합으로 탄생한다. 도시민들이 얼마나 바삐 움직이는가, 날마다 먼 길을 최대한 짧은 시간 내에 갈 수 있는가, 인구밀도는 얼마나 높은가, 경제적으로 번영을 누리고 있는가, 그리하여 시민들의 시간도 '비싼가' 등의 요소들이다.[2]

기후도 이에 한몫을 한다. 비교적 온난한 지대에 위치한 도시의 템포는 눈에 띄게 느리다. 이런 곳의 사람들은 무엇을 하든 더 많은 시간이 필요한 것처럼 보인다. 아마도 온난한 기후가 사람을 느긋하게 만들기 때문일 것이다. 달리 표현하면 다양한 도시의 사람들이 다양한 '시간지대'에 살고 있는 것이라고 말할 수도 있다. 지역에 따라 시간은 천차만별의 가치를 지닌다. 기후가 온난한 지역에 사는 사람들은 보행 속도가 느리다는 몇몇 연구 결과는 이런 견해를 뒷받침해준다.[3]

시간 정확성에 대한 관념도 마찬가지로 천차만별이다. 함부르크에서는 10시 정각에 한 약속은 문자 그대로 10시를 의미한다. 말 그대로 정확히 10시 정각이다. 특별한 경우, 예컨대 비가 내리고 약속 상대방이 편안한 집 안에서 기다리고 있다면 15분 정도 늦는 것은 괜찮을지 모른다. 그러나 20분이 지났는데도 여전히 도착하지 않는다면 지독하게 무례한 것으로 간주한다. 연락 한 번 해주지 않고 상대방을 무한정 기다리게 만든다면 더욱 그렇다. 그러나 남쪽으로 내려갈수록 정확성에 대한 사람들의 개념은 느슨해진다. 테헤란에서는 10시에 도착한다던 사람이 오후 1시에 와도 전혀 이상할 것이 없다.

개개인의 능력 발휘와 개인의 행복에 큰 가치를 두는 문화권에서는 빠른 삶의 속도가 기준이 되는 반면, 공동체 중심의 문화권에서는 삶의 속도가 한층 느리다.[4] 자기 자신과 가족의 안위를 돌보는 일에는 시간이 들게 마련이다. 생계유지, 가족의 형성, 거주지 마련, 자녀들의 교육, 그리고 개인적 · 사회적인 이력을 쌓고 관리하는 일은 모두 많은 에너지와 시간을 필요로 한다.

고전적인 공산주의 체계처럼 공동체가 모든 것에 우선하는 사회에서는 자기계발에 대한 개인의 책임도 덜하다. 많은 것이 이미 정해져 있거나 다른 선택권이 아예 없는 경우도 있기 때문이다. 삶의 모습에도 다양성이 적고, 기다림의 문화로 인해 다소 느린 삶의 템포가 형성되어 있는 것이다. 가령 구동독은 서독에 비해 느린 템포를 가지고 있다. 이런 곳에서는 '시계가 느리게 돌아간다.' 개인이 서두르든 말든 그 자신이나 사회에 아무런 변화도 생기지 않는다. 심지어 몇몇 역사학자들은 그로 인한 시간낭비를 주요한 공산주의 붕괴 원인으로 지목하기도 한다.

도시마다 템포는 제각각이다

내가 경험한 파리는 적당하게 빠른 템포를 지닌 도시였던 반면,

빈에서는 모든 것이 무척이나 느리게 돌아갔다. 얼마나 느렸던지 1992년에 비교적 평온한 도시인 본에서 빈으로 이사했을 때 그곳 템포에 적응하는 데 애를 먹었을 정도다. 규모만 두고 볼 때 결코 대도시라 할 수 없는 본에서 인구 150만 명의 메트로폴리스로 이사했음에도 말이다. 본 중앙역에서 야간열차에 몸을 싣고 이튿날 아침 빈의 서부역에 내리자, 역으로부터 뿌리처럼 뻗어 나아간 수많은 선로와 두단식 승강장들이 눈에 들어왔다. 규모뿐 아니라 템포에서도 두 도시 사이에 어마어마한 차이가 느껴졌다. 대도시인데도 빈은 모든 것이 훨씬 느긋하게 돌아가고 있었다.

빈에 가기 전까지 나는 기차나 버스의 출발시간에 맞추려 필요 이상으로 일찍 집을 나서는 사람이 아니었다. 가까운 버스 정류장까지 가는 시간을 다소 빠듯하게 계산해 목적지까지 빠른 걸음으로 걷는 습관이 있었는데, 이런 습관 때문에 문제를 겪은 적은 없었다. 물론 중요한 비행기나 기차, 버스를 놓치는 경험을 했다면 이런 습관을 고쳤을지도 모르지만, 99퍼센트는 내가 계산한 시간이 맞아 떨어졌다.

그런데 빈에서는 이 작전이 잘 먹혀들지 않았다. 처음 며칠간은 원래 습관대로 가장 가까운 빔Bim(빈에서는 시가전차를 이렇게 부른다) 정거장까지 뛰어다녔지만, 얼마 못 가 그게 무의미한 일임을 깨달았다. 쓸데없을 뿐 아니라 주위 사람에게 방해되는 행동이기도 했다. 보도 위를 걷는 내 빠른 걸음은 빈 시민들의 보행 속도와 박자가 맞지 않았다. 탁탁거리는 발소리는 도시의 풍경 속에서 귀에 거슬릴 정도로 요란하게 울려 퍼졌다. 내 동작이 별안간 부자연스럽게 느껴졌고, 내가 주위 사람들을 거북하게 만들고 있다는 사실도 감지할 수 있었다. 어리둥절한 표정으로 몸을 돌리는 사람들을 보니 상점에 침입했다가 도주하는 강도가 된 기분이었다. 도시의 곳곳에서 나는 이런 경험을 했다. 노동자 구역이든 중산층 구역이든 마찬가지였다. 심지어 우체국 창구 직원이 손님 한 사람 한 사람과 온갖 사적인 일에 관해 수다를 떨고 있어도 모두들 느긋하게 기다렸다. 아무도 동요하거나 불평하지 않았다. 이런 일쯤은 누구에게도 방해가 되지 않는 모양이었다. 오히려 내 성마른 행동거지가 더 방해되는 것 같았다.

세계에서 가장 빨리 걷는 도시는?

대다수의 사람들은 도시에서 삶이 더 빠르고 분주하게 돌아가며 도시민들에게는 시간과 여유가 적다고 느낀다. 그런데 과연 이런 생각이 사실일까? 어쩌면 이는 지극히 주관적인 인상일지도 모른다. 그저 도시에서 벌어지는 수많은 일들, 시끄러운 소음, 공간적 협소함 때문에 템포가 빠르다고 착각하는 것이다. 도시민의 삶이 실제로도 더 바쁘게 돌아가는지에 관해 체계적이고 광범위한 연구가 거의 이루어지지 않은 것은 무척이나 의외다. 그나마 이와 관련해 여러 가지를 시사하는 소수의 연구결과가 나와 있다.

영국 하트퍼드셔 대학교의 심리학자 리처드 와이즈먼 Richard Wiseman이 2007년에 전 세계 32개 도시 시민들의 보행 속도를 측정해 발표한 연구결과도 그중 하나다. 와이즈먼은 각각의 시민들이 거주지 근처에서 18미터를 가는 데 걸리는 시간을 측정했다. 이때 그보다 20년 앞서 시행된 것과 같은 연구 디자인을 적용했음은 물론이고, 그 연구에서와 같은 시간대, 같은 요일에 측정한 수치를 비교했다.[5] 측정 장소는 분주한 거리의 장애물이 없는 넓은 보도 위였다. 피험자들이 걷는 동안 통화를 하거나 무거운 짐을 들고 있지 않으며 혼자 외출해야 한다는 점을 전제로 했다. 와이즈먼은 이로부터 전 세계 사람들의 보행 속도가 20년 전에 비해 평균 10퍼센트 빨라졌다는 결론을 내렸다. 2007년에는 평균 보행속도가 12.94초였는데, 1990년대에는 13.76초였던 것이다.

와이즈먼이 측정한 보행 속도 순위에서는 특히 아시아 지역에 있는 메트로폴리스의 시민들이 상위권을 차지했다. 그중에서도 싱가포르가 10.55초로 선두를 달렸다. 이곳에서는 1990년대 이후로 보행 속도가 평균 30퍼센트나 증가한 것으로 나타났다. 2위(10.82초)를 차지한 사람들은 코펜하겐 시민들이었다. 베를린은 11.16초로 그나마 상위 10위 안에 이름을 올렸고, 뉴욕이 12초로 그 뒤를 이었다. 가장 느릿느릿 걷는 사람들은 스위스의 베른 시민들(17.37초)과 바레인의 마나마 시민들(17.69초)이었다. 그러나 그보다 훨씬 더 느린 이들이 있었으니 말라위 블랜타이어 시민들이 바로 그 주인공이다. 이 도시의 주민들은 고작 18미터를 가는 데 무려 31.6초나 걸렸다.

급성장하는 아시아의 경제 메트로폴리스에는 도심의 '여유로운 삶'이란 더 이상 존재하지 않으며 바쁜 시민들만 있을 뿐이다. 이곳에서 도시의 공간은 무엇보다도 환승구역, 혹은 고작해야 쇼핑 구역의 역할만 할 뿐이다. 베른에서는 스위스인들의 느긋한 성격이 보행자의 걸음을 통해 드러난다. 개개인의 행동방식이 경제적 성공에 별다른 영향을 미치지 않는 '핫'한 메트로폴리스에서는 사람들의 걸음이 다소 또는 극단적으로 느리다. 가령 세금 천국인 바레인에서는 개개인이 일을 많이 하든 적게 하든 경제는 굴러간다. 남동아프리카에 위치한 말라위는 세계의 빈곤한 국가들 중 하나로 국민의 대부분이 1인당 하루 1달러 이하로 연명하고 있다.

도시의 템포에 영향을 미치는 것들

1990년대 미시건 대학교의 심리학자들은 어떤 요소들이 도시인의 생활 템포에 영향을 미치는지에 흥미를 품었다.[6] 그래서 화창한 날에 전 세계 31개 국가 보행자들의 보행 속도가 어떤지 조사했다. 그 밖에도 우체국에 '가짜 손님'을 보내 가능한 한 작은 단위의 잔돈으로 규격우표 한 장을 구입하도록 했다. 그리고 주문하는 시점에서부터 거스름돈을 받는 시점까지의 시간을 정확히 측정했다. 이어서 연구 대상이 된 모든 도시의 공공장소에 있는 시계 15개가 얼마나 정확한지도 조사했다. 이는 각 도시의 시민들이 시간 및 정확성에 얼마나 큰 가치를 두는지를 평가하는 척도가 된다.

조사 결과 실험 초기에 예측했던 바가 그대로 확인되었다. 한 도시의 경제력이 삶의 템포에 결정적인 영향을 미친다는 사실이 그것이다. 그 밖에도 기후 및 개개인의 특성 또한 영향을 미치는 중요한 요

보행자가 18미터를 걷는 데 걸리는 평균 시간

블랜타이어(말라위): 31.6초
베른: 17.37초
도쿄: 12.38초
싱가포르: 10.55초
베를린: 11.16초
런던: 12.17초

도시의 템포에는 사람들의 가치관, 기후, 시간에 대한 관념, 경제력 등 다양한 요소가 복합적으로 영향을 미친다.

소였다. 가령 추운 지역에 있는 도시일수록 사람들의 걸음도 빨랐다.

이 연구에 따르면, 생활 템포가 가장 빠른 축에 속하는 곳은 대체로 소득 수준이 높은 유럽 국가의 도시들(취리히, 베른, 더블린, 프랑크푸르트, 스톡홀름, 암스테르담)이었다. 아시아에서는 상위 10위권에 든 도시는 도쿄와 홍콩뿐이었다. 유럽에서는 아테네만이 예외적으로 21위에 올랐다. 뉴욕시는 중위권이었으며 최하위권을 차지한 도시들은 리우데자네이루, 자카르타, 멕시코시티 등이었다. 템포가 빠를수록 심장 · 순환계 질환의 발병률은 증가했지만, 삶의 만족도는 더 높게 나타났다. 이런 나라의 국민들이 종합적으로 풍요로운 삶을 누리기 때문인 것으로 추측할 수 있다.

경제력이 삶의 템포에 영향을 미친다면, 역으로 이 템포가 경제력에 영향을 미칠 수도 있을까? 그렇다고 봐도 무방하다. 높은 근면함 및 시간의 물질적 가치에 대한 감각은 경제적 능력 발휘를 증대시키기 때문이다. 또한 개인과 템포를 중요하게 여기는 주변 환경은 보다 빠른 라이프스타일을 선호하고 이런 환경에서 편안함을 느끼는 사람의 관심을 끈다. 말하자면 민활한 사람들은 자신과 유사한 사람들의 무리로 이끌리고, 이런 식으로 한 도시의 생활 템포는 점점 빨라진다.

물론 이런 연구에는 그보다 훨씬 복합적인 현실이 지극히 일부분만 반영될 뿐이다. 학문이 늘 그렇듯 실제로는 연구결과와 모순되는 경우도 여럿 있다. 그러나 조금 더 자세히 들여다보면 그 같은 문제도 답을 찾을 수 있다. 가령 와이즈먼의 연구에서는 베른이 전 세계에서 느린 도시 중 하나로 분류된 반면, 미시건 대학교의 심리학자들이 시행한 연구에서는 빠른 도시 중 하나로 상위권에 올랐다. 그 이유는 무엇일까? 걷는 속도 외에 우체국 창구 업무의 효율성이나 공공장소에 있는 시계의 정확성도 평가요소에 포함될 경우 도시별 순위에는 변동이 생길 수밖에 없다. 예를 들면, 베른의 시계는 매우 정확하다. 생활 템포가 느린 빈에서도 연구자가 우연히 예외적으로 행동이 빠른 우체국 창구 직원을 만나게 될 가능성도 있다.

물론 측정된 보행 속도, 업무 속도, 공공장소에 있는 시계의 정확성 등은 시간과 정확성이 해당 도시의 시민들에게 어떤 가치를 갖는지를 평가하는 기준점이 될 수도 있다. 그러나 이것이 그 도시의 분위기가 부산스럽고 분주하며, 따라서 사람들에게 정신적 부담을 줄 것이라는 증거가 되지는 않는다. 또한 평일 낮에 측정된 생활속도를 가지고 퇴근시간 이후나 주말의 속도를 추론하는 데도 한계가 있다.

예컨대 도쿄의 회사원과 파리의 가장은 퇴근 후 직장에서 벗어날 때 매우 다른 '감속 양상'을 보인다. 간단히 설명하자면 도쿄의 회사원에게는 퇴근시간이 저녁 9시 이후인 날이 흔하며 그 뒤에도 쇼핑을 하거나 성인오락실에 들르는 경우가 많다. 저녁은 거리의 노점에 선 채로 먹는 경우가 대부분이다. 반면에 파리의 가장은 거창한 저녁 식사를 계획하고 음식을 먹는 데만 두 시간 이상을 할애하기도 한다.

소음: 시시각각 변화하는 도시의 소리

도시가 조용했던 시대는 여태껏 없었다. 고대 도시에도 소음은 존재했고 중세 도시도 마찬가지였다. 기계와 모터, 자동차의 소리가 소음이 되기 전에는 말발굽 소리, 나무바퀴가 덜커덕거리거나 끼익거리는 소리, 장터의 고함소리, 교회의 종소리나 수공업자들의 망치 소리가 일상을 지배하는 소음이었다. 로마의 거리는 요란한 소음을 만들어내는 어마어마한 인파와 말, 수레로 붐볐다. 인간 경적 역할을 했던 노예들은 주인의 길을 가로막는 보행자들을 향해 고함을 지르거나 이리저리 밀쳐댔다.

로마의 교통량이 너무나 많았던 나머지, 기원전 45년에 카이사르는 긴급히 낮 동안에는 시내를 보행자 전용 구역으로 지정하기도 했다. 당시 로마 시민의 수는 이미 100만 명에 이르렀다. 거리를 가득 메운 인파는 오늘날 출퇴근 시간 런던이나 파리의 지하철로 몰려드는 군중에 견줄 만했다. 향료와 대리석, 목재 등을 배달하는 상인들의 수레는 느지막한 오후가 되어야 비로소 시내로 들어올 수 있었다. 그래서 야간소음을 일으키는 주범이 되었다. 외부에서 마차로 로마까지 온 사람들은 마차를 성문 밖에 세워두고 걸어서 들어와야 했다. 부유한 이들은 가마나 운반용 안락의자에 올라탄 채 시내를 누비고 다니기도 했다. 이런 종류의 통행방법은 금지항목에서 제외되었기 때문이다.[7]

19세기 말경에는 대도시의 소음에 변화가 생겼다. 원래 대도시는 항상 기술화가 빠르게 진행되는 장소였다. 그러나 기계와 모터가 발명된 이래로는 소음으로 인한 스트레스도 완전히 새로운 국면을 맞게 되었다. 이 시대에 베를린이나 빈, 파리, 런던 등의 메트로폴리스를 방문하는 사람은 낯설기만 한 배경음에 적응하느라 애를 먹었을 것이다. 어떤 이들에게는 이것이 충격적인 경험이기까지 했다. 예컨대 1880년대에 슐레지엔의 시골에서 빈으로 이주한 방랑자 페르디난트 하누슈Ferdinand Hanusch(그는 이후 사회민주주의자이자 오스트리아를 현대적인 사회주의 국가로 만드는 데 핵심 역할을 한 건국의 주역이 된다)의 경우가 그랬다.

웅장한 건물들, 수많은 진열품, 나를 거들떠보지도 않고 바쁘게 스쳐 지나가는 수많은 사람들, 빠르게 달리는 삯마차, 포장도로 위를 덜커덕거리며 달리는 마차버스, 종소리를 울리며 지나가는 말 전차, 말이 끄는 수레를 몰며 욕설을 해대는 마부들. 대도시 주민들은 이 모든 소음에 이미 익숙해져 있는 듯했지만, 대도시에 처음으로 발을 들여놓은 사람은 이로 인해 주눅이 들다 못해 마지막 남은 한 조각의 용기조차 잃을 정도였다. 이런 삶과 분주함에 적응하는 일이 불가능하게만 보였기 때문이다.[8]

그러나 이 탄식문은 또 다른 종류의 소음을 뿜어내는 자동차가 도시를 점령하기 전에 쓰인 것이다. 1892년 베를린에서는 최초의 자동차 번호판이 생겨났다. 초기에는 모터로 움직이는 자동차의 수가 얼마 되지 않았지만 이들이 내는 소음이나 악취는 오늘날보다 훨씬 심했다. 매연 여과 장치와 방음재는 그보다 훨씬 뒤에 이르러서야 발명되었기 때문이다. 자동차 소리는 아주 멀리까지 울렸으며, 자동차가 지나간 뒤에도 매연이 한참 동안 사라지지 않았다. 1907년 독일제국에 있던 자동차 수는 1만 대였지만, 1914년에는 이미 6만 5천 대로 늘어나 있었다. 모터를 이용한 교통수단은 점차 집단적 현상으로 자리 잡아갔다.

최초의 소음 반대 운동이 일어난 것도 바로 이 무렵의 일이었다. 뉴욕에 거주하는 출판업자의 아내이자 박애주의자였던 줄리아 바넷Julia Barnett이 1906년에 '불필요한 소음억제를 위한 협회Society for Suppression of Unnecessary Noise'를 창립하자 독일의 철학자 테오도어 레싱Theodor Lessing도 이를 본보기로 삼아 1908년에 독일 소음방지협회를 창설했다. 레싱에게는 특히 주위 사람들의 직업적 · 사적인 일상 생활이 견디기 힘든 소음의 원천이었다.

> 망치가 땅땅거리고 기계가 덜커덕거린다. 정육업자의 차와 제빵업자의 수레가 이른 아침부터 집 앞을 지나간다. 수많은 종들이 쉬지 않고 울려댄다. 수천 개의 문이 열렸다 닫히기를 반복한다. 수천 명의 굶주린 사람들은 권력과 성공, 허영심이나 조야한 본능을 충족시키는 데 무분별하게 집착하며 우리 귀에 대고 흥정하고 고함치고, 다툼을 벌이며 도시의 골목골목을 거래와 돈벌이로 채운다. 이제 전화벨이 울린다. 이제 경적이 자동차의 등장을 예고한다. 전기 차가 질주하며 지나간다. 기차는 철교 위를 달린다. 두통에 시달리는 우리의 머리를 뚫고, 우리의 가장 값진 사고를 뚫고 …… 거북한 소리가 매 순간을 새로이 채우는 것이다! 뒤쪽 건물의 발코니에서 누군가 양탄자와 침구를 탁탁 털고 있다. 한 층 위에서는 수공업자가 소음을 울려댄다. 복도 계단에서는 누군가 징이 박힌 궤짝에 못을 박고 있는 모양이다. 옆집에서는 아이들이 치고받고 싸움을 벌인다.[9]

레싱은 '반무뢰한Der Anti-Rüpel'이라는 연합을 창설하고 '독일 경제 · 상업 · 교통생활의 소음과 야만성, 조악함에 맞서 투쟁하기 위한 월간지'라는 부제를 덧붙였다. 그러나 그의 노력에도 불구하고 기대한 만큼의 성과는 나오지 않았다. 레싱은 연합을 창설한 그해에 '곧 6천 명의 회원'이 가입할 것이라고 내다봤지만, 2년이 지난 뒤에도 독일 전역에서 가입한 회원 수는 1,085명에 그쳤다.

소음 방지를 목적으로 한 이 연합에 비판적인 시선이 쏟아진 이유는 무엇보다도 소음으로 인한 지식인들의 고통만을 호소했다는 데 있었다. "그칠 줄 모르는 고통과 고뇌의 사슬이 머리로 일하는 모든 이들의 삶을 관통한다." 그에 반해 공장 노동자들이 받는 고통은 이 조직적인 소음 배척 운동의 관심 밖이었다. 얼마 뒤에는 당시 새로 창설된 자동차 로비 조직이 나서서 레싱의 연합을 편협한 신경쇠약증 환자들의 저항으로 규정하며 '신경질적인 이들의 폭정'이라는 비판을 쏟아냈다. 결국 1911년에 레싱은 연합회장직을 내려놓았다.[10]

그 후로도 소음 문제는 물론 사라지지 않았고 논쟁도 계속되었다. 자칭 '소리역사학자'이자 오늘날 프린스턴 대학교에서 1920년대 및 1930년대의 대도시 소음을 다루는 미국 학자 에밀리 톰슨Emily Thompson의 연구에는 당시의 상황이 잘 드러난다. 그는 소음기록과 도시건설계획, 당시 뉴욕 시민들이 시장에게 보낸 수많은 탄원서를 바탕으로 그 시대의 배경소음을 재현하려는 시도를 했다. 연구계획의 명칭인 '포효하는 20년대The Roaring Twenties'는 과도기였던 당대를 문자 그대로 옮긴 유명한 표현이다.

톰슨에 따르면, 1920년대 뉴욕 시민들의 대부분은 자신이 극도로 소란스러운 시대를 살고 있다고 여겼다. 그 이유는 무엇보다도 이들이 전례 없이 새로운 소음을 접하게 된 데 있었다. 당시 사람들을 괴롭힌 것은 새로이 형성되고 있던 산업사회의 배경음, 즉 모터, 증기기관, 수력펌프, 지직거리는 전선들, 확성기, 시가전차와 기차의 소음들이었다.

1920년대 말에는 뉴욕시 행정부도 대책 마련의 필요성을 느끼고 1929년에 공식적으로 소음감소위원회를 설립했다. 당시 뉴욕시의 인구는 700만에 조금 못 미쳤다. 위원회의 역할은 특정한 장비를 이용해 다양한 장소의 소음강도를 측정하고 주민들이 받는 소음 스트레스에 관해 설문조사를 하는 일이었다. 직원들은 녹음 장치가 달린 자동차를 타고 이 교차로에서 저 교차로로 옮겨 다니며 자동차와 기차, 작업장, 공장, 보행자들이 유발하는 소리를 녹음했다.

소음이 인간에게 미치는 영향

다양한 연구 덕분에 오늘날 우리는 100년 전의 사람들에 비해 도시의 소음이 불러일으키는 위험성을 훨씬 더 의식할 수 있게 되었다. 그런데 사람이 소음을 부담스러운 것으로 인식하는 이유는 무엇일까? 제1차 세계 대전 이후의 현대화 시기를 예리한 관찰력으로 꿰뚫은 쿠르트 투홀스키 Kurt Tucholsky 는 그 이유를 "소음은 외부의 것이 내는 소리다."라고 한마디로 정리했다. 이 말은 실제로도 '원치 않게 들리는 소리'라는 소음에 대한 학문적 정의와 매우 가깝게 들린다.[11] 소음은 어느덧 인간이 겪는 주요 환경부담 중 하나로 자리 잡았다. 세계보건기구에 따르면, 소음은 대기오염에 이어 두 번째로 큰 환경부담이다. 환경심리학에서는 끊이지 않는 소음을 건강에 큰 영향을 미치는 스트레스로 간주한다.

학계에서는 소음이 인간에게 미치는 영향에 관한 연구가 대체로 잘 이루어지고 있다. 방해가 되는 소음은 스트레스 호르몬인 아드레날린, 노아드레날린, 코르티솔을 분비시킨다. 그 뒤에는 이미 잘 알려진 유기체 내의 스트레스 반응이 단계적으로 일어난다. 혈압과 맥박이 상승하고 혈액의 응고성이 높아지며 혈액 내의 당분과 지방성분이 증가하는 것이다. 이로써 심근경색과 뇌졸중 위험도 커진다. 참고로 이런 반응은 우리가 소음을 의식적으로 인지하지 않을 때, 예를 들면 잠자는 중에도 일어난다. 이전부터 수면장애나 만성 질환을 앓던 사람, 나이가 많은 사람, 교대근무자 등이 이런 위험에 특히 크게 노출되어 있다.

또 한 가지 덧붙이자면 소음 때문에 짜증내는 일이 잦을수록 스트레스 호르몬의 분비량도 증가한다. 소음이 가져오는 가장 큰 건강 문제로는 청력 약화, 수면 장애, 심장 · 순환계 질환, 그리고 집중력 저하와 과민증 같은 심리적 문제를 꼽을 수 있다.

어른에 비해 만성 스트레스를 상쇄하는 능력이 뒤떨어지는 어린 아이들은 지속적인 소음에 특히 예민한 반응을 보인다. 소음에 노출된 아이들이 겪는 집중력 문제가 학술문헌에 유난히 자주 언급되는 것도 이 때문이다.[12] 이런 아이들은 사회적 약자에 속하는 가족 내에서 자랐거나 거주환경이 좋지 않은 경우가 흔해서 이들에게서는 악영향이 더욱 심해지는 일이 많다. 영국 학자들은 아동이 읽기 능력을 습득하는 연령과 소음 노출의 상관관계를 연구한 결과, 학교 및 거주지에서 측정된 항공기 소음이 5데시벨 증가할 때마다 아동이 읽기를 배우는 기간이 2개월씩 늘어난다는 사실을 밝혀냈다.[13]

피할 수 없는 소음, 의미를 이해할 수 없는 소음, 집중력 및 타인과의 소통이나 휴식을 방해하는 소음은 특히 사람에게 방해가 되고 심리적 해악을 끼치는 것으로 인지된다. 교통량이 많은 도로 가에 거주하거나 기차가 자주 다니는 철도 옆에 사무실이 있는 경우가 그렇다. 그런데 모든 소리는 사람에 따라 천차만별로 받아들여지기 때문에 방해가 되는 소음의 보편적인 한계수치를 책정한다는 것은 거의 불가능하다. 가령 개인이 소리를 자의적으로 차단하거나 최소한 그에 대한 영향력(예컨대 문을 닫음으로써 조용한 환경을 만드는 식으로)을 행사할 수 있는가, 혹은 어떤 소리(이웃집 아이의 바이올린 연주 소리 등)를 개인적으로 거북하게 받아들이는가, 그렇지 않은가에 따라 소음에 대한 평가도 달라진다.

소리가 소음이 되는 순간

거의 모든 사람이 거북하게 느끼는 소리의 종류는 극소수에 불과하다. 분필이나 손톱으로 칠판을 긁을 때의 날카로운 소리도 그중 하나다. 혹은 '디젤 엔진'의 소음처럼 유난히 거친 소리도 있다. 사람이 이런 소리에 특히 민감하게 반응하게 된 원인은 진화 과정에 있다. 아기의 울음소리나 죽음을 맞는 동족의 절규 같은 고주파 영역의 소리들은 신호 효과를 낸다. 따닥거리거나 으르렁거리는 소리처럼 귓속을 파고드는 저주파 영역의 음은 인류 발달사에서 위험한 동물의 존재를 예고함으로써 목숨을 위협하는 소리로 간주되었다.

그러나 똑같은 소리를 누군가는 거북한 것으로 인지하고, 다른 누군가는 그로부터 별다른 방해를 받지 않는 이유가 정확히 무엇인지는 지금껏 밝혀지지 않았다. 일부 연구에 따르면, 소심한 사람들에게서는 소음, 오염, 냄새 같은 일상적인 환경부담에 대한 민감도가 높게 나타난다고 한다.[14] 심지어 어떤 학자들은 소음에 대한 민감도가 타고난 성향이라고 주장한다. 이런 성향을 가진 사람들은 소음 외의 다른 환경자극에도 평균 이상으로 민감하게 반응하며[15]산업국가 인구의 3분의 1가량이 이 민감한 집단에 속한다는 것이다.[16] 소음에 대한 민감도는 보통 거북한 것으로 인식되는 다른 자극들이 이에 더해질 때 더불어 증가하는 경향을 보인다.[17]

도시의 소음이 별안간 차단되어서야 우리는 비로소 이 소음이 신경에 거슬리는 것이었음을 깨닫는다. 그러나 이와는 반대의 경우가 훨씬 흔하다. 고요함은 의식하는 반면, 소음은 의식하지 못한다는 소리다. 공원으로 산책을 나가거나 주말에 야외로 나들이를 가서야 우리는 주위가 조용하다는 사실을 깨닫는다. 일상적인 소음이 익숙한 틀 내에서 유지될 때 우리는 그에 적응한다.

반면에 개인의 집 안으로 파고들어 신경에 거슬리며 자의적으로 차단할 방법도 없는 소음은 일상적 소음에 해당되지 않는다. 이것은 특수한 방식으로 '영역 스트레스'를 유발한다. 앞장에서 언급했던, 텔레비전을 지나치게 크게 틀어놓는 이웃을 떠올려보라. 외부 소음 유발자가 내는 소리가 경계를 넘어 내 영역으로 침투할 때 사람은 자기 영역이 위협받는다고 느낀다. 소음기를 개조한 스포츠카를 몰고 주택가를 누비는 등의 의도적인 소음 유발은 많은 사람들에 의해 공격적인 영역 침범 행위로 간주된다. 이런 순간에는 소음이 청각적 스트레스에 그치지 않고 사회적 스트레스까지 유발한다.

그에 반해 소음의 원천을 언제든지 차단할 수 있다는 확신이 들 때는 소음을 적극적으로 수용할 수 있을 뿐 아니라 그로 인해 방해받는 일도 더 이상 없게 된다. 심리학자 D. C. 글래스D. C. Glass와 J. E. 싱어J. E. Singer가 1970년대 초반에 시행한 실험은 이와 관련해 많은 것을 시사한다. 피험자를 대도시의 강한 소음에 노출시키고 글을 교정하게 하자 주의력이 눈에 띄게 저하되었다. 소음 속에서 문제를 풀게 했을 때는 포기하는 속도도 빨랐다. 그러나 소음을 그대로 두되 언제든지 피험자 스스로 차단할 수 있다고 일러주자 모든 영역에서의 능력 발휘 속도가 즉각 크게 개선되었다.

대도시의 소음 중에는 어떤 소리가 '시끄럽고' 부담이 되는지 공식적으로 지정한 음량 한계수치가 있다. 가령 소리의 강도가 30데시벨 이하일 때 사람은 수면에 방해를 받지 않는다. 30~40데시벨의 소음은 수면에 방해가 될 수 있지만, 이는 개개인의 민감도에 따라 천차만별로 나타난다. 55데시벨 이상의 소리는 대다수의 사람들에게 심한 수면장애를 유발하며, 그 결과 심장 · 순환계 질환의 발생 빈도를 높인다.

낮 소음의 측면을 보면, 사람은 소음 50데시벨 이하의 환경에서 편안히 생활하고 업무에 지장을 받지 않으며 집중력을 발휘하고 여유롭게 대화를 나눌 수 있다. 약 55데시벨 이상의 소리가 다소 긴 시간 동안 지속될 경우 이미 소음의 피해를 입고 능률이 떨어질 수 있다. 50데시벨 이상의 소음이 들리는 환경에서는 말할 때 무의식적으로 목소리를 높이며, 60데시벨부터는 상대방이 이해할 수 있도록 큰 소리로 말해야 한다. 65~70데시벨의 소리는 '매우 시끄러운' 소음으로 간주되며 유기체를 스트레스와 지속적인 부담에 노출시켜 고혈압 등 건강 문제를 일으킨다. 80데시벨 이상은 '극도로 시끄러운' 소음으로 분류된다. 85데시벨부터는 일할 때 청력 보호 장치를 착용해야 한다. 75~85데시벨 이상의 소음에 지속적으로 노출되면 청력 손상을 입게 되며, 바로 곁에서 울린 총성이나 폭발음 같은

소음의 종류와 사람에게 미치는 영향

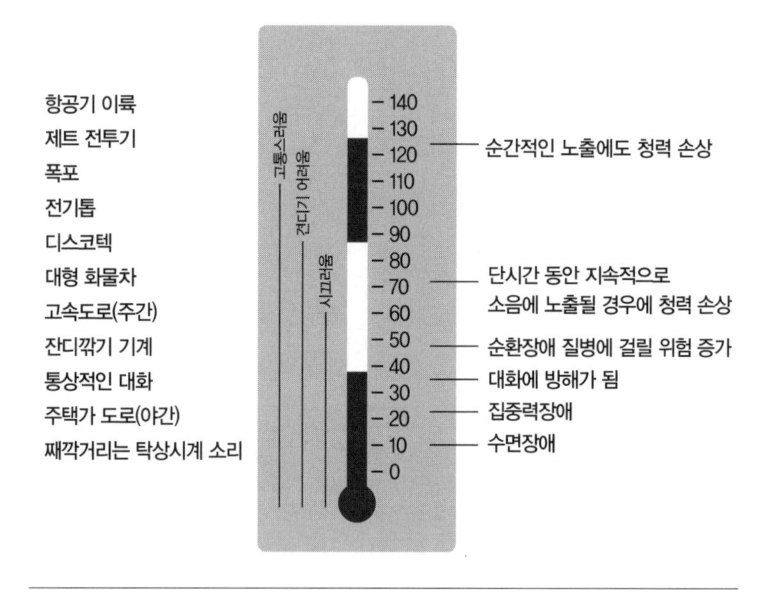

135데시벨 이상의 일시적이고 날카로운 소음은 영구적인 신체 손상을 일으킬 수도 있다. 이런 소음은 내이 속의 민감한 유모세포를 소멸시키는데 이는 재생이 불가능하다. 결과적으로 난청이나 귀울림이 생길 수 있다.

그러면 도시의 소음으로부터 방해받는다는 느낌을 덜기 위해서는 어떻게 해야 할까? 기존에 증명된 소음 스트레스 완화 방법 중 가장 좋은 것은 특정한 소음의 의미를 파악하는 것이다. 예컨대 공항 직원은 비행기를 자주 보지 못하는 사람에 비해 집에서도 비행기의 소음에 방해를 덜 받는다.

때로는 특정한 소음이 어째서 발생하는지를 명확히 파악하는 것만으로도 도움이 된다. 그로써 소음의 원천 뒤에 숨은 '의미'를 좀 더 잘 이해하게 되기 때문이다. 가령 안전하고 편안한 통행을 위해 도로의 어떤 구간이 보수되어야 한다는 사실을 항상 상기하는 것도 유용하다. 또한 해당 소음이 제한된 시간 안에서만 발생한다는 사실을 자각하라. 예를 들어 이웃집에서 마룻바닥 박리작업을 하는 소리가 거슬리더라도 내일이면 끝날 것이라고 생각하면 된다. 소음의 배경을 의식하면 무력하게 그것에 노출되는 상황도 피할 수 있다. 물론 이 방법은 소음의 원인이 일시적일 때 적용된다. 소음의 원인이 집 근처를 지나는 전철이나 고속도로처럼 영구적인 것일 때는 이런 전략도 별로 효과가 없다.

선택: 커지는 선택권, 작아지는 만족

대도시에서의 삶이 부담스럽다고 호소하는 이들은 흔히 도시의 분주함과 소란함을 이유로 든다. 동시에 우리는 도시가 제공하는 변화무쌍함과 선택의 다양함을 좋아한다. 그러나 수많은 선택 가능성이 오히려 문제를 불러일으킬 때도 있다. 내게는 문화생활에 관심이 많은 의사 동료가 한 명 있는데, 최근에 도시로 이사한 뒤 그곳이 자신에게 맞지 않는 것 같다고 괴로움을 호소했다. 교육, 문화적 자극 등 여가시간을 위한 선택 가능성이 무궁무진하다 보니 무엇을 해도 완벽하게 만족스럽지 못하다는 것이었다. 영화관에 가는 등의 문화생활을 한 가지 선택하고 나면, 선택하지 않은 다른 온갖 가능성들에 대한 생각이 머릿속을 떠나지 않는다고 했다. 그에게는 이것이 도시 스트레스였다. '더 많은 선택권'이 곧 '더 큰 만족'을 의미하지는 않는다는 것을 알기에 나는 차마 그 말에 반박할 수 없었다. 너무 많은 선택 가능성이 특정 수준을 넘으면 스트레스가 된다.

심리학 연구에 따르면, 사람은 수많은 선택 가능성 중에서 한 가지만을 선택할 때 불만족을 느낀다. 그 이유는 선택 가능성이 많아질수록 기대감도 상승하기 때문이다. 신발이 필요해 상점에 들어갔을 때 맞는 크기의 신발이 딱 한 켤레 있다면 우리는 맞는 신발을 찾았다는 것만으로도 기뻐한다. 그러나 갖가지 색상과 형태의 신발이 수백 켤레 있다면 강박적으로 그중에 가장 좋은 것을 선택하려 든다. 이때는 신발을 고르는 일이 고통일 수도 있다.

심리학자들이 언급하는 '지나치게 많은 선택의 효과 Too-Much-Choice-Effect'도 바로 여기에서 비롯된다. 제한된 선택권만 주어졌을 때와는 달리, 너무 많은 선택 가능성이 주어질 경우 사치스러운 상황이 오히려 부담으로 작용하는 것이다. 뉴욕 컬럼비아 대학교의 시나 이옌가 Sheena Iyengar와 스탠퍼드 대학교의 마크 레퍼 Mark Lepper는 연구를 통해 이 효과를 증명한 심리학자들이다.[18] 이들은 슈퍼마켓 입구에 다양한 종류의 시식용 과일 잼을 진열해 두었다. 한번은 6가지, 다음번에는 24가지였다. 그 결과 잼의 종류가 많았을 때 맛을 보려는 사람들은 더 많이 몰려들었지만, 실제로 구입한 사람의 비율은 3퍼센트에 그쳤다. 종류가 적었을 때는 관심을 보인 사람의 수는 적었지만 그중 30퍼센트가 잼을 구입했다. 요약하면 선택권이 지나치게 많을 경우 동기 및 선택의 즐거움은 줄어든다. 미국의 경제심리학자 배리 슈워츠 Barry Schwartz는 이와 관련해 '자유의 횡포 The tyranny of freedom'라는 표현을 썼다. 지나치게 많은 선택권을 두고 지쳐버린 사람들이 결정 능력 자체를 상실한다는 의미다.[19]

그렇다고 적은 선택 가능성이 무조건 더 낫다는 것은 아니다. 경제학자 엘리너 로이츠카야 Elena Reutskaja와 로빈 호가스 Robin Hogarth의 연구가 이러한 사실을 입증한다. 이들은 피험자들에게 각각 5, 10, 15, 30가지 선물상자를 제공한 뒤 친구의 선물을 포장할 상자를 고르도록 했다.[20] 피험자들은 10가지 상자가 제공되었을 때 가장 편안함을 느꼈으며, 선택 가능성이 15가지로 늘어났을 때는 이미 만족감이 떨어지기 시작했다. 불만족이 가장 클 때는 선택 가능성이 5가지일 때와 30가지일 때였다. 정리하면 불만족 곡선은 뒤집힌 U자 모양으로 나타났다.

광범위한 선택권이 주어졌을 때는 최종적으로 불만족을 느낄 위험이 더 크다. 뭔가가 100퍼센트 완벽하지 않을 때, 예를 들면 영화관의 좌석이 지나치게 앞쪽에 있거나 주문한 음식이 생각했던 만큼 맛있지 않거나 여러 종류 중에서 고른 초콜릿의 맛이 기대를 충족시켜 주지 못할 때, 우리는 즉각 포기한 수많은 대안을 떠올리며 자신의 선택에 대해 한층 더 불만을 품는다. 선택 가능성이 많을수록 결과에 대한 기대도 커지기 때문이다. 그리고 기대가 컸던 만큼 좋기는 하되 완벽하지는 못한 결과를 얻었을 때의 실망감 또한 커진다.

다양한 대안 중에서 자유롭게 선택하는 행위가 부담으로 작용하

선택 가능성의 증가에 따른 만족도

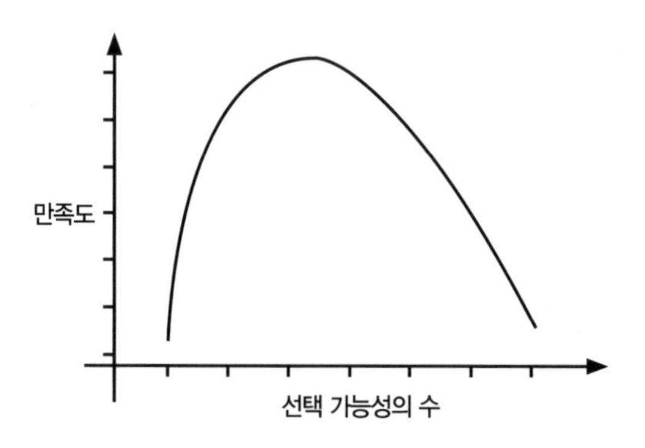

뒤집힌 U자 곡선 형태이다. 선택 가능성의 수가 증가함에 따라 만족도는 증가하다가 일정 부분에 이르러 다시 하향세를 보인다.

는 문제는 건강심리학 분야에도 이미 잘 알려져 있다. 오늘날 병에 걸려 의사를 찾는 환자들 중 무엇을 하고 무엇을 하지 말아야 할지 명확한 지시사항을 듣는 사람은 거의 없다. 그보다는 치료나 부작용, 위험요소와 관련해 다양한 가능성이 있다는 설명을 듣고 수술을 받을 것인지 약물치료를 할 것인지, 아니면 부작용을 피하기 위해 아무것도 하지 않을지를 스스로 결정해야 한다. 이를 '환자의 참여적 의사결정'이라 한다. 그러나 이런 상황에서 완전한 선택의 자유를 누리는 것을 기꺼워하는 환자는 드물다. 대부분은 의사에게 자신의 입장에 처한다면 어떤 선택을 하겠느냐고 되묻는다.

나는 도시에서의 넘쳐나는 선택 가능성으로 인해 스트레스를 받는 내 친구에게 최종적으로 '터널 전략'을 추천했다. 우선은 자신에게 주어진 선택권에 관해 몇 분 동안 기뻐하는 마음을 갖는다. 그 뒤에는 예컨대 영화관에 가기로 결정했다면, 마치 '터널에 들어가듯' 생각을 100퍼센트 영화에 집중하고, 관심을 끌었던 다른 모든 대안들에 관한 생각은 차단하는 것이다.

· INTERVIEW ·

"도시가 지닌 고정된 이미지는 그 도시를 이해하는 데 도움이 됩니다."

마르티나 뢰브 Martina Löw

베를린 공과대학교 설계·건축 사회학 교수이자 국제적으로 손꼽히는 사회·도시연구가다. 핵심 연구 분야는 도시·지역사회학 및 성별연구다.

교수님은 자신이 타고난 도시형 인간이라고 생각하십니까?

:

예, 물론입니다. 지금도 베를린에 살고 있고, 대도시에 사는 것을 무척이나 즐깁니다.

그렇지만 도시에서의 삶을 부담스럽게 느낀 순간이나 상황도 있었을 것 같은데요.

:

지금 살고 있는 도시에서는 그런 적이 별로 없습니다. 낯선 도시에서는 가끔 그런 문제를 겪지요. 잘 알지 못하는 도시에 있을 때는 큰 고충을 겪을 수도 있거든요. 이런 일은 대개 다른 문화권의 도시에서 일어납니다. 별안간 타인의 반응을 더 이상 '읽어낼' 수 없을 때 또는 대중교통이 어떤 식으로 기능하는지를 이해할 수 없을 때 그렇습니다. 다시 말해 사회적 상황을 어림할 수 없을 때 이것이 스트레스를 유발합니다.

역으로 표현하면 자신이 거주하는 환경, 자신이 사는 대도시야말로 가장 편안함을 느끼는 장소라는 말씀인가요?

:

그렇습니다. 자잘한 일상적 상황들을 제외하면 저는 대도시가 그다지 큰 스트레스를 유발한다고 생각하지 않습니다. 물론 베를린이 비교적 친숙해지기 쉬운 도시이기는 합니다. 자전거로 많은 곳에 갈 수 있고 녹지와 물이 많아 여유를 즐길 수도 있으니까요.

연구 활동 중에 도시의 가치구조와 특수한 정신세계를 가리키는 '도시의 독자적 논리 Eigenlogik von Städten **'라는 개념을 고안하셨습니다. 어떤 방식으로 이것을 연구하셨습니까?**

연구를 위해 매우 다양한 프로젝트를 실행했습니다. 그중에서도 중요한 프로젝트는 도르트문트, 프랑크푸르트, 버밍엄, 글래스고를 살펴보는 것이었어요. 이 도시들을 다양한 관점에서 바라보았습니다. 무엇보다도 정치학적 영역, 다시 말해 한 도시 안에서 어떤 문제들이 정치적 반응을 불러일으키거나 그렇지 않은가라는 질문을 중점적으로 다루었지요. 한 도시가 어떻게 경제적으로 운용되는가라는 문제가 그다음이었습니다.

우리는 미용실을 기준으로 이 문제를 풀었습니다. 미용실이야말로 지극히 평준화된 분야이기 때문입니다. 이 영역에서 차이점을 발견할 가능성은 비교적 낮습니다. 그래서 이 분야에서 운영상의 차이점이 발견된다면 그만큼 두드러지지요. 마지막으로 우리는 이 도시들과 관련된 문학, 그중에서도 범죄물을 살펴보며 도시 마케팅이 어떻게 이루어지는지 연구했습니다. 우리가 실제로 경험하는 것과 이미지 생산물에 등장하는 도시에서 벌어지는 일들을 비교할 목적이었습니다.

그 결과 도시들은 시간구조에서 뚜렷한 차이를 보인다는 점이 드러났습니다. 이 말은 사람들이 과거와 현재, 미래 중 어떤 것을 삶의 기준으로 삼느냐에 따라 도시들 간에도 차이가 나타난다는 의미입니다. 세계에는 매우 미래지향적인 도시들이 있는데, 이런 곳에서는 항상 '나는 장래 어떤 입지에 서고자 하는가?'라는 질문이 중심이 됩니다. 또 어떤 도시들은 과거에 살며 과거를 자원으로 간주할 정도로 과거를 기준으로 삼습니다.

또 한 가지 중요한 측면은 도시마다 다른 속도가 존재한다는 점입니다. 예를 들면 프랑크푸르트는 절차를 가속화하는 일에 중점을 두는 경우가 매우 잦습니다. 도르트문트 같은 다른 도시들은 시간 활용을 어떻게 최적화하느냐의 문제에 그다지 주의를 기울이지 않습니다. 이런 곳에서 시간이란 그저 그렇게 존재하고 흘러가는 존재입니다. 대신에 도르트문트에서는 소통의 측면이 좀 더 강하게 부각됩니다. 특정한 접근법을 이용해 이웃들은 물론 경쟁자들과도 화합을 이루려면 어떻게 해야 할까를 생각합니다. 반면에 프랑크푸르트에서는 이와는 전혀 다른 논리가 적용됩니다. 경쟁 중심의 분위기가 훨씬 더 지배적이지요.

교육이나 사회적 지위와 관계없이 한 도시에 사는 주민들 간에 실제로 유사한 정신세계가 발견되나요?

:

도시에는 물론 지극히 다양한 문화로부터 형성된 다양한 환경이 존재합니다. 이는 매우 중요합니다. 그러나 흥미롭게도 도시 내부에는 공통의 습관 및 당연성과 관련해 주민들을 하나로 엮는 무언가가 존재합니다. 이는 통합의 측면에서 특히 중요하지요. 사례를 하나 들어보겠습니다. 한 지역, 예를 들면 터키에서 독일로 오는 이민자들의 경우를 봅시다. 그중 한 무리는 만하임으로 가고 다른 한 무리는 베를린으로 갑니다. 이후 일정한 시간이 지나고 나면 베를린에 사는 터키인들은 만하임의 터키인들과는 다르게 변합니다. 각 도시의 독일-터키 공동체들은 도시의 특수한 관습구조를 이루는 한 구성요소로 자리 잡습니다. 당사자들도 인터뷰에서 스스로 그렇게 이야기하고요. 자신은 독일인은 아니지만 만하임 시민이라는 식으로 말입니다. 이는 정체성의 한 단면이자 소속감, 그리고 한 도시에 정착하는 과정의 한 단면이기도 합니다. 이것이 근본적인 차이를 없애 주지는 못하지만, 맺음의 기능은 하는 것이지요.

새로운 도시로 향하는 개개인들은 '도시의 독자적 논리'를 의식적으로 받아들이고 그에 맞추어야 하는 건가요, 아니면 적응 과정이 저절로 일어나나요?

:

대개는 저절로 일어나는 과정입니다만, 이미 먼저 이주해 와 있던 사람들에게 '당신은 이곳에서 어떤 난관에 부딪혔나요? 무엇이 낯설게 느껴지던가요? 무엇을 새로 배워야 했나요?' 같은 여러 가지 질문을 던지는 것도 물론 도움이 됩니다. 이렇게 하면 적응 과정이 한결 수월해지니까요. 그러나 우리가 결론지은 바에 따르면, 사람들은 새 도시의 관례에 적응하는 일을 비교적 일찍 시작합니다. 보행 속도가 빨라지거나 느려지기도 하고, 옷차림에도 변화가 생기며, 처음 보는 헤어스타일이 별안간 훨씬 매력적으로 느껴지기도 합니다.

한 도시의 독자적 논리가 대부분 그것이 지닌 일반적인 이미지, 즉 클리셰와 상응한다고 보십니까? 예를 들면, 베를린은 섹시하고 뮌헨은 건실한 도시라는 관념이 있지 않습니까?

:

클리셰는 도시의 독자적 논리를 이해하는 데 좋은 자료가 됩니다. 반복적으로 사람들의 입에 오르내리는 무언가가 그곳 시민들에게 어느 정도 타당하게 적용된다고 봐도 무방합니다. 그런 말에는 하나의 도시가 어떻게 움직이는지를 이해할 수 있게 해주는 어떤 진실이 깃들어 있거든요. 물론 그 클리셰는 절대적이지도 않고 모두에게 적용되는 것도 아닙니다. 그러나 우리가 어떤 도시에 접근하고 이를 조금이나마 파악하는 데는 도움이 됩니다.

특별히 유익한 도시, 즐겨 머물게 되는 도시가 있습니까?
:

저는 뉴욕을 즐겨 방문하고 그곳의 맨해튼도 좋아합니다. 다만 그곳에서 돈을 벌지 않아도 된다는 점은 행운이라고 생각합니다. 뉴욕은 질 높은 도시 공간을 갖추고 있으며 다양성에 대해서도 관대합니다. 도쿄도 제가 굉장히 좋아하는 도시입니다. 이곳에는 어마어마한 활기가 넘치거든요. 도쿄에 가면 한 곳에 집중되지 않으면서도 사람을 사로잡고 활력이 넘치는 상태로 몰아넣는 에너지가 존재한다는 사실을 알게 됩니다. 베를린 또한 제가 좋아하는 도시라는 점은 앞서도 말씀드렸고요, 제 출신지인 쾰른도 마찬가지입니다. 뭐, 출신지는 영영 마음속을 떠나지 않는 법이니까요.

맞는 말씀입니다. 저도 쾰른 출신이라 공감하지 않을 수 없네요. 베를린에 사신 지 꽤 여러 해가 되었는데, 가장 좋아하는 장소는 어디인가요?
:

굳이 한 곳만 고르라면 놀렌도르프 광장Nollendorfplatz 근처에 있는 카페 아인슈타인 본점의 정원을 꼽겠습니다. 많은 사람들이 모이는 도시적인 장소이자 일정 정도의 밀도와 다양성을 지닌 곳이지요. 휴식을 취할 수도 있고 훌륭한 음식을 맛볼 수도 있는 품격 있는 장소입니다. 이 카페에서는 그곳만의 전통을 알아볼 수 있습니다. 제가 가장 좋아하는 장소들 중에서도 단연 최고로 꼽는 곳입니다.

: Chapter 4 :

도시의 교통

무엇을 이용해
도시를 누빌 것인가?

많은 사람들은 도시를 주로 교통 참여자의 관점에서 경험한다. 우리는 출퇴근을 하거나 자녀들을 이곳저곳으로 데려가고 데려오기 위해, 혹은 여가시간을 즐기기 위해 자가용과 대중교통 수단, 자전거 안장 위에서 많은 시간을 보낸다. '도시에서 가장 좋은 이동수단이 무엇인가'라는 질문은 끊임없는 논쟁을 불러일으키는 주제다. 이때 가장 큰 쟁점이 되는 것은 교통 소음도, 대기오염 문제도 아니다. 중요한 것은 점점 더 이용량이 증가하는 도시의 교통체계에서 누가 우선순위를 가지며 누가 더 많은 자리를 차지해야 하는가이다.

이는 전 세계 모든 도시들이 공통으로 지니고 있는 문제다. 유럽에서는 런던과 바르샤바가 출퇴근 교통정체가 가장 극심한 도시로 꼽힌다. 이곳은 러시아워가 되면 모든 도로의 40퍼센트 이상에서 정체가 일어난다. 자가용 출근은 대개 여유롭기는커녕 고되기만 하다. 퇴근길에는 빨리 집으로 돌아가 쉬고 싶은 마음과는 달리 좀처럼 전진하지 못하고 긴 시간을 길에서 낭비하게 되며, 추월과 끼어들기에 시달리면서 앞차를 들이받지 않도록 신경 써야 한다. 그야말로 시간낭비인데, 그렇다고 딱히 해결책이 있는 것도 아니다.

출퇴근길 운전이 아드레날린과 코르티솔 같은 스트레스 호르몬 분비를 어마어마하게 증가시키고 다양한 물리적 스트레스 증상을 유발한다는 사실은 수많은 연구를 통해 이미 증명되었다.

영국에서 시행된 한 연구 결과에 따르면, 러시아워 시간대에 교통 참여자의 긴장도는 비행 중인 전투기 조종사나 폭력 소요 사태를 통제하는 경찰보다도 높다고 한다.[1] 또한 아침 출근 시간대에 붐비는 도심에서 자동차를 운전하는 일은 평균적으로 학급의 동급생들 앞에서 발표를 하는 것보다 큰 스트레스를, 비행기에서 스카이다이빙을 할 때보다는 약간 적은 스트레스를 유발한다고 한다. 이는 만성보다는 급성 스트레스 유형에 속하지만, 이처럼 최고치의 스트레스를 날마다 경험한다면 문제가 발생할 수 있다. 게다가 이런 상태를 원하는 사람이 어디에 있겠는가? 이는 누구에게나 짜증스럽고 부담이 되는 일이다.

그러나 도시에서의 이동이 전혀 다른 양상으로 나타날 수도 있다. 예를 들면, 자전거를 타고 널찍한 보도 위를 누빌 때의 즐거움은 많은 사람들이 베를린에서 느끼는 긍정적인 감정 중 하나다. 이들은 유모차를 밀고 가는 부모, 무리지어 서 있는 청소년들, 자전거보다도 빠른 걸음으로 걷는 바쁜 여피Yuppie 들과 공간을 공유한다. 자전거에서 내리지도 않은 채 서점의 야외 진열장을 들여다보거나 보행자들의 보속에 맞추어 시내를 누비기도 한다. 한 손에 카푸치노 잔을 들고 다른 한 손으로만 핸들을 잡고 달리는 사람도 있다. 이것을 보며 불평하는 사람은 보기 힘들다. 이런 형태의 자전거 타기가 매력적인 이유는 서로의 갈 길을 방해하지도, 서로를 피해 가지도 않으면서 통행을 계속할 수 있도록 끊임없이 타인과 합의해야 한다는 데 있다.

물론 서둘러 출근하거나 약속시간에 맞추어야 할 때는 보도에서 자전거를 타는 것이 좋은 방법이라고 할 수 없다. 그러나 이런 현상은 도시에서의 자전거 이용이 어느덧 삶에 대한 감정을 표출하는 하나의 방식이 되었음을 잘 보여준다. 무엇보다도 지난 20년 사이에 자전거 타기는 온갖 걸림돌에도 불구하고, 여가활동을 위한 수단에서 점점 더 중요한 도시 교통수단의 대안으로 자리를 잡았다. 자동차를 중심으로 돌아가는 도시에서 자전거 통행자들은 여전히 (보행자들과 마찬가지로) 공공장소에서 자기 자리를 부여받기 위해 고군분투하고 있다.

자동차가 도시 공간에 미친 영향

자동차 통행을 위한 도시 공간을 마련하는 과정은 자동차 발명 초기부터 이미 진행되어왔다. 도시 내에서 자동차는 공간을 필요로 했고, 실제로도 이를 획득할 수 있었다. 비어 있던 공간과 건물의 틈새가 주차장으로 채워지고, 낡은 건물, 주택, 학교, 심지어는 교회까지도 주차공간으로 활용되었다. 주차타워 전문가였던 게오르크 뮐러Georg Müller는 1937년에 이와 관련해 관찰한 바를 다음과 같이 서술했다. "극장, 경마장, 체육관, 연병장, 실내 교련장, 심지어 (러시아의) 사원과 교회, 뮌헨에서는 롤러스케이트장과 자전거 도로까지 주차 전용 건물로 용도가 바뀌었다. 다른 장소에 새로 지어진 박물관들도 이런 운명을 피해 가지 못했다."[2]

제2차 세계대전이 끝난 뒤 독일, 특히 구서독 지역의 도시들은 마침내 자동차에 맞추어 재구성되었다. 빠르고 안전한 통행과 가까운 주차시설은 1950년대와 1960년대 도시계획의 패러다임이었다. 자유와 자동차는 동의어가 되었다. 독일에서는 유럽의 다른 어떤 나라보다도 자동차가 경제성장 및 국가적 번영과 맞물려 있었으며, 이는 현재까지도 이어지고 있다. 그런 상황에서 자동차에 충분한 공간이 할애된 것도 당연한 수순이었다. 자동차의 영향력이 점점 더 커지고 어떤 협상의 여지도 허용되지 않았기 때문에 이 공간을 두고 타협하는 것은 불가능했다.

1980년대에는 여건이 허락되는 주택가에 최초의 소음 규제 지대 및 어린이 보호 도로가 지정되었다. 그러나 일부 시민들이 이를 받아들이기까지는 한참이 걸렸다. 이후 시내 중심가의 수많은 구역에서는 시속 30킬로미터 제한구역과 어린이 보호도로, 자전거 도로가 보행자 전용 도로 및 자전거 통행 우선 도로로 변신했다. 이렇게 된 데에는 1973년 석유파동은 물론 유럽 여러 국가들의 환경의식 성장도 적지 않은 영향을 미쳤다. 이런 정책은 도로 교통안전을 개선하고 소음과 배기가스를 줄이는 효과를 가져왔을 뿐 아니라 주민들과 보행자의 정신적 안위에도 긍정적으로 작용했다. 교통 제한 구역 지정 덕분에 이전까지 자동차 환승지점 역할을 하던 장소는 자연히 사람들이 머무는 곳으로 변신했고, 그로써 사회적 교류의 장도 열렸다. 산책하는 사람들과 거리에서 뛰노는 아이들이 늘어나고 카페도 속속들이 생겨났다. 그 결과 사람들이 무심히 지나치지 않고 일부러 찾는 장소들이 탄생했다.

소득 수준이 낮은 국가에서는 자동차가 여전히 무한대의 우선권을 누리는 경향이 강하다. 대중교통 시설도 형편없는 수준이다. 사람들은 모터가 달린 온갖 형태의 탈것에 올라탄 채 북적이는 도시를 누빈다. 보행자와 주민들은 혼잡한 교통상황의 한가운데서 일상적인 일들을 해치운다. 반면에 전형적인 서구의 오래된 대도시들에는 한 가지 공통점이 있다. 편리한 단거리 대중교통 수단은 물론이고 대부분의 경우 촘촘한 지하철 노선까지 마련되어 있다는 점이다. 독일을 비롯한 유럽 대도시의 장점은 시골에 비해 출퇴근 시 자동차의 필요성이 적다는 점이다. 대개는 교통정체를 뚫고 자가용을 모는 것보다 대중교통을 이용하는 편이 빠르다. 직장에서 멀지 않은 곳에 사는 사람은 자전거를 이용하거나 걸어갈 수도 있다.

대중교통 수단과 삶의 만족도

한 도시에 다양한 교통수단이 마련되어 있을 경우 이는 주민들의 행동방식에도 영향을 미친다. 여기에서는 이동과 관련된 행동방식이 그렇다. 수십 년 동안 보행자와 자전거가 우선시되는 도시를 만드는 데 헌신해온 덴마크의 도시계획가 얀 겔 Jan Gehl 의 말에 따르면, 계획적인 개입은 교통수단의 이용양상에 변화를 줄 수 있다고 한다. 그는 고향인 코펜하겐에서 시 행정부가 자동차 교통을 제한하고 보행자와 자전거 이용자들에게 매력적인 환경을 마련함으로써 시의 다양한 영역에 새로운 활기가 넘치는 것을 목격했다. 보행자들을 배려해 보행자 전용 거리에 더 많은 공간을 확보하고 흥미롭고 예측 불가능한 공간의 연속성을 탄생시켰다. 계단과 지하도, 교량의 수는 최소한으로 줄였으며, 각 구간의 거리도 적당했다. 자전거 이용자들은 중간에 끊기는 일이 없이 그물망처럼 엮인 자전거 도로를 따라 달렸는데, 도로의 폭이 널찍했음은 물론 좌 · 우회전 지점에는 그에 필요한 공간도 추가로 마련되었다. 이들은 녹색 신호를 받으며 원활히 통행할 수 있었다.

얀 겔은 도심에 자동차 없는 생활공간의 면적이 넓어지고 시민들의 활동 공간을 기준으로 도시계획이 이루어질수록 도시에는 생기가 넘치게 된다고 말한다. 그의 적극적인 제의로 덴마크의 수도 코펜하겐에서는 1962년에 이미 최초의 보행자 전용 구역이 마련되었다. 이후 30년 동안 시내 중심가의 보행자 전용 교통시설은 4배 가까이 증가했다. 코펜하겐은 자전거 이용 모범도시로 알려졌으며, 2010년에는 이 도시의 자전거 이용률이 35퍼센트까지 증가했다(베를린은 11퍼센트). 2025년까지는 이 수치가 50퍼센트까지 증가할 것으로 전망된다.[3]

그러나 지난 수세기 동안 우리는 점점 더 집과 직장만을 시계추처럼 오가게 되었다. 1900년에는 일터로 가기 위해 거주지를 벗어나야 하는 노동자가 10명 중 1명꼴이었으나 1950년에 이르자 이런 사람이 10명 중 4명으로 늘었다. 오늘날에는 10명 중 6명, 다시 말해 직업을 가진 사람의 절반 이상이 생업을 위해 다른 도시로 이동해야 한다. 그중에서도 절반가량은 편도 한 시간 이상을 길에서 허비한다. 이 때문에 출퇴근길의 의미는 건강상의 측면에서도 점점 더 중요해지고 있다. 독일 공보험사인 AOK가 가입자들을 대상으로 조사한 바에 따르면, 정신적 고통으로 인한 병가일수와 직장까지의 거리는 정비례했다.[4] 긴 출퇴근길은 흔히 녹지에 거주하고자 하는 염원의 결과물이거나 도심의 치솟는 집값을 감당하기 어려워 외곽으로 밀려남으로써 생기는 현상이다.

긴 출퇴근길은 건강을 해칠 뿐 아니라 사회활동도 소홀하게 만든다. 이는 하버드 대학교의 교수 로버트 퍼트넘 Robert Putnam 이 미국의 여가행동에 관한 연구를 통해 밝혀낸 사실이다. 출퇴근길이 10분 길어질 때마다 단체나 협회에서의 사회활동이나 봉사활동을 하는 비율도 10퍼센트씩 감소한다.[5] 그러나 출퇴근길의 물리적 거리만이 이에 결정적인 영향을 미치는 것은 아니다. 주기적으로 교통정체가 발생할 때, 기차가 지연되거나 아예 오지 않을 때, 예고된 바와 달리 고속도로가 막힐 때도 출퇴근길은 힘들어진다.

영국 학자들의 연구결과에 따르면, 아침에 자전거로 출근하는 사람들은 낮 동안의 업무 만족도가 가장 높다고 한다. 만족도가 두 번째로 높은 사람들은 도보로 출근하는 사람들과 대중교통을 이용하는 사람들이었다. 자가용 운전자는 이 항목에서 꼴찌를 차지했다.[6] 연구를 주도한 이스트 앵글리아 대학 노리치 의학대학원의 애덤 마틴Adam Martin 박사는 대중교통 이용자들에게 더 많은 여유시간이 주어지기 때문이라고 설명했다. 이들은 책을 읽거나 대화를 나누며, 대부분의 경우 버스정류장이나 역까지 도보로 이동할 수 있다.[7] 반면에 자가 운전자들은 특히 긴장감과 집중력에서 문제를 겪었다.

또 한 가지 의미심장한 차이는 도보로 출퇴근하는 사람은 직장까지의 거리가 멀수록 만족도가 높아지는 데 반해 자가용으로 출퇴근하는 경우는 거리가 멀수록 만족도가 떨어졌다는 점이다. 오래 걷는 사람의 만족도가 높다는 뜻이다. 자가용이나 대중교통을 이용한 뒤 자전거나 도보로 출퇴근할 경우에도 만족도가 상승했다. 도보로든 자전거로든 출근길에 몸을 움직일 여지가 있다는 것은 분명 도시 생활에서 하나의 장점이다. 반면에 시골에서는 자가용 없이 목적지에 도달하는 것이 훨씬 더 어렵거나 심지어 불가능하기까지 한 경우가 많다.

교통지옥에서 살아남는 법

활동이 사람에게 유익하다는 말에는 논란의 여지가 없다. 이 사실은 인류의 진화 역사를 통해서도 설명된다. 인간은 발달된 활동기관을 갖추고 있으며, 진화학적 관점에서 봐도 뭔가를 타고 목적지로 이동하기보다는 정기적으로 몸을 움직이는 일에 맞추어져 있다. 호모 하빌리스Homo habilis 이래 10만 세대에 걸쳐 인류의 조상은 두 발로 걸어 다녔다. 오늘날 사무직 직장인은 하루 평균 1,500걸음을 걷는다. 미국의 운전자 중 70퍼센트는 3킬로미터 이하를 걷는데, 이는 빠른 속도로 자전거를 10분 정도 타는 것에 상응하는 활동량이다.

다양한 교통수단을 적절한 시간에 적절히 활용하는 것은 대도시에서의 삶에 중요하게 요구되는 기술, 다시 말해 대도시의 특수성에 적절히 대처하는 능력이자 생존전략이다(12장 참고). 그러나 많은 도시민들이 이처럼 수많은 가능성을 십분 활용하지 않고 그저 운전대 앞에 앉거나 버스를 타는 데 그친다. 이동하는 방식에도 도시에 맞는 기술이 필요하다. 특히 자전거는 이와 관련해 유연한 활용이 가능한 이동수단이다. 자전거로는 주요 도로에서 벗어나 다양한 경로를 선택할 수도 있는데, 대도시라면 관광명소를 두루 거치거나 평소에는 다니지 않는 거리와 골목을 선택할 수도 있다. 이때는 자전거 출퇴근이 새로운 것을 발견하는 작은 여행이 된다. 자동차를 이용하는 사람이라면 좋은 음악이나 오디오북을 활용해 출퇴근길의 질을 높이는 방법이 있다. 대중교통 수단을 이용하는 사람은 독서, 공부,

대화, 휴식에 이 시간을 활용할 수 있다.

지하철이나 버스를 이용하는 사람들 중 다수는 이 시간을 활용하기는커녕 짜증스러운 기분에만 젖어 있기 쉽다. 그러나 하루 중 이 몇 분이야말로 자기 자신을 돌보고 추스르는 데 활용되는 시간이다. 아무것도 할 필요가 없기 때문에 그저 이런저런 생각에 잠기고 내면에 귀를 기울일 수 있다.

지금 내 컨디션은 어떤가? 오늘 나는 어떤 경험을 하고자 하는가? 오늘 만날 사람들은 내게 어떤 영감을 줄 것인가? 오늘 저녁 하루를 돌아보며 성공적인 날이었다고 평가할 수 있으려면 무엇을 해야 하는가? 이런 마음가짐을 갖게 해주는 것만으로도 이 시간은 멋진 선물과 같다. 나는 출퇴근길에 날마다 많은 시간을 허비한다고 하소연하는 환자들에게 이런 이야기를 해준다.

어떤 경우에는 주의력 훈련 같은 것도 된다. 불교 명상에서 유래한 이 훈련은 어느덧 현대 심리치료 분야에서도 입지를 굳혔다. '마음챙김'이라 불리는 이 훈련의 목표는 현재에 100퍼센트 주의를 기울이고, 지금 이 순간 일어나는 일에 인지력을 집중하는 것, 그리고 일상적이고 반복적인 일로 우리를 이끌고 다니는 '내면의 오토파일럿'을 의식적으로 차단하는 것이다. 특히 지극히 사소한 부분들에 주의를 기울이되 이를 좋거나 나쁜 것, 편안하거나 거북한 느낌을 주는 것으로 평가, 분류하지 않는 것이 중요하다.

예컨대 지하철을 타고 있다면 등이 좌석 등받이에 어떻게 닿아 있는지, 발이 지하철 바닥을 어떻게 밟고 있는지, 등받이와 바닥이 어떤 느낌을 주는지에 주의를 기울여보라. 눈을 감고 신체의 각 부위와 근육집단이 어떻게 느껴지는지에 주의를 집중해볼 수도 있다. 주변 환경, 다른 승객들의 옷이나 가방 색깔을 주시하며 밝고 어두운 톤의 조화와 대비에 몰입하는 방법도 있다. 주변의 소리에 집중하는 것도 또 다른 방법이다. 지하철이 직선으로 달릴 때 바퀴와 선로가 스치며 나는 소리, 굽은 구역에 진입할 때의 마찰음, 문이 열리고 닫힐 때의 소리에 주의를 기울여보라. 이런 마음챙김의 순간에 사람은 자기 자신이나 외부 세계로부터 주의를 돌려, 현재 거기에 존재하는 것을 변화시키려 들지 않고 있는 그대로 수용하게 된다.

실제 심리치료에서 환자들은 이런 훈련을 통해 미래나 과거에 고착되어 있던 생각을 돌려서 온전히 현재('지금', '이곳')에 집중시킨다. 세상에는 지나간 일에 골몰하느라 끊임없이 생각에 빠지거나 미래에 대한 근심에 집착하는 사람들이 너무나 많다. 마음챙김은 이처럼 부풀려진 생각으로부터 머릿속을 해방시키고 지금 순간에 대한 집중도를 높여준다.

사람들이 날마다 어떤 수단으로 출퇴근하는지는 한 도시의 심리적 분위기에 관해 많은 것을 말해준다. 도시민들이 대중교통을 사용하는 데 사용하는 시간은 공공의 시간이며, 이 시간 동안 시민들은 도시 및 주위 사람들에게 온전히 노출된다. 다시 말해 이 시간은 혼자라는 느낌, 소외되어 있다는 느낌을 상쇄해주는 시간이다. 단, 승객들이 느긋하게 주변에서 일어나는 일들을 인지하며 이 시간을 보낼 만한 환경이 마련되어 있을 때만 그렇다.

도시 행정부와 대중교통 수단 운영업체들도 이따금 그 같은 환경을 조성하기 위해 기발한 아이디어를 짜낸다. 한 예로, 베를린의 대중교통 운영업체는 2015년에 유명 인사들로 하여금 지하철 2호선의 일부 전철역 안내방송을 하게 만드는 아이디어를 냈다. 관광객들 외에는 아무도 귀 기울이지 않는 단조로운 목소리 대신 동물원역에서는 영화배우 얀 요제프 리퍼스Jan Josef Liefers의 안내방송이 흘러 나왔고, 에른스트 로이터 광장 역에서도 마찬가지로 배우인 베로니카 페레스Veronika Ferres의 목소리가 울렸다. 테오도어 호이스 광장 역에서는 가수 마리우스 뮐러 베스턴하겐Marius Müller-Westernhagen의 목소리를, 에버스발더가 역에서는 수영스타인 프란치스카 판 알름지크Franziska van Almsick의 목소리를 들을 수 있었다. 그러나 이를 싫어하는 사람들도 무척 많았고, 마침내는 이 깜짝쇼를 끝내라는 청원서까지 날아들었다. 신경에 거슬린다는 게 이유였다.

하지만 이는 북적이는 지하철을 날마다 이용하는 승객들의 잠을 깨우는 데 더할 나위 없이 좋은 방법이었다. 이전의 정차역 안내방송과는 목소리와 대사, 어조 등이 달라지기 때문에 사람들은 무의식적으로 안내방송에 귀를 기울인다. 뜻밖의 방송에 어리둥절해지거나 이를 자극적이라고 느낀 일부 승객들이 이것을 계기로 대화의 물꼬를 트게 되는 일도 있었다. 승객들 간에 그토록 갑작스럽게 교류 및 사회적 감정이 일어나는 장면을 날마다 목격하는 것은 놀라운 일이었다. 한 달 뒤에는 목소리의 주인공이 또다시 교체되었다. 이번에는 평범한 베를린 시민이었다. 승객들은 이제 베딩 지구의 레이 또는 샤를로텐부르크 지구의 카린, 판코프 지구의 멀린다의 목소리에 귀를 기울이게 되었다.

지하철에서 누군가 자동화된 일상을 깨고 뭔가 재미있는 일을 벌일 때 이것이 얼마나 묘한 느낌을 주는지 경험해본 사람이 있을 것이다. 예를 들면 어떤 사람이 승객들 앞에서 경쾌한 노래를 큰 소리로 부르거나 몇 가지 묘기를 선보이는 경우가 그렇다. 오늘날에는 전 세계 곳곳의 지하철에서 찍힌 동영상이 주기적으로 소셜 미디어를 타고 확산되기도 한다. 여기에서는 깜짝 이벤트에 어리둥절해하는 승객들의 모습을 볼 수 있다. 승객들은 뜻밖의 행동을 하는 사람을 보며 처음에는 미심쩍은 반응을 보이지만 대부분은 얼마 지나지 않아 그에 동참한다. 이때는 공동의 침묵이 깨지고 정서적 연대가 이루어진다.

이 장에서는 주로 자전거와 대중교통 수단 이용을 칭송하고 독려했지만 자가 운전자들에게도 위안 삼아 몇 마디 말을 남겨야 할 듯싶다. 한 가지 측면에서는 도시에서 자가용을 이동수단으로 삼는 것도 매우 유익하다. 단, 이들이 전자 내비게이션을 도구로 삼지 않는 한에서 그렇다.

런던의 택시 운전사를 대상으로 연구를 시행한 학자들은 이들에게서 해마체(58페이지 그림 참고)의 뒤쪽 영역에 있는 회백질의 양이 증가되어 있는 것을 발견했다. 이곳은 특히 공간기억력을 담당하는 뇌 부위다. 런던에서 택시면허를 취득하는 데 평균 3년이 걸리며 지원자 중 4분의 3이 어마어마한 학습량 때문에 중도 포기하는 것도 놀랄 일은 아니다. 그러나 일단 면허 취득에 성공하고 다년간 택시 운전에 종사한 사람이라면 뇌 내 회백질의 부피가 증대되어 있을 것이라고 생각해도 틀리지 않다. 런던의 복잡한 시내를 누비며 운전하는 중에 나타난 훈련효과인 셈이다.[8]

· INTERVIEW ·

"도시에서는 누구나 평등하게 자기 안의 가능성을 펼칠 수 있어야 합니다."

엔리케 페냐로사 Enrique Peñalosa

1998~2001년, 2015년부터 2018년 현재까지 콜롬비아 수도 보고타의 시장을 지내고 있다. 재임 초기에 그는 보고타의 외관을 근본적으로 탈바꿈함으로써 세계적으로 주목받게 만든 몇 가지 사업을 시작했다. 학교·교육 사업을 적극적으로 추진한 것 외에도 지속가능성에 역점을 두고 공공 기반시설, 특히 교통시설을 개선한 일이 그것이다.

시장님은 빈곤과 범죄로 점철되어 있던 도시를 친근하고 행복한 도시로 바꿔놓은 장본인으로 역사에 기록될 것입니다. 시장님은 이상주의자인가요?

:

제가 보고타를 완벽한 장소로 변화시킨 것은 아닙니다. 그러나 인간의 존엄성이 좀 더 잘 구현되는 도시로 바꾸기 위해 노력을 기울여온 것은 사실입니다. 이 도시에 사는 사람들이 조금 더 행복해지도록 말이지요. 행복이 무엇인지 정의하기란 매우 어렵습니다. 측정하는 일은 아예 불가능하고요. 그러나 결국 가장 중요한 것도 행복입니다. 행복을 방해하는 가장 큰 장애물 중 하나는 사람들이 느끼는 열등감이나 소외감이에요. 도시는 평등과 행복을 실현시키는 데 아주 크게 기여할 수 있습니다. 사람들로 하여금 자신이 가진 가능성을 펼칠 수 있게 해주는 거지요. 누구도 예외가 되어서는 안 됩니다. 그래서 빈곤과 풍요는 동일한 존재로서 도시 안에서 만날 수 있어야 합니다. 보도에서, 공원에서, 혹은 대중교통 수단에서 말입니다. 이때 도시는 일차적으로 자동차 안에 앉아 있는 사람들이 아니라 가장 큰 보호를 필요로 하는 사람들, 정확히 말해 아이들, 노인들, 가난한 사람들 위주로 꾸며져야 합니다. 그러나 안타깝게도 많은 도시에서는 전자가 우선시되는 경우가 허다합니다.

보고타를 자전거 타기 좋은 도시로 만드셨지요?

:

완벽한 수준에 이르려면 아직 멀었지만, 예전에는 도로에서 자전거를 찾아보기조차 어려웠습니다. 우리는 자동차가 다니는 도로로부터 안전하게 분리된 총길이 약 300킬로미터의 자전거 도로를 건설했습니다. 개중에는 건축 밀도가 높은 구역 내에 10~15미터 너비로 닦인 고속 자전거 도로도 있습니다. 이러한 조치로 인해 보고타의 전체 교통 네트워크에서 자전거가 차지하는 비율을 0퍼센트 가까운 수준에서 6퍼센트까지 끌어올릴 수 있었습니다. 여전히 매우 낮은 수준이지만 그래도 큰 발전이지요. 도시에서의 자전거 이용은 건강에도 좋고 교통정체를 완화해주며, 평등함을 촉진한다는 점에서도 중요합니다.

자전거 도로는 자전거 사용자를 보호하기 위한 수단일 뿐 아니라 일종의 상징 같은 것이기도 합니다. 50달러짜리 자전거를 타는 시민이나 10만 달러짜리 자동차를 모는 시민이나 똑같이 중요하다는 사실을 보여주지요.

도시에서는 귀중한 도로 공간이 시민들에게 어떻게 배분되느냐가 관건입니다. 모든 민주주의 헌법은 첫머리에 모든 인간이 평등함을 명시하고 있습니다. 이것이 진리라면 도로 공간 점유에 대한 권리도 모두에게 똑같이 주어져야 하는 것이지요. 자전거 이용자에게든, 보행자에게든, 버스나 고급차를 타고 다니는 사람에게든 말입니다. 그래서 100명의 승객이 타고 있는 버스에는 1명이 운전하는 자가용 1대보다 100배의 공간이 더 할애되어야 합니다. 앞으로는 보행자 도로에 멋진 건축학적 외관뿐 아니라 법적인 권리까지 부여하는 것이 제 소망입니다.

보고타 시민들이 오늘날 더 행복해졌다고 생각하십니까?
:

예, 그렇다고 봅니다. 자기 존엄성에 대한 의식이 더 커졌거든요. 도시는 사람들에게 커다란 영향력을 발휘할 수 있습니다. 예를 들어 공원을 만든다고 가정해봅시다. 공원은 사람들을 조금 더 행복하게 만들 수 있습니다. 대부분의 도시에서는 공원 가까이에 위치한 구역의 집값이 무척 비쌉니다. 이는 그 도시에 공원의 수가 너무 적다는 의미입니다. 그러나 공원에 대한 접근성은 누구나 누려야 할 권리예요.

보고타 시민들에게 행복해졌는지 묻는다면, 아마도 예전보다 행복하지 않다고 대답할 사람도 있을 겁니다. 하지만 저는 그들이 더 행복해졌다고 생각합니다. 자동차들이 정체를 빚고 있는 동안 그 옆에서는 자전거 이용자들이 스마트폰으로 음악을 들으며 느긋하게 달리는 모습을 상상해보세요. 파리에서 보낸 풋내기 대학생 시절에 저는 아주 좁디좁은 방에서 살았습니다. 화장실도, 샤워시설도, 아무것도 없었지만 파리의 아름다움이 저를 행복하게 만들었기 때문에 그곳에서 살 수 있었습니다. 도시는 사람들이 소득과는 상관없이 좀 더 행복해지는 데 크게 기여할 수 있습니다. 저는 그렇게 확신합니다.

보고타에서 특별히 편안하게 느끼는 장소가 있습니까?

:

저는 보행자 및 자전거 이용자 전용 구역에서 편안함을 느낍니다. 자전거 고속도로에서는 특히 자부심도 느끼지요. 이는 기반시설의 일부일 뿐 아니라 뭔가 다른 것, 다시 말해 차별적인 삶의 방식을 위해 마련된 장소들이니까요.

: Chapter 5 :

도시의 위험

무엇이 사람들을 두려움에 떨게 만드는가?

청소년기에 나는 도시가 불러일으키는 공포를 몸소 체험한 적이 있다. 무척이나 인상적인 경험인 동시에 도시가 별안간 어마어마하게 두려운 존재로 다가온 순간이기도 했다.

1986년에 부모님은 나를 미국 캘리포니아에 거주하는 숙부 댁으로 보냈다. 숙부는 가족과 함께 샌프란시스코만 근처에 있는 월넛크릭Walnut Creek이라는 아름다운 곳에 살고 계셨다. 그때 나는 열여섯 살이었는데, 어느 토요일에 혼자서 광역전철을 타고 샌프란시스코 시내로 나갔다. 숙모님은 혼자 외출하려는 나를 걱정했지만 억지로 붙잡지는 않으셨다. 대신 비상시에 대비해 여남은 가지나 되는 행동 요령을 일러주셨고, 나는 알아들었다는 표시로 가만히 고개를 끄덕였다. 그러나 숙모님의 조언이 하나씩 늘어날 때마다 불안감이 커져 여유와 호기심도 달아나버렸다.

샌프란시스코 중심가에서 내려 지상으로 올라가는 에스컬레이터에 올랐다. 어마어마한 두려움을 맛보게 된 것도 바로 그 순간이었다. 위압적인 마천루들이 하늘을 뚫을 듯 솟아올라 있었다. 빛이 반사된 건물의 표면은 괴기스러운 느낌마저 주었다. 그에 압도당함과 동시에 스스로가 한없이 작게 느껴지면서 공포에 사로잡혔다. 그처럼 무기력하고 무방비한 느낌을 받은 경우는 처음이었다. 광장으로 나가면 마천루 사이에서 느껴지는 숨 막히는 기분이 가실 것이라는 생각이 들어 무작정 유니언 스퀘어Union Square 쪽으로 걸었다. 마침내 그곳에 도착해 호텔 입구를 발견하고는 안으로 들어가 로비에 있는 안락의자에 털썩 주저앉아 한숨을 돌렸다.

몇 분이 지나자 다시금 용기가 솟았다. 고작 고층건물 몇 채에 움츠러들려고 그토록 먼 길을 왔나 생각하니, 어이가 없었다. 호텔에는 외부를 훤히 내다볼 수 있게 통유리로 만든 엘리베이터가 있었다. 나는 마천루의 꼭대기와 같은 눈높이에서 도시를 내려다볼 요량으로 올라탔다. 결과는 생각했던 그대로였다. 엘리베이터가 높이 올라갈수록 시야가 밝아지고 통제력도 되돌아왔다. 이 행동은 치유 효과를 내며 나를 진정시켰고 두려움도 점차 사라졌다.

지상으로 되돌아온 나는 시내 지도를 펼쳐들고 관광 경로를 짰다. 먼저 차이나타운을 방문한 뒤, 이탈리아 이민자들이 정착해 있어 낯익은 유럽식 정취를 풍기는 노스 비치North Beach를 둘러볼 계획이었다. 이곳에서는 건물들이 낮고 외관상으로도 그리 거부감이 들지 않았다. 시간이 갈수록 샌프란시스코의 정겹고 여유로운 면모가 분명히 보이기 시작했다. 마침내 음악가들이 옛 이탈리아 음악을 연주하고 있는 카페 트리에스테Café Trieste를 발견한 나는 휴식을 취하며 평온함을 되찾았고, 한 시간이 지난 뒤에는 이 도시와 깊은 교감을 맺을 수 있었다. 이후 내게는 샌프란시스코를 방문할 때는 언제나 웨스틴 호텔의 유리 엘리베이터에 올라타 도시를 내려다보는 일이 하나의 의식이 되었다.

다행히도 당시의 나는 대도시에 압도당하지 않고 신속히 그에 대응할 전략을 강구하는 데 성공했다. 그때의 경험이 지나치게 깊이 각인되어 대도시에 영구적인 거부감을 품게 되는 일도 벌어지지 않았다. 물론 거주지의 익숙한 환경이 아닌 낯선 도시에 적응하는 일에는 항상 어느 정도의 어려움이 따른다. 그러나 사람들 중 꽤 많은 수가 자신이 살고 있는 도시에서조차 두려움을 느낀다. 안전하지 못하다고 느껴지는 장소, 스트레스를 유발하는 장소, 특정한 시간대에는 피하는 편이 좋은 장소들은 어디에나 있다.

도시는 정말 위험한 곳일까?

독일에서는 시골보다 도시에 사는 편이 더 위험하다. 연방 주별 범죄율 통계를 보면 도시 주인 베를린과 함부르크가 최상위를 차지한다. 도시 내에서도 익명성이 심한 지역에서 범죄율이 특히 높다.

주거침입 또는 자동차 절도 사건이 가장 빈번하게 발생하는 장소도 바로 이런 곳이다. 안전 문제는 도시 분위기에도 영향을 미치며, 이는 지방 선거전에서도 거의 빠짐없이 거론된다. 독일의 도시 · 지방자치단체연합은 정기적으로 감시 카메라 설치 확대, 공공장소에서의 음주 행위 금지, 경찰력 배치 확대 등 더 많은 안전을 위한 대책을 강구한다.

그런데 여기서 흥미로운 사실은 불안감이 반드시 실제 위험 가능성과 일치하지는 않는다는 점이다. 다시 말해 대도시 특유의 현상 중 하나는 범죄 자체보다는 언제 범죄의 표적이 될지 모른다는 두려움이다. 시민들이 느끼는 범죄에 대한 두려움은 도시의 규모와 정비례한다. 이때의 불안감은 실질적인 위험이나 범죄의 빈도와는 아무런 관련이 없다.[1] 범죄에 대한 두려움과 실제 범죄 발생률 사이에 측정 가능한 연관성이 없다는 사실은 다양한 연구를 통해서도 이미 입증되었다. 독일 거주 · 환경 연구소는 연구 끝에 "두려움을 유발하는 장소가 범죄 현장인 것도, 범죄 현장이 두려움을 유발하는 장소인 것도 아니다."라는 결론을 내렸다.[2]

그러나 "나는 그 시간대에는 지하철을 타지 않아요." 혹은 "그 길은 여자 혼자 다니기에는 위험해요."라고 말하는 사람에게는 이 같은 통계를 들이밀어 봤자 소용없다. 실제로 범죄의 희생양이 될 확률이 극히 적음에도 통계 수치가 두려움을 없애주지는 못하기 때문이다. 많은 사람들은 어둑한 밤거리를 홀로 걷거나 나쁜 소문이 도는 지역을 지나칠 때면 위협 당한다는 느낌을 떨쳐버리지 못한다.

밤거리를 걸어본 사람이라면 어떤 지역이 제대로 통제되지 않는 것 같다는 인상을 한 번쯤 받았을 것이다. 그럴 때 우리는 경계하는 태도로 잔뜩 긴장한 채 발걸음을 재촉하고, 눈에 띄지 않도록 노력하며, 목적지에 다다라서야 한숨을 돌린다. 전형적인 두려움 유발 장소는 지하철역, 지하도, 공원, 지하 주차장, 항구나 기차역 부근, 주변에 덤불이 우거진 어두운 길 등이다. 밤에 느끼는 도시공포증은 행동의 자유와 독립성을 어마어마하게 손상시킨다. 위험하다고 간주되는 지역에서 활동하거나 머무는 일을 꺼리기 때문이다.

이 주제와 관련해 남녀 간에 커다란 인식차가 존재한다는 사실은 누구나 예측할 수 있을 것이다. 여성들은 보편적으로 남성에 비해 범죄공포증에 노출되는 빈도가 높다. 노르트라인-베스트팔렌주의 범죄예방 · 범죄학 연구소에서 설문조사한 바에 따르면, 신체 상해에 대한 두려움은 남녀 모두에게서 대략 동일하게 나타나는 반면, 노상강도 및 주거침입 절도에 대한 두려움은 여성들이 더 크게 느끼는 것으로 밝혀졌다. 여성들이 가장 두려워하는 범죄는 성범죄였다.[3]

1980년대 이후로는 공공장소가 조성된 형태가 여성의 안전감에 어떤 영향을 미치는지에 대해 더 많은 연구가 이뤄졌다. 동시에 다수의 도시에서는 여성에게 안전감을 심어주기 위한 실질적 조치를 취했다. 예컨대 야간에 대중교통 수단을 이용할 때 마지막에 하차하는 정류장에서부터 집 앞까지 운행하는 심야택시도 그중 하나다. 주차타워나 지하 주차장에 마련된 여성 전용 주차구역도 마찬가지다. 2013년에는 베를린에 사는 두 명의 여성이 남녀 모두를 위한 '귀가 전화 운동'을 시작했다. 귀갓길에 해당 번호로 전화를 걸어 친절한 목소리를 가진 상대방과 집에 도착할 때까지 통화하게 해주는 서비스다. 이러한 지원은 유익한 효과를 낸다.

이런 조치는 불안감을 최소화함으로써 어두울 때 문밖에 나서기를 두려워하는 사람들의 활동범위를 넓혀주는 데 도움을 준다. 그러나 이것이 과연 범죄율 감소에 의미 있는 효과를 낼지는 의문이다. 그래서 여성주의적 도시계획 분야에서는 여성 전용 주차장, 귀가 전화 서비스 등이 순전히 증상만을 없애려는 시도에 불과하다는 비판이 일고 있다. 이런 유의 공공지원 정책 덕분에 여성들은 더 이상 남성의 보호에 의존하지 않게 된 대신 시 교통국의 야간 운행 지원에 의존하게 되었다는 것이다. 임상적 관점에서 볼 때 이는 대체로 옳은 지적이다. 원인이 아닌 '공포라는 증상'만을 없애려 든다는 점에서 그렇다.

여기서 우리는 '공포-위험의 역설'과 마주치게 된다. 연구에 따르면, 독일의 지하철역이나 주차타워에서 일어나는 범죄 발생률은 여타 장소에 비해 결코 높지 않다. 성별로 인한 폭력범죄의 희생양이 될 위험이 높은 장소를 피해야 한다고 믿는다면, 오히려 어두울 때 여성은 사적인 영역을, 남성은 공공장소를 피하는 편이 옳을 것이다. 여성들은 가정 내 폭력의 희생자가 되는 경우가 훨씬 많고, 남성들은 공공장소에서의 폭력행위에 노출되는 빈도가 높기 때문이다. 결론적으로 잘못된 인식이 광범위하게 확산되어 있다고 볼 수 있다.[4] 두려움이 비이성적으로 양산되고 있음이 여기에서 분명하게 드러난다. 현대 심리치료 분야에 주어진 핵심 과제도 바로 그러한 해석의 오류를 인지하고 이해하는 것이다.

통제 불가능한 환경이 무력감을 낳는다

샌프란시스코의 엘리베이터에 올라탔던 당시, 나는 두려움을 다스리는 능력을 되찾고 상황을 통제하는 데 성공했다. 처음에는 거의 무력감에 사로잡혔지만 그 상황으로부터 매우 빨리 벗어났다. 그러나 모든 사람이 언제나 이런 대응전략을 펼칠 수 있는 것은 아니다. 위협에 지속적으로 맞서는 데 성공하지 못할 경우 위험에 빠질 수도 있다. 공포감이 고착되고 그에 맞서 무엇도 할 수 없다는 느낌이 점점 강해지기 때문이다. 학습된 무력감 모델은 사람이 주거침입 절도나 야간 강도 피습 등에 대한 두려움에 사로잡혀 있을 때 어떤 일이 벌어지는지를 설명한다.

학습된 무력감 모델은 동물 세계에 대한 체계적인 행동관찰을 바탕으로 설정된 우울증 발생의 심리학적 모델이다.[5] 실험쥐들을 물이 담긴 수조 한가운데 빠뜨리면 최대한 빨리 안전한 가장자리 또는 수조 가운데 마련된 섬에 도달하기 위해 필사적으로 헤엄을 친다(샌프란시스코에 처음 갔던 날 나에게는 호텔과 엘리베이터가 바로 '수조의 가장자리'였다). 그러나 올라갈 만한 가장자리나 섬이 없는 수조에서는 동물들도 시간이 지나면 탈출을 포기한다. 힘이 빠지는 것을 느끼고 움직임 없이 그저 둥둥 떠 있을 뿐이다.

개를 대상으로 한 실험에서도 마찬가지 현상이 나타났다. 개들을 철창에 가두고 몇몇 창살로 약한 전류를 흘리면 개들은 능숙하게 이리저리 뛰며 거북한 전기 창살을 피한다. 그러나 피해갈 수 없을 정도로 전기 창살의 수가 많을 경우라면, 처음에는 개들도 철창 안에서 빠르게 이리저리 뛰며 전기가 흐르지 않는 지점을 찾으려 애쓰지만, 어느 시점이 지나면 탈출 시도를 포기하고 조용히 고통을 감내한다. 심지어 개들이 피할 수 있도록 전류가 흐르는 창살의 수를 다시 줄여주어도 상황을 개선하려 하지 않고 가만히 드러누워 있을 뿐이다. 완전한 통제 불능 상황을 경험함으로써 환경이 통제 불가능한 것임을 학습한 것이다. 이로써 개들은 저항력을 잃고 겁먹은 태도를 보였으며, 먹는 양이 줄면서 살이 빠지고 짝짓기 능력조차 완전히 상실했다.

통제 불가능한 환경에 처하면 처음에는 감정적 긴장도와 두려움이 강화되며, 어떻게든 상황을 통제해야 하므로 신체 활동이 증가한다. 참고로 인간도 트라우마를 유발하는 상황이나 가벼운 사고 또는 재난을 경험할 때 이와 유사한 반응을 보인다. 누군가의 습격을 받는 등 인간의 잔혹성을 경험하는 상황에서도 마찬가지다. 이후의 진행 양상은 개략적으로 설명하자면 다음 두 가지로 나뉜다. 우선 자신의 행동을 통해 상황에 영향력을 발휘하고 거북한 경험 또는 감정을 모면함으로써 긴장도를 줄일 수 있다는 사실을 학습했을 때 상황은 이내 완화되고 경험 및 학습의 소중한 한 부분으로 자리 잡는다.

그러나 자신이 아무것도 변화시킬 수 없음을 깨닫고 나면 긴장도는 높아지고 무방비하게 위험에 노출되어 있다는 느낌에 사로잡힌다. 두려움은 서서히 우울증으로 발전한다. 이렇게 되면 모든 것을 체념한 채 상황에 따라 이리저리 떠밀리게 된다.

도시의 인구 과밀이 무력감을 촉진하는가? 심리학자 주디스 로딘 Judith Rodin 역시 1970년대에 이 문제에 관심을 가졌다.[6] 그는 실험을 위해 뉴욕 주거프로젝트 지역에 사는 유색인종 소년 32명을 선별했다. 연령대는 만 6세에서 9세 사이였으며, 각각 3~10인으로 구성된 가족과 함께 거실 및 침실의 개수가 총합 3개인 아파트에서 살고 있는 아이들이었다. 먼저 소년들에게는 한 가지 과제를 준 뒤 답을 맞혔을 경우 상으로 유리구슬을 주었다. 아이들은 이것을 사탕과 바꿀 수 있었는데, 이때 사탕을 스스로 고르거나 실험 주도자가 골라 주는 것을 받는 방법 중에서 선택했다. 그 결과 한두 명의 가족들과 사는 아이들은 매번 사탕을 스스로 고르고 싶어 한 반면, 함께 사는 가족 수가 많아질수록 아이들이 실험 주도자에게 선택을 내맡기는 비율이 증가했다. 협소한 주거환경에 익숙해진 아이들은 그리 비좁게 살지 않는 아이들에 비해 자기 선택에 대한 확신이 약했다.

후속 실험에서도 로딘은 함께 사는 가족의 수가 적은 아동들과 많은 아동들을 골고루 선별했다. 그리고 두 집단을 다시 반으로 나눈 뒤 한쪽에게는 풀기 쉬운 과제를, 나머지 한쪽에게는 풀 수 없는 과제를 주었다. 이어서 모든 아이들에게 똑같이 풀기 쉬운 과제가 주어졌다. 이 실험에서는 각 집단이 두 번째 과제를 어떻게 해결할 것인지가 핵심 사안이었다. 결과적으로 많은 가족 구성원과 비좁게 살며 풀 수 없는 1차 과제를 부여받았던 아이들이 가장 나쁜 점수를 받았다. 풀기 쉬운 1차 과제를 부여받은 아이들은 거주환경이 협소하든 그렇지 않든 똑같이 좋은 성과를 보였다.

이로부터 로딘은 비좁은 주거환경이 무력감을 높이고 인식능력을 특수한 방식으로 축소시킨다는 결론을 내렸다. 협소한 조건에서 거주하는 아동들은 실패에 노출되는 일이 잦았다. 그러나 극복 및 통제를 경험했을 때는(이 실험에서는 1차 과제를 푸는 데 성공한 것) 이들도 그러한 단점을 상쇄할 수 있었다. 이를 실생활에 적용하면, 두려움을 유발하거나 심지어 개인적 적대감을 경험하기도 하는 환경에서 살며 스스로 영향력을 행사하지 못하는 사람은 남들보다 포기할 확률도 높다. 가령 사회적 또는 인종적 차별을 받는 사람은 그렇지 않은 사람들보다 체념할 가능성이 높다는 뜻이다.

환경디자인으로 범죄율을 낮추다

도시는 특히 파악하기 어렵다고 느껴질 때 두려움을 유발한다. 이런 사실은 예전부터 익히 알려진 사실이다. 1930년대에 시카고시의 주택국장을 지낸 엘리자베스 우드Elizabeth Wood는 이런 사실을 실제 업무에 활용하는 방법까지 터득했다. 원래 영어 교사였던 우드는 적절한 건축물과 도시계획을 활용해 시민들의 행동 양상을 변화시킴으로써 도시가 발산하는 익명성을 줄이려 노력했으며, 이러한 공로를 인정받아 도시계획 선구자들의 대열에 들어섰다.

1937년 주택국장이 되었을 때 그의 앞에는 어마어마한 과제가 산적해 있었다. 1920년대에서 1930년대 초반 사이의 시카고는 미국에서 범죄율이 높기로 손꼽히는 메트로폴리스였다. 대공황이 일으킨 경제위기 때문에 실직률도 높았다. 통제 불가능할 정도로 갱단이 판을 쳤으며, 갱스터 두목 알 카포네Al Capone는 금주법이 시행되던 당시 시카고에서 조직적 범죄를 창시한 전설적인 인물로 이름을 날리고 있었다. 20세기 초에 시작된 흑인 이주는 이 무렵에 마무리되었다. 인종격리정책을 피해 남부 시골에서 도피한 흑인들은 시카고의 도축장과 제철소에 일자리를 구했다. 1919년에서 1940년 사이에 흑인 인구의 수는 4만 명에서 28만 명으로 폭증했다. 새 이주자들은 시카고 남부의 사우스사이드에 정착해 폐쇄된 공동체를 형성했는데, 이는 흑인 전용 교회와 극장, 클럽, 카지노 등이 있는 거대하고 밀집된 구역이었다.

우드는 시카고의 빈민가를 대상으로 '환경디자인을 이용한 범죄예방 구상안Criminal Prevention Through Environmental Design'을 고안했다. 주택 및 도시의 각 구역을 단장하는 것만으로도 폭력과 범죄를 줄일 수 있다는 생각에서 나온 것이었다. 예컨대 주변에서 무슨 일이 벌어지는지 공동체가 끊임없이 관찰할 수 있도록 중앙 광장 둘레에 주택들을 배치하면 그것만으로도 안전 증대 효과를 낼 수 있다. 우드는 이런 개입을 통해 잠재적 범죄의 동인이 될 만한 요소를 애초부터 차단하고자 했다. 우드의 정책은 오늘날까지도 미국의 도시계획 분야에 커다란 영향을 미치고 있다. 시카고 중심가에는 우드를 기리기 위해 그의 이름을 딴 공원이 조성되어 있다.

작가이자 건축비평가인 제인 제이콥스Jane Jacobs는 1961년에 출간한 저서 『미국 대도시의 죽음과 삶Death and Life of Great American Cities』에서 우드의 아이디어를 수용하고 도로에서의 안전 및 안전감을 개선하는 요소들을 정의했다. 최대한 다양한 사회집단이 혼합되어 도로를 공유하도록 만들고, 생기 넘치고 매력적인 보도를 구축하는 일이 그것이었다. 그가 적용한 '거리의 눈Eyes on the Street' 원칙은 열린 공간과 투명성을 필요로 한다. 건물 안에 있는 사람이 공공장소를 쉽게 내다볼 수 있도록 건물에 달린 문과 창문은 거리를 향해 나 있어야 한다. 동시에 도로와 광장 등의 공공장소는 주변에 모여 있는 사적인 공간이 자동으로 '감시될' 수 있도록 가능한 한 많이 사용되는 것이 중요하다.

한나 아렌트Hannah Arendt, 리처드 세넷Richard Sennett 같은 도시 연구가와 사회학자들도 그와 유사한 방식으로 '보기와 내보이기Seeing and Being Seen' 패러다임을 주창했다. 다만 이들의 목표는 단순히 안전한 도시를 만드는 데 있지 않았다. 이들은 한 걸음 나아가 개개인이 원할 때 더 쉽게 스스로를 내보일 수 있는, 다시 말해 참여를 독려하는 도시를 부르짖었다. 이 아이디어는 결국 누구에게나 행동의 기회가 주어지는 중앙광장이나 고대 아고라Agora의 구상안으로 거슬러 올라간다. 남과 다르게 보이거나 다른 견해를 피력하는 사람들의 '두

드러짐'은 도시의 다양성을 의식하게 만드는 작용을 한다. 이로써 민주주의적인 도시 구조가 탄생할 수 있다.

안전 보장을 위한 도시계획 구상안

열린 형태와 용이한 접근성을 통해 사람들에게 안전감을 부여하려는 아이디어는 마침내 방어 공간에 대한 구상안을 낳았다. 건축가 오스카 뉴먼Oscar Newman은 현대 '빗장공동체Gated Communities'(울타리나 담을 쳐서 외부인의 출입을 제한하는 주택지)의 근간이 된 이 구상안을 1970년대 초반에 고안했다. 뉴먼은 주민들이 자신의 관할 영역이라고 느낄 수 있는 도시 공간을 제창하고 영역 표시를 통해 이를 실현하고자 했다. 이때는 사적인 공간과 공적인 공간이 각각 분명히 표시되어 있어야 한다.[7] 뉴먼은 그렇게 함으로써 강한 소속감과 책임감이 탄생하고, 이것이 다시금 사람들의 주의를 집중시킨다고 주장했다. 자기조력에 기반을 둔 일종의 주거보안체계라 할 수 있다. 실제 장벽과 체감된 장벽은 (감시가 강화된 유일한 통로를 통하지 않는 한) 외부인의 출입이 통제된 폐쇄적인 영토를 탄생시킨다. 내부적으로는 특정한 건축요소를 통해 자연적인 감시체계, 다시 말해 주민들의 경계가 강화된다. 거리 또는 중앙광장을 향해 나 있어 시야 확보가 용이한 커다란 창문도 그런 건축요소 중 하나다.

실제로 빗장공동체는 인위적으로 조성된 '두려움으로부터 자유롭고' 안전한 환경에서의 삶을 상징한다. 미국에서는 지난 몇십 년 사이에 이러한 주택단지가 우후죽순처럼 생겨났다. 고속 성장하는 남반구의 메가시티에서도 이런 형태의 주거지가 늘어나는 추세다. 이곳에서는 부유층이나 중산층이 대체로 빈곤한 시민층과 분리된다. 2002년 미국 공동체 연합이 추산한 바에 따르면, 대략 4,700만 명의 미국인(이는 전체 인구의 6분의 1에 해당한다)들이 이처럼 보안체계가 갖추어진 조직적 주택단지 내에 거주하고 있다. 이런 공동체들 중 5분의 1은 실제로도 장벽으로 둘러싸여 있다.[8]

이런 식으로 운영되고 감시되는 주택단지에 대한 구상안은 유럽의 메트로폴리스에서 볼 수 있는 일부 고저택 구역의 탄생 배경이기도 하다. 그러나 유럽에서는 지방자치 구조가 대체로 탄탄하고 유효하게 유지되었기 때문에 빗장공동체의 형성이 미국 등지에서처럼 집중적으로 이루어지지는 않았다. 안전 문제 외에(이것이 가장 중요한 문제가 아닌 경우도 흔하다) 빗장공동체를 탄생시키는 주요 동인은 중산층 특유의 생활방식 등 특정한 삶의 형식을 누리거나 사전에 구상된 주거미학을 실현하는 데 있다. 가령 시내에 위치한 주택단지는 적절한 수준의 도시 생활을 확보하는 것이 목적이다. 2010년에 준공된 베를린 프렌츨라우어베르크구의 마르타스호프Marthashof가 그 예다. 도시 생활을 즐기되 도시가 불러오는 부담은 피하자는 것이 이러한 주택단지 프로젝트의 배경 아이디어다.[9]

그러나 빈틈없는 장벽과 철저한 보안체계가 구축된 플로리다의 빗장공동체들에 관한 사회학적 연구를 보면, 그들의 속사정이 그리 긍정적이지만은 않다. 연령대가 높은 주민들은 외부에 있을 때보다 주택단지 내부에서 더 고독을 느끼며 사회적 인맥의 안정도도 더 낮다. 빗장공동체 안에서 성장한 청소년들은 공동체 외부에 거주하는 또래집단에 비해 마약에 손을 댈 확률이 30퍼센트 높게 나타났다.[10] 담장 너머에는 위험요소도 많지만 공동의 삶을 강화해주는 온갖 형태의 긍정적인 자극도 존재하는 것이다.

시카고 출신의 심리학자 히로키 고타베 Hiroki Kotabe 는 도시에서의 안전감을 높이기 위한 또 다른 구상안을 내놓았다. 인간에게는 자신을 둘러싼 환경이 보편적이고도 순조롭게 기능하는 질서에 의해 유지된다는 느낌을 받는 것이 격리된 주택단지보다 훨씬 중요하다고 그는 생각했다.[11] 고타베가 관찰한 바에 따르면, 도시 거주자가 자신의 거주 구역 또는 그 근방의 환경이 나빠졌다는 인상을 받게 되는 일차적인 원인은 당사자가 거주 지역 주변을 제대로 어림할 수 없게 된 데 있다는 것이다. 예를 들어 중앙광장에 주 2회 정기적으로 시장이 서거나 특정한 요일에 정확히 쓰레기가 수거된다면, 이는 주민들에게 '통제 확신'을 심어주는 데 도움이 된다. 모든 일이 우연이나 행운이 아닌 정확한 규정에 의거해 이루어지기 때문이다. 다시 말해 어느 정도 확실히 예측할 수 있는 리듬에 따르는 것이다. 도시민들이 스스로 영향력을 발휘하고 뭔가가 잘못되었을 때 견해를 피력할 수 있는 것, 건의한 사항이 실제로 개선되는 것도 강한 통제 확신을 심어준다.

고타베는 사람들이 질서 있는 환경에서 좀 더 합리적인 결정을 내리고, 좀 더 건강한 식료품을 선택하며, 인지능력 테스트에서도 더 높은 성적을 올린다고 결론지었다. 반면에 무질서한 환경에서는 비합리적으로 행동하는 경우가 많고, 건강에 해로운 식생활을 하며, 좀 더 충동적이고 예측 불가능한 성향을 보인다. 이들은 상황의 좋고 나쁨이 개인의 행동보다는 운 또는 운명의 손에 달려 있다고 여긴다. 혼란스럽고 우연적인 분위기가 우세한 구역에서는 주민들도 더 조심하고 긴장된 태도를 취하며 일종의 비상대기 상태로 생활한다.

이로부터 장벽으로 둘러싸인 보호구역은 근본적인 해결책이 아니라는 결론을 도출할 수 있다. 시민들을 규칙으로 구속하는 것도, 자잘한 경범죄를 일일이 처벌하는 것도 마찬가지로 해결책이 될 수 없다. 이런 조치는 오히려 부작용만 낳는다. 결국은 모든 것이 규정에 따라 처리될 뿐 무엇 하나 개개인의 행동에 맡기지 않는 결과를 초래하기 때문이다. 따지고 보면 이런 환경에서 사람들이 스스로 이룰 수 있는 것은 아무것도 없다. 가장 중요한 것은 개별 시민의 '개인적' 통제 확신을 강화하는 일이라고 고타베는 말한다. 이는 안전은 물론 도시에 사는 사람들의 안위까지 영구적으로 높여준다는 것이다.

감시 카메라가 시민들을 지켜줄까?

현대 도시에서 관찰되는 기술적 보안수단의 어마어마한 증가도 그와 비슷한 문제가 되고 있다. 이는 앞장에서 설명한 바와 연결된다. 공공장소에서 더 많은 감시가 행해질수록 개개인의 통제 확신은 축소된다. 기술 발전으로 오늘날 도시의 공공장소에는 감시 카메라가 광범위하게 설치되어 있다. 공공장소에 감시 카메라를 설치하는 목적은 범죄 행위를 감시하고 안전감과 범죄 예방을 확보하기 위한 것이다.

런던을 예로 들어보자. 2005년 7월 7일 테러로 56명의 사망자 외에 중상자를 포함해 700명 이상의 부상자가 발생했다. 그 이후 런던에는 대대적인 보안체계가 구축되었다. 일부 구역에는 공공 쓰레기통의 수보다 감시 카메라의 수가 훨씬 더 많을 정도다. 카메라는 교통 표지판, 가로등, 주택의 벽면 등 장소를 가리지 않고 사방에 매달려 있다. 런던 지하철의 전 노선에 설치된 감시 카메라의 수만 해도 1만 2천 대가 넘는다. 런던의 명물인 빨간색 이층버스 한 대에는 감시 카메라 12대가 버스 안에서 일어나는 온갖 사소한 일들을 끊임없이 녹화하고 있다.

이렇게 녹화되고 저장된 공공장소에서 일어나는 사람들의 삶은 필요할 때 언제든 재생해볼 수도 있다. 그러나 수배 정보로 쓸 수 있을 만큼 얼굴을 정확히 인식할 수 있는 효율적인 기술은 아직 개발되지 않았다. 눈에 띄는 행동거지나 사건 역시 감시체계가 모두 잡아낼 수 있는 것은 아니다. 넘쳐나는 정보를 분석하는 것도 불가능해서 실제로 감시 카메라 설치가 안전 증대 효과가 있는지를 객관적으로 확인하기도 어렵다.

결론적으로 말하면 기대했던 만큼의 효과는 나지 않았다. 감시를 강화한다고 범죄 행위가 줄어드는 것도 아니었다. 범죄 발생률은 이전과 거의 차이가 없었다. 게다가 자신의 행동이 녹화되고 있다는 사실을 사람들이 의식하게 되면, 의지와는 상관없이 이들의 행동에 제약이 생긴다. 실험에서 감시 카메라가 있다고 일러줄 경우 피험자들은 자연스럽게 행동하기를 멈추고 흔히 모범적인 것으로 간주되는 행동거지를 취했다. 반대의 경우도 벌어진다. 주변이 감시되고 있다고 생각한 사람들은 오히려 조심성이 줄고 위험한 행동까지 감행하는 경우도 있었다.

그러나 공공장소에 대규모로 설치된 감시 카메라의 가장 흔한 부작용은 바로 이 기계가 사람들의 불안감을 유발한다는 점이다. 감시 카메라를 발견한 사람들은 무의식 중에 자신이 감시가 꼭 필요할 정도로 위험한 지역에 들어와 있다는 느낌을 받는다. 공항 같은 곳에서는 감시 카메라 설치가 의미 있으며 사람들도 이를 자연스럽게 받아들이지만, 도심의 공공장소에서는 이것이 거북한 느낌을 주고 거부감을 조장한다.

"사람들은 기술과 사회적 역동성의 단순한 결합을 과대평가합니다." 함부르크의 범죄사회학 연구소에 재직하는 사회학자 닐스 주라프스키 Nils Zurawski 의 말이다. 그는 보안기술이 비현실적이며 효용가치도 적은 안전에 대한 환상을 낳을 수 있음을 상기시킨다.[12] 그러나 주라프스키는 "안전도 하나의 사업이다."라고 강조한다. "이때 '위험요소'는 핵심적인 판매 근거가 된다."

머릿속에 각인된 두려움은 지워지지 않는다

도시들은 위험하고 포악한 얼굴을 내보이기도 하고, 인구 밀집으로 인해 생명을 위협하는 덫이 되기도 하며, 이로써 트라우마를 남기는 스트레스를 유발할 수도 있다. 도시에서 벌어지는 수많은 재난과 테러 사건만 봐도 알 수 있다.

2001년 9월 11월 뉴욕에서 발생한 테러는 전례 없는 잔혹성과 끔찍함을 보여주었다. 인구가 밀집된 맨해튼에서 셀 수 없이 많은 사망자가 발생했으며, 생존했더라도 사건의 충격을 극복하기까지 극심한 트라우마를 겪은 이들이 많았다. 트라우마는 재난이나 치명적인 사건, 절대적인 무력감으로 인해 충격을 받고 극도의 스트레스를 경험함으로써 발생한다.

현지시각 아침 8시 46분, 보스턴을 출발한 아메리칸 항공의 AA11편 항공기가 세계무역센터 북쪽 건물에 충돌했다. 당국은 처음에는 이를 사고로 간주하고 남쪽 건물에 있던 사람들을 진정시키며 건물 안에 머물도록 지시했다. 약 15분 뒤인 9시 3분, 마찬가지로 보스턴에서 출발한 유나이티드 항공의 UA175편 항공기가 이번에는 남쪽 건물에 충돌했다. 남쪽 건물은 9시 59분에, 북쪽 건물은 10시 28분에 붕괴되었다. 3,000명에 약간 못 미치는 사망자들 중 2,123명은 건물 붕괴로 죽음을 맞았다. 그중 411명은 주로 소방관을 비롯한 구조대원들이었다. 희생자 중 200명은 건물이 무너지기 전에 창밖으로 뛰어내려 추락사했다. 중상을 입은 부상자만도 6,000명에 이르렀고,

이 사건으로 인해 최소한 한 군데 이상의 신체 부위를 상실한 어린이만 해도 3,000명이 넘었다. 이날 아침 출근 혹은 등교를 하느라 거리에 있던 1만 7,000명의 뉴욕 시민이 현장을 목격했고, 그중 다수가 영구적인 부작용을 동반한 트라우마에 시달렸다.

마운트 시나이 의과대학의 신경학자이자 브롱크스 보훈병원의 트라우마 전문가인 레이첼 예후다Rachel Yehuda 박사는 9·11테러 사건의 목격자들을 다년간 관찰하며 불행한 경험이 어떤 심리적·신경생물학적 결과를 가져왔는지를 파헤쳤다. 예후다 박사는 이전에도 트라우마의 결과가 후대에까지 전해지는지, 그렇다면 어떤 방식으로 전해지는지 오랫동안 연구해왔다. 그는 홀로코스트 생존자들에 관한 연구로 명성을 얻었는데, 홀로코스트 생존자 자녀들 중 다수가 외상 후 스트레스 장애Posttraumatic Stress Disorder; PTSD와 유사한 증상을 보인다는 사실을 파악했다. 그리고 당시에 이미 트라우마를 겪은 부모와 함께 살며 그에 의해 양육된다는 사실만으로는 자녀가 받는 스트레스가 충분히 설명되지 못한다고 추측했다.

9·11테러의 목격자들에게 그가 커다란 관심을 품은 것도 이런 연유에서였다. 그는 테러 발생 당시 임신 중이었던 여성 38명과 그들의 만 1세 아기들을 관찰했다. 외상 후 스트레스 장애를 겪은 여성들의 아기에게서는 실제로 스트레스 호르몬인 코르티솔 농도가 낮게 측정되었는데, 이는 외상 후 스트레스 장애 환자들에게서 나타나는 현상이다. 이로 미루어 아이들에게서 신경생물학적인 변화가 일어나 스트레스 호르몬의 조절 메커니즘에 영향을 미친 것으로 추정된다.

우리는 후생유전학에서 이를 설명해주는 한 가지 이론을 찾을 수 있다. 개인적 경험에 의한 DNA 구조 변화를 다루는 후생유전학에 관해서는 앞서 2장에서 이미 언급했다. 9·11테러 이후 발생한 것과 같은 트라우마는 유전자의 특정한 영역, 특히 스트레스 호르몬 조절을 담당하는 영역의 구성에 변화를 초래한다. 레이첼 예후다의 연구는 여성들이 임신 중에 경험한 트라우마가 후생유전학적 변화를 야기하며 이 변화가 후대에서까지 관찰된다는 사실을 입증한다.[13]

2001년 9월 11일 이후 뉴욕 시민들의 머릿속에는 테러 희생자가 될지도 모른다는 두려움이 깊숙이 각인되었다. 언론인 제시카 프레슬러 Jessica Pressler 는 도시민들을 관찰하고 《뉴욕 매거진 New York Magazine》에서 그들의 감정 상태를 묘사했다. 이에 따르면, 테러 이후 일상적인 범죄와 관련된 안전 상황이 한층 개선되었음에도 뉴욕에서의 삶은 이전보다 한층 팍팍해졌다. 슬하에 아들 한 명을 둔 어머니이기도 한 프레슬러는 아동심리학자들이 뉴욕의 아동 · 청소년들에게서 관찰한 두 종류의 두려움에 대해 이야기했다. 테러 공격에 대한 두려움, 그리고 아동 유괴 범죄의 희생양이 될지 모른다는 두려움이 그것이다. 이는 모두 아이들 스스로 언급한 것들이다.

이런 두려움에는 당연히 부모의 어마어마한 공포심이 반영된 것이다. 유괴에 대한 두려움은 또 다른 테러 발생에 대한 두려움과 마찬가지로 뉴욕에서 특수하게 나타나는 현상이며, 1979년에 발생한 집단 트라우마와 관련이 있다. 당시 여섯 살이던 에단 파츠 Etan Patz가 트라이베카구에서 등굣길에 납치되는 사건이 벌어졌다. 오늘날까지 미제사건으로 남아 있는 한 소년의 행방불명은 만 12세 이하 아동의 단독 등하교를 금지하고 부모가 반드시 동행하도록 하는 법 조항을 탄생시켰다. 이는 오늘날까지도 엄격히 지켜지고 있다.[14]

집단 트라우마가 사회에 미치는 영향

이처럼 다수의 사람들이 동시에 희생되고 커다란 감정적 파장을 일으킨 사건이 벌어질 경우에 해당 도시사회에는 집단적 트라우마가 형성된다. 주민들은 이때 집단적으로 어마어마한 스트레스를 받는다. 트라우마 형성은 (이 과정을 지배하는 감정인) 두려움의 형태로 급속히 확산된다. 기본적으로 정신의학자들은 두려움이 부풀어오르는 농양처럼 급속도로 자라난다는 사실을 잘 알고 있다. 두려움에 사로잡힌 사람들에게서는 공포증에 걸린 유기체에서 발생하는 것과 똑같은 현상이 관찰된다. 실제적인 위협 상황과 아무런 관련도 없는 과도한 두려움이 자라나고, 결과적으로 상황에 맞지 않는 위기 반응이 나타난다. 이때 유기체는 일종의 보호반사에 초점을 맞추며 외부와의 연결고리를 모두 끊어버린다. 자신의 출신, 국적, 문화와의 동일시가 강화되는 것도 이 때문이며, 이는 민족주의와 우익 포퓰리즘, 외국인 혐오증이 자라나기 쉬운 토양이 된다.

또 다른 결과는 사고에 변화가 초래되고 두려움으로 인해 그 범위가 협소해진다는 점이다. 이로 인해 주관적 위협감은 더욱 커진다.

실제 위협 상황과 주관적으로 느끼는 위협 상황 사이에는 점점 더 괴리가 생기고, 감시와 통제의 강화를 요구하는 목소리가 커진다. 이는 안전감에 대한 바람과 결부되어 있지만, 위협감을 부채질한다는 점에서 이런 바람 역시 착각에 불과하다. 이렇게 모든 것은 악순환에 빠져든다.

우리가 위험한 시대에 살고 있으며 새로운 위기가 눈앞에 다가왔음을 암시하는 소식은 거의 매일같이 날아든다. 사람들은 광기에 사로잡힌 채 범죄 사건의 수가 걷잡을 수 없이 증가하고 있다고 믿는다. 그러나 실제 범죄 통계를 보면, 이 수치가 오히려 감소하고 있음을 확인할 수 있다. 테러에 희생될 위험이 더 높아졌다는 것은 근거 없는 믿음일 뿐 유럽의 도시에서 테러 희생자가 될 확률은 1970년대나 1980년대보다 오히려 낮아졌다. 우리는 점점 더 많은 사람들이 재난을 당하고 있다고 믿지만, 전 세계를 통틀어 재난으로 인해 목숨을 잃는 사람의 수는 감소하고 있다. 우리를 가장 두렵게 만드는 것은 구체적인 수치로 제시된 사실적 위협이 아니라 개개인이 파악하기 어려운(이 역시 연구를 통해 증명된 사실이다) 주관적 위협이다.

테러에 의해 물리적 · 심리적 폐해를 겪는 사회의 이러한 발전 양상은 우리의 자유민주주의적 · 계몽주의적 가치에 반하며 사회 분열을 조장하기도 한다. 심리학 연구를 통해 밝혀진 바에 따르면, 테러가 벌어진 뒤 국민들 사이에는 지극히 보편적인 위법행위에 대해서도 처벌을 강화해야 한다는 분위기가 크게 확산된다.[15] 두려움은 흑백논리와 양극화를 초래한다. 사실관계는 점점 덜 중요해지고 감정적 대응이 우세한다. 나아가 위험하다고 간주되어 보편적인 의심의 대상이 되는 국민 집단에 대해 공공연한 차별 또는 은밀한 차별이 이루어진다.

: Chapter 6 :

도시의 아이들

아이들이 살기 좋다면 모든 사람에게도 좋은 도시다

나는 아주 어린 시절의 장면들을 생생하게 기억할 수 있다. 세 돌 무렵에 일어났던 일들, 그리고 우리가 등져야 했던 가구와 집 안의 공간들도 기억한다. 아마도 그때 느낀 감정을 기억하기 때문일 것이다. 이 감정은 오늘날까지도 당시의 사건과 맞물려 떠오르곤 한다. 뇌 내에서 감정은 에피소드 기억력, 다시 말해 체험한 일들을 저장하는 기억력의 창고 역할을 한다. 기억들은 이곳에 매우 확실하게 저장되고 후에 어느 정도 서술할 수 있을 정도로 유지된다.

이처럼 감정과 결부되어 있는 어린 나의 기억은 다음과 같다. 나는 어머니의 손을 잡고 쾰른의 보행자 전용 구역을 거닐고 있었다. 때는 1970년대 초반이었다. 아버지도 우리 곁에서 걷고 계셨다. 호헤 거리Hohe Straße와 쇼핑 거리인 쉴더가세Schildergasse가 만나는 모퉁이였다. 거리는 사람들로 북적였고 쉴더가세도 사람들로 발 디딜 틈이 없었다. 이곳은 지금도 독일에서 가장 붐비는 쇼핑가다. 나는 별안간 엄마의 손을 놓고 무언가를 향해 몸을 돌렸다. 그때 무엇이 내 관심을 끌었는지는 기억나지 않는다. 어쨌든 가던 방향으로 다시 돌아섰을 때 어머니는 물론이고 아버지의 모습도 보이지 않았다.

순간적으로 공포가 엄습했다. 주위는 사람들로 붐볐다. 내 키는 겨우 사람들의 무릎께에 이를 정도였다. 나는 엄마를 잃어버렸다고 생각했다. 영원히 찾지 못할 것 같았다. 사방에서 나를 향해 밀려오고 또 스쳐 지나치는 군중의 한가운데 홀로 내동댕이쳐진 기분이었다. 나는 마지막으로 엄마의 손길을 느꼈던 지점에 다다를 때까지 몇 미터를 거슬러갔다. 그러나 보이는 것이라고는 낯선 이들의 다리뿐이었고, 위를 올려다봐도 모르는 얼굴들만 눈에 들어왔다. 또다시 비틀거리며 왔던 길을 몇 미터 되돌아가 보았다. 가슴이 쿵쾅거리고 숨이 가빠졌다. 죽음과도 같은 공포가 나를 사로잡던 찰나, 별안간 아버지가 눈앞에 나타났다. 아버지 역시 충격받은 표정이었다. 스쳐 지나가는 사람들 틈에서 아버지는 나를 향해 허리를 굽히셨다. 나는 두 팔을 아버지의 목에 두르고 엉엉 울기 시작했다. 안도의 울음이었다.

아마도 이는 내가 최초로 경험한 대도시 스트레스일 것이다. 그야말로 결정적인 체험이었다. 붐비는 군중 한가운데서 외로움과 상실감, 잊혔다는 느낌이 들었다. 물론 부모님을 놓쳤던 기억은 단순한 사실을 훨씬 뛰어넘는 중요한 의미를 갖는다. 이런 경험은 상실에 대한 두려움, 부모와 자녀가 똑같이 공유하던 태곳적의 두려움을 체험하게 만든다. 길을 잃는 데 대한 두려움이기도 하다. 이렇게 말하기에는 약간 무리가 있는지도 모르지만, 이때의 일은 사회적 밀집과 사회적 고독이 뒤섞이며 생명에 대한 위협감을 불러일으킨 사건이었다. 오늘날에도 백화점에서 길 잃은 아이를 계산대에서 보호하고 있다는 안내방송이 나오면 나는 그날의 사건이 떠올라 연민에 사로잡힌다.

환경이 아동의 뇌 발달에 미치는 영향

유년기는 환경의 영향력 측면에서 볼 때 특히 민감한 시기다. 긍정적 · 부정적 경험, 우리가 학습하는 모든 것, 문화적 여건에 의해 부여받는 특성 등이 그러한 영향력에 속한다. 이 시기에는 향후 감정조절을 담당하는 신경생물학적 체계가 구축되며 심리학에서 말하는 회복 탄력성의 대부분이 형성된다. 회복 탄력성은 심리학 개념으로 정신적 저항력과 유연성을 의미한다. 회복 탄력성이 높은 사람은 갈등에 더 잘 대처할 수 있으며, 극복 전략 또한 갖추고 있다. 우연에 스스로를 내맡기기보다는 자주적으로 행동하며, 자기 자신은 물론 타인을 진정시킬 줄도 안다. 유년기에 경험한 트라우마나 폭력이 한 인간의 삶에 지대한 영향을 미치는 이유도 여기에 있다. 이런 경험은 회복 탄력성의 발달 및 사회 환경에 대한 신뢰를 해치기 때문이다.

인간의 유전자는 신장, 체중, 수명, 특정한 성격 등 수많은 특성이 형성되고 발달할 수 있는 틀을 부여한다. 그러나 키가 얼마나 크고 체중이 얼마나 나가며 실제로 몇 살까지 살게 될 것인가는 우리가 어떤 삶을 살고, 무엇을 먹고, 무엇을 본보기로 삼는가에 따라서도 달라진다. 정신적으로 건강한 상태를 유지하는지, 아니면 병에 걸리는지도 성장 환경에 크게 좌우된다.

탄생 직후 인간의 뇌에는 천문학적인 숫자에 이르는 뇌신경 세포의 연결회로 중 겨우 절반만 형성되어 있다. 나머지 절반은 유년기와 청소년기를 지나며 형성되는데, 이 과정에는 우리가 성장하는 환경조건들이 결정적으로 작용한다. 환경은 인간의 성격을 주조할 뿐 아니라 뇌세포 간의 연결회로와 세포생물학적 과정에도 영향을 미친다. 우리의 경험은 유전자의 활성표본에 변화를 일으킬 뿐만 아니라 어떤 유전정보가 실제로 읽히고 단백질로 합성되는지를 결정짓는다. 경험에 의한 개인 유전자의 변화는 이런 방식으로 평생 동안 우리의 체험과 행동방식, 심리적 저항력을 형성한다.

유년기 및 사춘기에는 뇌의 특정한 기능이 성숙해지는 데 결정적인 영향을 미치는 시기들이 새로이 시작되고 종료되기를 반복한다. 다양한 감정적 · 사회적 경험들도 이 과정에서 처리된다. 매 시기 뇌세포들 사이에는 이른바 시냅스에 의해 새로운 연결 회로가 생성되고, 불필요한 회로는 소멸되며, 이른바 축삭돌기axon라 불리는 신경세포의 가지들을 다른 세포가 감싸는 수초화myelination가 진행된다. 수초화는 축삭돌기에 신호를 좀 더 빠르고 안정적으로 보낼 수 있도록 돕는다.

이러한 뇌의 성숙화 과정은 사춘기에도 계속해서 진행된다. 이 시기에 어떤 경험의 기회를 놓치면 이를 뒤늦게 회복하기가 쉽지 않다. 사춘기는 위험한 시기이기도 한데, 그 이유는 이때 부정적인 감정 체험을 하고 그 폐해에 노출될 경우 이것이 영구적으로 각인되기 때문이다. 그러나 성장 과정에서 특히 민감한 시기가 언제인가는 아직도 밝혀지지 않았다. 학자들은 스트레스를 유발하는 경험이 어느 연령대에 발생했는지에 따라 사람마다 각기 다른 영향을 받는다는 데 의견을 모으고 있다. 심리학자 안드레아스 매르커Andreas Maerker는 드레스덴에 사는 여성들 중 유년기 또는 청소년기에 어떤 사건에 의해 트라우마를 경험한 이들을 연구해 이를 증명해냈다. 이들은 모두 사고, 폭력, 재해 등의 희생양이 된 적이 있었다. 매르커는 만 12세 이전에 겪은 정신적 트라우마가 성인기에 우울증을 일으킬 위험을 높인다는 결론을 내렸다. 반면에 12세 이후에는 이것이 외상 후 스트레스 장애로 발전하는 경향이 있었다.[1]

성인기의 정신적 질병 발생 여부는 최종적으로 개개인이 그에 상응하는 위험인자를 가지고 태어나는지에 따라 달라진다. 유년기에 받은 감정적 영향에 타고난 유전적 위험요소가 더해짐으로써 질병이 발생한다는 것이다. 오스트레일리아의 심리학자 겸 신경의학자 아브샬롬 카스피Avshalom Caspi는 어느 연구에서 이 두 가지 요소의 상관관계에 대한 증거를 제시함으로써 세간의 이목을 끌었다. 카스피의 연구 대상은 유년기에 트라우마 경험을 한 사람들이었다. 그가 주목했던 부분은 신경전달물질의 일종인 세로토닌이 분비되었을 때 시냅스 막에 있는 운반물질로 하여금 이를 재흡수하도록 만드는 유전자였다. 운반물질이 정상적으로 기능할수록, 그리고 그 수가 많을수록 세로토닌의 가용성은 높아지고 스트레스 방어 체계도 더 효율적으로 작동한다.

실험 참가자 중 유년기에 감정적 · 신체적으로 트라우마를 겪었을 뿐 아니라 이후에도 이 유전자의 부정적 변형이 발견된 사람들에게서 가장 좋지 않은 현상이 관찰되었다. 두 가지 대립인자의 길이가 짧아진 것이다. 인간의 유전자는 만약의 경우에 대비해 쌍을 이루는 상동염색체에 보존되어 있다. 말하자면 모든 유전자의 표본 또는 복제형이 두 개씩 존재하는데 이것을 이른바 대립 유전자라 부른다. 짧게 변형된 대립 유전자를 부모에게서 물려받은 피험자들에게서는 시냅스에 분포된 세로토닌 운반물질도 적게 나타났고, 따라서 신경전달물질인 세로토닌의 불균형 문제가 다른 사람들에 비해 두드러졌다. 이 유전자의 두 대립형질의 길이가 긴 사람들은 우울증에 걸릴 확률이 낮았다. 심지어 유년기에 학대를 경험한 경우에도 마찬가지였다.[2]

유년기에 지속적인 스트레스에 노출되면 뇌의 스트레스 민감도에도 변화가 생긴다. 학계에서도 그간 이에 관해 광범위한 연구가 이루어졌다. 스트레스는 신경 네트워크의 구조뿐 아니라 기능방식에도 변화를 불러일으킨다. 자율신경계통, 호르몬체계, 면역체계 등이 이에 영향을 받는다. 유년기에 스트레스를 경험할 경우 감정 조절 기능에 변화가 생기고, 그와 맞물려 행동거지도 변하게 된다. 이들에게서는 스트레스성 질병이 유발될 위험이 증가한다.[3] 조현병schizophrenia도 그런 질병 중 하나다.[4]

조현병은 망상, 환각, 사고방식의 변화, 집중력 장애, 동기 결핍, 사회적 은둔 등으로 정상적인 삶을 사는 데 큰 지장을 초래할 수 있는 심각한 정신적 질병군을 지칭한다. 매년 10만 명당 대략 15명 이상에게서 조현병이 발병한다. 즉, 우리 중 누군가가 조현병에 걸릴 확률이 0.7퍼센트라는 뜻이다. 남성은 발병률이 1.5퍼센트로, 여성에 비해 다소 높다.

'사는 곳'보다 '나고 자란 곳'이 중요하다

수년 전에는 도시에서 자란 아동이 성인이 된 뒤 조현병에 걸릴 확률이 시골에서 자란 아동보다 2~3배 높다는 사실을 밝혀냈다.[5] 네덜란드의 짐 판 오스Jim van Os 같은 조현병 연구가들은 조현병의 30퍼센트 이상은 도시적 환경이 원인이 되어 발병하는 것으로 추측한다.[6] 이때 도시 생활과 발병 위험 사이에는 '노출 반응 관계' 같은 것이 존재한다는 것이다. 다시 말해 성장기를 보낸 도시의 규모가 클수록 성인기에 조현병에 걸릴 가능성도 높아진다고 한다. 덴마크의 오르후스 대학 정신의학과의 카르스텐 페데르센Carsten Pedersen은 이와 관련해 거의 200만 명에 이르는 덴마크인을 조사했다.[7] 그는 사람들이 어디에서 태어나고 성장했는지, 유년기에 대도시나 중 · 소도시 또는 시골에서 보낸 기간이 몇 년인지에 특히 관심을 가졌다. 그가 추출한 표본 중 정확히 8,235명에게서 조현병이 발병했는데, 이때 출생 도시의 규모에 따라 성인기의 조현병 발병 위험도 커진다는 점을 밝혀냈고, 이는 많은 것을 시사한다.

이 수치를 조금 더 면밀히 분석하면 태어난 장소보다는 이후의 수 년간이 더 중요하다는 사실을 알 수 있다. 생애 첫 5년 사이에 출생지보다 규모가 크거나 작은 곳으로 이사했을 경우 조현병 발병 확률에도 변화가 생겼다. 더 큰 도시로 이사한 경우에는 발병 위험률이 높아진 데 반해, 작은 도시로 이사했을 때는 발병 위험률이 낮아졌다. 생후 5년에서 10년 사이에 거주지를 옮긴 경우에도 성인기의 발병 위험률에 변화가 생겼다. 정확한 수치를 보면 유년기에 규모가 좀 더 큰 도시로 이사할 경우 조현병 위험이 1.4배 높아졌고, 규모가 작은 도시나 시골로 이사할 경우 발병 위험률이 20퍼센트 감소했다. 심지어 대도시에서 태어나 계속해서 그곳에 머문 사람은 줄곧 시골에서 산 사람에 비해 조현병에 걸릴 확률이 거의 3배나 높았다.

도시 생활이라는 환경의 영향력은 심지어 세대를 거듭할수록 축적되는 것으로 추측할 수 있다. 페데르센의 또 다른 연구 결과가 이를 뒷받침한다. 이번에는 어떤 사람이 시골로 거주지를 옮기더라도 그의 부모가 도시민이었을 경우 그것의 영향을 받는다는 사실이 입증되었다.[8] 요약하면 원인(도시에서 성장한 기간)이 클수록 영향력(발병 위험)도 큰 셈이다.

이러한 노출 반응 관계는 도시 생활과 질병 사이의 실제적 인과관계를 보여주는 증거다. 대기오염 등 물리적인 환경의 영향력보다 도시의 잠재적 환자들이 받고 있는 사회적 스트레스를 통해 이 인과관계가 설명된다는 사실은 어디서나 알 수 있다.

영국과 스웨덴이 공동으로 시행한 연구에서도 이러한 추측을 뒷받침해준다. 학자들은 1972년에서 1977년 사이에 스웨덴에서 출생한 21만 4천 명의 대규모 집단을 연구했다. 이들은 우선 예상했던 대로 도시민들에게서 조현병 발생률이 누적된다는 결론을 내렸다. 그러나 여기에서 그치지 않고 가족 내에 조현병 발생 가능성을 높이는 개인적 스트레스원(이민 경력, 빈곤, 마약 중독, 외부모 슬하에서 성장한 경우 등)이 있었는지, 혹은 도시 생활 자체와 관련된 요소들(사회적 밀집성, 사회적 분열, 도시 내의 미흡한 상호 지원 구조 등)이 좀 더 큰 원인이 되었는지를 알아보았다.

그 결과, 다른 무엇보다도 예의 도시적 요소들이 유의한 영향력을 발휘한 것으로 나타났다. 특히 소수인종에 속하는 아동과 학급에서 소수집단에 속하는 아동에게서 조현병 발병 위험률이 증가했다. 이들이 다니는 학교에는 전학생 및 한부모 가정에서 성장하는 학생의 비율이 높았다.[9] 사회적 고립은 사회적 스트레스의 발생 주요 원인 중 하나로, 선조체를 비롯해 조현병 발병에 결정적인 역할을 하는 여러 뇌 영역에서의 도파민 분비를 높였다.[10]

유년기를 도시에서 보낸 사람에게서는 특정한 뇌 영역들의 구조 변화가 관찰되었을 뿐 아니라[11] 스트레스를 처리하는 과정도 시골에서 성장한 사람과는 다르게 나타났다. 뇌 영역과 관련해서는 2장에서 안드레아스 마이어 린덴베르크의 만하임 연구를 통해 설명했다. 뒤셀도르프 대학교의 심리학자들로 구성된 연구팀은 2014년에 도시인들에게서 스트레스 호르몬 축 전체, 다시 말해 스트레스 호르몬인 코르티솔의 분비를 조절하는 호르몬 체계가 실제로 다르게 반응한다는 사실을 증명했다.[12]

뒤셀도르프 학자들의 연구 대상은 도시와 시골에서 성장한 총 248명의 건강한 피험자들이었다. 첫 번째 실험에서는 36명이 스트레스 테스트를 받았다. 이들은 미리 익힌 50개의 개념을 심사위원진 앞에서 구체적으로 열거하라는 과제를 부여받았다. 이런 과제는 대다수의 사람들에게 어마어마한 심리적 스트레스를 유발한다. 결과는 예상했던 대로였다. 유년기에 도시에서 성장한 사람들에게서는 시골에서 성장한 사람들보다 현저히 높은 코르티솔 분비가 관찰되었다.

30명으로 구성된 또 다른 피험자 집단은 3분 동안 얼음물이 담긴 통에 손을 담그고 있으라는 지시를 받았다. 신체적으로 무척이나 힘든 일이었으므로 다수가 오래 버티지 못했다. 이 테스트에서도 마찬가지로 도시에서 성장한 피험자들의 코르티솔 분비량이 특히 큰 폭으로 증가했다.

116명으로 이루어진 세 번째 집단을 대상으로는 이른바 코르티솔 기상 반응 실험을 진행했다. 연구가들은 아침 기상 시간 30분 뒤 타액 속의 코르티솔 농도 상승을 측정했다. 일반적으로 잠에서 깬 직후부터 30분 이내에 코르티솔 농도는 최고치에 다다른다. 코르티솔 농도 증가량에는 시상하부와 뇌하수체, 그리고 부신피질 사이의 스트레스 호르몬 축이 전체적으로 얼마나 순조롭게 기능하고 있는지가 반영된다. 도시 집단에게서는 코르티솔 농도 증가가 극히 미미하게 나타난 반면, 시골 집단에게서는 증가 곡선이 훨씬 크게 상승했다. 연구가들은 도시인에게서 기상 후 코르티솔 농도가 미미하게 증가된 원인이 해마체 영역에 발생한 '장애' 때문이라고 설명했다. 이는 도시에서의 성장이 가져온 장기적 결과이다.

피험자들의 현재 거주지가 시골인지 도시인지는 결과에 아무런 영향도 미치지 않았다. 중요한 것은 개개인이 성장한 장소였다. 이는 스트레스 호르몬 체계에 영향을 미치고 (순수 생물학적 차원에서) 정신적 질병이 발생할 가능성에 지속적인 변화를 일으킬 수도 있다. 이로써 심리적 영향을 미치는 시간적 단위로서의 유년기와 청소년기가 보편적으로 매우 중요한 시기라는 사실이 재확인된다.

뒤셀도르프 학자들의 견해에 따르면, 도시에서의 삶이 아동의 스트레스 호르몬 체계에 미치는 영향력은 유년기 트라우마의 경험이 가져오는 영향력과도 맞먹는다. 그러나 이런 비교를 할 때는 신중할 필요가 있다. 도시에서의 삶이 실제로 스트레스를 담당하는 뇌기능과 관련해 위험성을 증가시킨다 해도, 이에 영향을 미치는 다른 요소들도 함께 고려할 필요가 있기 때문이다. 게다가 개중에는 위험을 감소시키는 요소도 다수이다.

도시는 정말 아이들에게 해롭기만 할까?

그렇다면 이제 어떻게 할 것인가? 우리 아이들이 도시 생활에 노출되지 않도록 막아야 하는가? 도시가 정말 아이들의 성장에 해를 입히는 것일까? 근심에 잠긴 수많은 부모들이 이런 물음을 던진다. 오늘날 도시의 부모들은 거의 날마다 (앞서 언급한 연구결과들처럼) 불안감을 조장하는 건강 관련 최신 연구결과를 접하고 양심의 가책을 갖는다. 마치 아이들에게 무엇이 유익하고 무엇이 해로운지 학자들이 정확히 아는 것처럼 보인다. 그래서 부모들은 좁은 아파트나 고층건물의 뒷마당, 도심의 놀이터에서 놀며 자라는 것보다 숲과 초원으로 둘러싸이고 넓은 정원이 딸린 큰 단독주택에서 자라는 것이 아이의 성장 발달에 더 좋은 것은 아닌지 고민한다.

생물학자 겸 철학자인 안드레아스 베버 Andreas Weber 는 그에 대한 답을 제시하며 "더 많은 진흙탕을! 아이들에게는 자연이 필요하다."라고 주장한다. 이는 그가 집필한 책의 제목이기도 하다.[13] 베버는 인간이 건강하게 성장하는 데 약간의 야생은 필수적이라고 여긴다. 그의 견해에 따르면, 자동차 안에 앉아 이런저런 스케줄에 따라 이동하는 것보다 나무와 시냇물, 웅덩이에서 뛰어노는 일이 건전한 정신적 성장을 위한 전제조건인 셈이다.

이런 자연주의적 · 낭만주의적 교육철학은 얼핏 옳은 것처럼 보인다. 자연 풍경과 콘크리트 풍경 중 택하라면 많은 사람들이 망설임 없이 전자를 선택할 것이다. 그러나 이는 그리 단순한 문제가 아니다. 도시에서 아이들을 키운다 해서 크게 걱정할 필요는 없다. 이 책에 인용되는 연구결과들은 그저 도시 생활이 뇌와 상호작용하며 뇌에 흔적을 남긴다는 사실을 보여줄 뿐, 그것의 영향력이 총체적으로 아동에게 해가 된다는 사실을 증명하지는 못했다.

도시에 사는 아이들이 소음, 교통, 사회문제 등으로 인해 스트레스에 더 강하게 노출되어 있는 것은 사실이다. 도시 생활에 명백히 단점이 존재한다. 그러나 사람들이 생각하는 것처럼 도시 아이들이 더 불안정하고 위험한 조건하에 산다고는 할 수 없다. 도시가 안전하지 못하게 된 것이 아니라 부모들의 불안감이 커진 것뿐이다. 1970년대 초반까지만 해도 영국의 초등학교 3학년생 중 80퍼센트 이상이 혼자 걸어서 등교했지만, 1990년대 초반에는 9퍼센트로 줄었다. 오늘날에는 이보다 더 줄어든 것으로 추측된다.[14] 1970년대에 나는 고작 예닐곱 살이었음에도 오후 내내 밖에서 친구들과 뛰어놀며 시간을 보냈다. 저녁식사 시간이 되어서야 온통 더러워진 채 집에 돌아오기 일쑤였다. 이 역시 오늘날과는 다른 점이다.

한 예로 수많은 논란을 낳고 있는 ADHD(주의력 결핍 과잉행동장애)를 진단받은 아이들 중 도시 아이의 비율이 더 높다는 주장 역시 틀렸다. ADHD는 만 3세에서 17세 사이의 아동 · 청소년에게서 가장 흔히 나타나는 정신질환이다. 2006년에서 2012년 사이에는 ADHD 진단을 받은 아동의 수가 2배로 뛰었으며, 여아보다 남아에게서 훨씬 높게 나타난다. 그러나 시골에 ADHD를 앓는 아동의 수가 적다는 말은 맞지 않다. 독일 공보험사 AOK의 조사에 따르면, 의료 서비스의 품질이 더 나은 도시에서는 좀 더 정확한 진단이 가능하므로 아이가 어떤 질환을 앓고 있을지도 모른다는 막연한 추측은 적은 편이다. 또한 도시에서는 의료 요법을 사용하는 데도 더 신중하다. 시골에서는 ADHD에 정신과 약을 처방하는 경우가 도시보다 잦은데, 그 이유 중 하나는 시골에 심리상담요법을 받을 수 있는 여건이 상대적으로 부족하기 때문이다.[15]

실제로도 도시 생활의 단점은 장점에 의해 상쇄되는 경우가 많다. 긍정적인 아동 발달에 훨씬 더 결정적으로 작용하는 것은 사회적 여건, 다시 말해 또래들과의 교류가 있으며 타인들과 '사회적 시간'을 보낼 충분한 기회가 주어지는지의 여부다. 도시 생활로부터 풍부한 문화 · 교육 · 자기계발 기회, 온갖 종류의 관심사 및 재능을 발휘할 기회 등의 혜택을 누리는 것은 어른이든 아이든 마찬가지다.

대개 시골보다는 도시에 사는 어린이가 세상에 존재하는 온갖 종류의 사람들과 생활습관, 언어와 문화를 배우고 체험하기 쉽다. 사회적 문제, 가족 내의 문제, 행동방식 · 학습 장애 등에 대한 지원도 대개는 도시에서 조직적으로 이루어진다.

시골 생활이라고 하면 사람들은 보통 정원에서 뛰어노는 아이들과 문만 열면 펼쳐지는 자연을 상상한다. 나아가 부모의 보살핌 없이 집 밖에서 독립적으로 활동하는 일을 아이들이 일찍 배울 것이라 여긴다. 그러나 알고 보면 이런 경우는 그리 많지 않다. 여기에는 부모가 실제로 아이들을 밖으로 내보내야 하며, 적절한 공간적 여건도 마련되어 있다는 전제가 필요하기 때문이다. 아마도 요즘 시골에는 도심의 주택가에 비해 더 나은 놀이공간이 없는 경우도 많을 것이다. 시골까지 잠식하고 있는 도시화 현상(밀집된 건물, 늘어난 도로, 심지어 마을 한가운데를 관통하는 대로 등)으로 인해 아이들의 행동반경은 시

골에서도 점점 좁아지고 있다.[16]

도시에는 분명 행동의 자유와 관련해 장점이 있다. 아이들은 마음 놓고 문 밖으로 달려 나갈 수는 없을지언정, 길을 건너거나 행인들이 많은 보도에서 놀 때 규칙을 지키고 타인의 양해를 구해야 한다는 것을 배운다. 도시 아이들은 또한 상상력이 풍부하다. "아이들은 놀이 및 행동 공간을 창출하는 데 탁월한 재능을 가졌다." 플렌스부르크의 유럽대학의 얀 에어호른Jan Erhorn 교수의 말이다.[17] 신빙성이 있는 이야기다. 더불어 아이들이 도시의 문화적 · 사회적 자원을 이용할 수 있도록 부모뿐 아니라 지방 자치 단체들도 노력을 기울여야 한다. 아이들이 노인과 이민자 등 다양한 인구집단을 만날 수 있도록 자유로운 활동 공간 및 안전한 만남의 장소를 구축할 필요도 있다. 아이가 바이올린 교습이나 축구 트레이닝을 받을 수 있는지 여부가 부모의 주머니 사정에만 좌우되어서도 안 된다.

한마디로 부모가 도시 생활을 좋아한다면 굳이 시 외곽으로 이사하기 위해 애쓸 필요가 없다. 대다수 사람들은 어차피 도시와 시골 중 어느 곳에서 살 것인지 선택할 여지도 없지만, 어쨌든 교육 및 개인의 능력 발휘와 관련해 도시가 성장하는 아이들에게 더 많은 기회를 제공하는 것만은 사실이다. 아이를 위해 시골과 도시 중 어느 곳이 나은지를 고민하는 일은 부모에게 불필요한 양심의 가책만 불러일으킬 뿐이다. 정신의학자 겸 심리치료사로서 나는 환자들에게 이따금 관점을 전환해보라고 독려한다. 세상과 자신의 행동방식을 타인의 관점에서 보라고 말하는 것이다. 이 방법은 아이들이 도시 생활을 어떻게 인지하고 있는지 파악하는 데 도움이 된다.

네덜란드의 베르나르드 반 레이어 재단Bernard van Leer Foundation은 이를 위해 정식으로 프로젝트를 기획했다. '어반95 Urban95 '로 명명된 이 프로젝트는 도시를 만 3세 어린이의 평균 신장인 95센티미터 높이에서 바라보는 일을 주요 과제로 삼았다.[18] 노르웨이의 오슬로에서는 이 프로젝트를 계기로 3세 아이가 시야를 방해받지 않고 도로를 볼 수 있도록 교차로 주위의 관목을 낮게 깎았다. 후마라 바치판Humara Bachpan(번역하면 '우리의 유년기'라는 뜻)으로 명명된 인도 지점에서는 도시계획가들이 슬럼을 포함한 도시 전체를 아이의 관점에서 보고 이해하도록 만들기 위해 지금껏 23개 도시 2만 3천 명의 아동들을 동원했다.

보고타 시장인 엔리케 페냐로사는 '아이에게 유익한 도시는 모든 시민에게 좋은 도시'라고 말한 적이 있다. 좋은 도시란 아이가 살기에 적합한 도시를 의미한다는 것이다. 페냐로사는 급진적인 도시계획 비전을 보고타에 적용함으로써 남미의 지옥으로 불리던 도시에 풍부한 녹지를 조성하고 이곳을 자전거 · 아동 친화적인 도시로 만들어 유명해진 인물이다. 브라질의 몇몇 도시들은 앱App을 활용해 측정되며 위협에 대한 주관적 안전감을 파악하기 위한 '아동 안전지침Child Security Index'을 도입했다. 그로써 아이들이 좀 더 안전하게 다닐 수 있도록 보수할 필요가 있는 도로들을 식별해낼 수 있었다.[19]

· INTERVIEW ·

“아이들에게 도시는 다양하고 복잡한 세상을 자연스럽게 배울 수 있는 공간이어야 합니다.”

리처드 세넷 Richard Sennett

현대 사회학 분야의 권위 있는 학자 중 한 사람이다. 뉴욕 대학교와 런던 정치경제대학에서 사회학과 역사학을 가르치며 노동과 도시의 사회학을 연구한다. 『투게더』, 『무질서의 효용』, 『뉴캐피털리즘』 등의 저서가 있다.

교수님께서는 도시에서 성장하는 것이 아이들에게 유익하다고 항상 강조해왔습니다. 그렇다면 도시 생활이 해로운 면보다 유익한 면이 많다고 봐도 될까요?

:

가능한 한 이른 나이에 복잡성에 대처하는 법을 배우는 것이 아이들에게는 매우 중요합니다. 세상은 단순한 존재가 아니라 다차원의 존재거든요. 이 말은 도시에 살면서 어른들의 세계로부터 아이를 마냥 분리해서는 안 된다는 뜻이기도 합니다. 아이들은 방해받지 않고 커피를 마시고 싶어 하는 노부인과는 다르니까요.

아이들이 어른 주위에 머물며 모든 일을 몸소 체험하고, 다른 수많은 것들의 일부분이 되며, 폐쇄된 세계에서 살지 않도록 공간을 구성해주어야 합니다. 오늘날 우리는 아이들을 위한 공간을 많이 마련하고 있지만, 정작 그중 다수는 목적을 충족하지 못합니다. 이런 공간은 성인들의 삶이 부여하는 도전으로부터 아이를 떼어놓으며, 그런 이유로 아이들은 어른을 본보기로 삼아 복잡성에 대처하는 법을 배울 수 없습니다.

개인적 경험을 예로 들어보겠습니다. 제 아들이 어렸을 때 저희는 뉴욕의 어느 산업지구에 살았습니다. 다른 아이들과 핸드볼을 하며 놀고 싶으면 아들은 거리로 나가서 놀았어요. 그러기 위해서는 당연히 자동차가 많이 다니는 도로에서 조심하는 법부터 배워야 했고요. 창가에서 아이들이 노는 모습을 지켜보고 있노라면 정말 조마조마했습니다! 그러나 이내 여덟 살에서 열두 살 사이의 나이쯤 되면 아이도 위험한 것과 그렇지 않은 것 정도는 매우 잘 구별할 수 있다는 사실을 깨닫게 되었지요. 아이들은 스스로 '거리에서 놀 자격'을 얻는 셈입니다. 제 아들은 그런 식으로 복잡한 환경에 대처하는 법을 배웠습니다.

도시의 복잡하고 까다로운 환경에 노출되는 일이 오히려 아이들에게 유익하다는 말씀인가요?

:

그렇습니다. 다만 이 문제에 지나치게 순진하게 접근해서는 안 됩니다. 미국의 도시에는 아이들에게 특히 위험한 곳, 도로 사정이 극도로 나쁜 곳, 주머니에 돈을 지니고 다녀서는 안 되는 곳, 거리 이곳 저곳에 마약상이 배회하는 곳들이 있습니다. 그러나 저는 이 모든 것을 서구 중산층과 관련지어 생각해봅니다. 이들은 바깥세상을 아이들이 접근해서는 안 되는 일종의 전쟁터로 간주하는 경우가 많아요. 이런 태도는 아이들이 배워야 할 것을 배우지 못하게 가로막습니다. 집 밖에서 영리하게 행동할 수 있도록 해주는 일종의 처세술을 터득할 기회를 빼앗는 것입니다. 이는 살면서 겪는 수많은 다른 상황에도 유용하게 쓰일 수 있습니다.

교수님은 미국 중산층의 주택단지인 빗장공동체에서 성장하는 아동 · 청소년에 관해 연구하셨지요. 이런 공동체가 아이들에게 그리 유익하지 않다고 보시나요?
:

맞습니다. 우리는 빗장공동체에서 성장한 사람들이 다른 이들에 비해 도널드 트럼프 Donald Trump 를 지지할 가능성이 높다는 사실을 알아냈습니다. 이들은 현대 자본주의적 조건 아래에서 상실한 안전을 되찾고자 합니다. 빗장공동체처럼 장벽으로 둘러싸인 상태를 원하는 겁니다. 나라 전체를 장벽으로 둘러쌀 수 있다면 이들에게는 더할 나위 없이 좋겠지요.

그러나 우리는 빗장공동체에서 벗어난 젊은이들에게 어떤 일이 일어나는지 관찰하고는 매우 놀랐습니다. 이들은 익숙한 환경으로부터 벗어나는 일을 무척 힘들어했습니다. 심지어 제가 일하는 대학에서도 그 결과를 목격할 수 있었죠. 그런 젊은이들은 다른 이들에 비해 대학생활이라는 새로운 상황과 낯선 도시에 적응하는 데 더 큰 어려움을 겪습니다. 그들은 자신이 처한 새로운 상황을 자유로 미화했지만, 이는 추상적 자유에 가깝습니다. 자신이 발을 들여놓은 복잡한 공간에 익숙해지는 법을 알지 못한 거죠.

교수님의 연구에 자주 등장하는 열린 도시는 빗장공동체와 대비됩니다. 그리고 열린 도시를 아이들에게 유익한 생활공간으로 보셨고요. 열린 도시란 무엇인가요?
:

열린 도시란 다양성을 받아들이는 도시, 즉 나와는 다른 이들을 열린 태도로 대할 수 있는 도시입니다. 도시에도 열린 시스템 이론을 적용할 수 있는 열린 구조가 존재합니다. 예측 불가능한 열린 시스템 안에서는 무슨 일이 일어날까요? 서로 다른 것이 만날 때 어떤 시너지 효과를 낼까요? 다양한 경험들이 누적되면 어떤 일이 벌어질까요? 이는 수학적으로도 설명할 수 있습니다. 도시를 열린 시스템으로 파악할 수 있게 해주는 수학적 속성이 존재하거든요.

이런 맥락에서 저는 '성인으로 존재하기'라는 개념 역시 즐겨 사용합니다. 성인으로 존재한다는 것은 자신의 불완전성에 대해 열린 태도를 취하는 것을 의미합니다. 도시는 사람들을 성인으로 만드는 데 기여합니다. 인간적인 존재로 만든다고 표현할 수도 있겠군요. 도시는 사람들이 불완전한 모습 그대로 살 수 있게 해줍니다. 삶에서 해결되지 않은 모든 것들을 껴안은 채 말입니다. 풀리지 않는 숙제라는 점도 우리의 열린 시스템이 지닌 특성입니다.

: Chapter 7 :

도시의 건강

우리는 마음껏 숨쉬고 싶다

서재의 책상 앞에 앉아 있노라면 하얀색 라탄 의자와 탁자 세트 너머로 화려한 열대 정원이 보였다. 이곳은 스리랑카 남서부의 인도양 해변으로, 스리랑카와 인도를 가르는 해협이 있는 지점이었다. 거의 비현실적으로 느껴질 만큼 아름다운 곳이었다.

창문에는 햇볕이 곧장 방 안으로 들어오지 않도록 차양막이 드리워져 있었다. 차양막 옆에 바짝 붙어 선 코코넛 야자수의 깃털 같은 잎사귀가 바람에 춤을 췄다. 그 너머 몇 걸음 떨어진 곳에 한 그루, 그 뒤로 또 한 그루의 야자수가 보였다. 덤불 같은 일련의 식물과 바나나 나무들이 정원의 경계를 이루었다. 잔디는 솜씨 좋은 미용사가 자른 것처럼 깔끔하게 깎여 있었다. 잔디밭 위로 가지치기를 한 작달막한 나무들이 다양한 크기와 색깔의 꽃잎을 달고 서 있었다.

그 왼쪽으로는 석조 주춧돌 위에 흰색 정자가 세워져 있었다. 입방체 모양의 하얀 기둥들이 무거운 기와지붕을 떠받치고, 안에서 차를 마시거나 식사를 하는 방문객들을 열대성 소나기로부터 보호해주기 위해 범포Sail Cloth 커튼이 드리워져 있었다. 다시 시선을 돌리면 수백 가지 초록빛의 음영을 만들어내는 논 위로 노랗고 붉은 점 몇 개가 찍혀 있는 것이 보였다.

논 뒤쪽으로는 높고 빽빽하게 우거진 밀림이 펼쳐졌다. 갖가지 야자수와 무환자나무, 맹그루브 나무, 거대한 두리안 나무가 이곳에 뒤섞여 있었다. 풍경은 소리로 가득했다. 형형색색의 새들이 콜로라투라Coloratura(성악곡에서 화려한 기교가 가미된 선율 – 옮긴이)를 펼치며 온갖 기이한 음색의 어우러짐을 만들어냈다. 귀뚜라미 소리는 여기에 멋진 배경음 역할을 했다. 이따금씩 원숭이들이 내지르는 고함소리도 들렸다. 밀림의 가장 앞쪽에 줄지어 선 나무들을 자세히 관찰하고 있노라면 원숭이들이 나무 꼭대기를 이리저리 뛰어다니는 광경을 볼 수 있었다.

비행기가 스리랑카의 수도 콜롬보의 공항에 가까워지던 순간에 나는 빽빽한 원시림이 들어찬 풍경을 보며 깊은 인상을 받았다. 사람들은 이런 환경과 싸워가며 도로를 놓고, 단순한 형태가 주를 이루는 주택이나 공항을 지을 공간도 마련했다. 그 밖에는 온통 초록빛이었다. 지상으로부터 겨우 몇 미터 떨어진 고도까지 하강했을 때는 비행기가 밀림 한가운데 비상착륙을 하는 것이 아닌가라는 생각이 잠깐 머릿속을 스쳤을 정도였다. 이처럼 거대한 원시림의 한가운데 국제공항이 있다는 사실이 비현실적으로만 느껴졌다.

스리랑카에서의 휴가가 끝나기 3주일 전인 2015년 12월 7일, 중국 정부 부처들은 사상 처음으로 베이징에 스모그 적색경보를 발령했다. 이후 몇 주 동안 나는 꾸준히 베이징 관련 뉴스를 시청했지만 스리랑카에서는 이 모든 것이 한없이 먼 곳의 일로만 느껴졌다. 아비규환이 된 중국의 대기오염 현장과 그곳에서 그리 멀지 않은 휴가지의 풍경은 극명한 대비를 이루었다.

적색경보를 통해 알려진 베이징의 대기 중 미세먼지 농도는 세계보건기구가 정한 최대 기준치인 1세제곱미터당 25마이크로그램을 훨씬 초과했다. 미세먼지 수치가 무려 300마이크로그램을 넘어서면서 학교와 유치원은 임시휴교에 들어갔고, 자가용 이용이 제한되었다. 대기오염이 얼마나 심한지 태양광이 지표면까지 도달하지 못할 정도였고, 사람들은 숨을 쉬기 위해 창문을 '닫아야' 했다.

미세먼지는 폐포를 통해 곧장 혈관으로 유입된 뒤 전신으로 퍼진다는 점에서 매우 치명적이다. 먼지 입자는 박테리아에 비해 크지 않을 정도로 미세한 크기를 지녔다. 중국에서는 미세먼지가 심근경색, 뇌졸중, 암을 일으켜 사망하는 사람의 수가 연간 50만 명에 이르는 것으로 추정하고 있다. 세계적으로는 매년 330만 명이 미세먼지로 사망한다.[1] 그중 유럽 내 사망자 추정치가 38만 명이다. 미세먼지는 연소 과정에서 발생한다. 미세먼지 오염을 가속화하는 가장 큰 주범은 자동차와 화력발전소인 것으로 알려져 있다. 인도와 아시아에서는 특히 거대한 광역도시권의 난방시설 및 가정에서 사용하는 불이 미세먼지 문제를 일으킨다.

그러나 유럽에서 미세먼지 오염도가 가장 높은 곳은 뜻밖에도 대규모 산업단지가 들어서 공기오염이 심각한 도시들이 아니라 파리, 토리노, 밀라노, 드레스덴, 슈투트가르트 등이다. 이 경우 많은 교통량이 원인인 경우가 많으며, 특정한 기후조건이 오염을 악화시키기도 한다. 그 밖에도 분지에 위치한 슈투트가르트처럼 불리한 지리적 조건이 한몫하는 경우도 많다.

베이징의 적색경보는 며칠간 지속된 뒤 해제되었다가 2주일이 채 지나지 않아 크리스마스를 목전에 두고 다시 발령되었다. 사실 이전의 몇 달 사이에도 베이징의 미세먼지 농도가 세제곱미터당 600마이크로그램을 넘는 날이 부지기수였다. 오랫동안 이를 호지부지 덮어버리거나 은폐하던 중국 정부가 비로소 문제의 심각성을 조금이나마 깨닫고 경보를 발령한 것이었다. 작은 구멍가게에서까지 온갖 종류의 방진마스크가 판매되었다. 볼록한 모양, 무늬가 들어 있거나 온갖 동물의 주둥이 모양을 한 마스크도 있었고, 독일에서라면 수술준비실 또는 건축 자재점에서 목재를 자를 때나 쓸 법한 마스크도 있었다.

베이징의 스모그 경보와 극명한 대조를 이루던 스리랑카의 풍경은 나로 하여금 어째서 인간이 숲과 땅이 지닌 풍요로움을 포기하려 하는가에 대한 의문을 품게 만들었다. 실제로도 이 섬에서 나는 대도시의 것과는 정반대의 삶을 선택한 유럽인들을 만났다. 이들은 런던이나 베를린 같은 도시의 삶을 뒤로 하고 스리랑카의 남서부 해

안에 있는 열대우림에서 지내고 있었다. 대부분은 경력을 쌓는 일도 포기하고 온 사람들이었다. 머나먼 타국의 마을과 숲에서 살기 위해 유럽 메트로폴리스에서의 삶을 등지기로 한 이들의 결정이 내게는 무척이나 인상 깊게 다가왔다. 이들이야말로 올바른 삶을 살고 있는 것이 아닐까? 인간이 과연 도시 생활에 적합하게 창조된 존재인가? 혹은 도시 생활이 인간의 생물학적 원리와 유기체에 반하지는 않는가? 먼 옛날 우리 조상들이 그랬듯 숲속이나 자연 속에서 지낼 때 우리의 안위가 가장 잘 보장되는 것은 아닐까?

인류의 정착 생활이 불러온 건강과 환경 문제

오늘날 최신 기술의 발달은 인류가 지구상에서 수백만 년 이상을 살아오는 동안 유전자를 통해 보존된 생물학적 기록들을 알 수 있게 해준다. 인간의 신체에는 10만 년 전 아프리카 대륙에서 시작되고 이어져온 인류의 역사가 담겨 있다. 인간의 DNA는 다양한 발전사적 단계가 남긴 흔적들을 품고 있는 도서관과도 같다. 한마디로 우리는 생명의 근원을 보존하고 있는 살아 있는 기록물이다.

인류는 가장 오래된 호모속屬인 호모 루돌펜시스Homo Rudolfensis 와 호모 하빌리스Homo Habilis 이래 총 12만 세대 이상을 지구상에서 수렵·채집인으로 살았다. 인간의 삶은 기껏해야 소규모 공동체 및 무리 속에서 이루어졌으며, 정착생활을 하지 않고 식량 및 안전한 생활공간을 구하기 위해 계절마다 이동해야 했다. 이 기간 동안 인간의 생물학적 각본이 탄생하고, 이에 의거해 인간의 유기체는 환경이 요구하는 바에 적응해야 했다. 스트레스와 관련된 반응표본도 마찬가지로 이때 형성되어 오늘날까지도 우리로 하여금 도피나 공격 행동을 하게 만든다.

약 1만 년 전 마지막 빙하기가 끝나갈 무렵에 인류가 정착생활을 시작함으로써 최초의 마을을 형성했으며, 우연이나 사냥 운에 의존하지 않고 식량을 구하기 위해 수렵채집에서 농경생활로 전환했다. 동물들은 길들여 가축으로 삼았다. 이른바 신석기 혁명이라 불리는 이러한 변화가 커다란 성공을 거두어 인류의 수는 급격히 불어났고, 결국 인간은 지구의 지배자가 되었다. 문명화된 인류, 즉 농경과 더불어 정착생활을 시작한 인류의 역사를 종합해보면 겨우 500세대에 불과하다. 나아가 19세기 산업화 및 모터를 기반으로 한 이동성 또는 지난 10년간의 세계화 · 디지털화를 기준으로 삼는 현대의 삶은 인류의 전체 역사와 비교하면 우스울 정도로 짧다.

오늘날 인간은 진화상으로 오래된 생물학적 체계를 지닌 채 도시를 비롯해 급속도로 변화하는 인공적 생활공간에서 살고 있다. 이제는 가족의 생계를 위해 사냥을 할 필요도, 힘든 육체노동을 하며 먹을 것을 모으러 다닐 필요도 없게 되었다. 심지어 주문만 하면 문 앞까지 음식이 배달되기도 한다. 우리는 노동 생활과 여가시간의 큰 부분을 주로 한 자리에 앉아서 보내며 무선 인터넷을 통해 모니터에 떠오른 세상을 바라본다.

인간의 활동량이 점점 줄어드는 원인도 여기에 있다. 이로 인해 인간의 운동기관에는 변화가 일어나고 근육은 약해지며 뼈는 물러진다. 이에 더해 세포의 인슐린 민감성이 감소하면서 혈당이 증가하고 혈액 내 지방성분의 수치도 높아진다. 게다가 가공된 고칼로리 · 고지방 음식을 자주 섭취하기 때문에 결과적으로 심장 · 순환계 질환, 혈압, 심근경색 위험이 커진다. 독일인들은 하루 평균 7시간을 앉아서 보내며, 전체 인구 중 4분의 1은 무려 9시간 이상을 앉아서 보낸다.

도시에서는 특히나 앉아서 하는 일이 주를 이룬다. 이는 유년기부터 시작된다. 오스트리아 티롤Tirol 지방의 유치원생들을 대상으로 한 어느 연구에서는 도시 아이들과 시골 아이들의 운동 능력이 현저하게 차이 나는 것으로 나타났다. 시골 지역 유치원의 아동들은 도시에 사는 또래 아이들에 비해 한쪽 다리로 서거나 가로대를 이리저리 뛰어넘는 데 훨씬 능숙했다.[2] 노동 생활을 한다고 상황이 나아지는 것도 아니다. 도리어 점점 더 많은 사람들이 앉아서 일해야 하는 서비스업에 종사하고 있다. 독일의 경우 2007년에는 국민의 3분의 1이, 2017년에는 44퍼센트가 앉아서 일하는 직업을 가진 것으로 나타났다.[3]

낮과 밤의 반복이라는 외적인 시간주기에 맞추어 살아가야 할 필요성도 예전보다 덜하다. 인공 불빛은 시간에 따른 구분을 없애버림으로써 인간이 가진 내면의 시계를 뒤죽박죽으로 만들어놓았다. 오늘날 전 세계 수많은 대도시의 밤은 대낮만큼이나 밝아졌다. 광공해 light pollution 가 그 원인이다. 가로등, 현란한 쇼윈도와 간판, 불이 켜진 수많은 창문들, 자동차 불빛, 투광기의 빛은 밤의 어둠을 몰아내버렸다. 도시 위로 펼쳐진 밤하늘을 가르는 비행기의 불빛도 자주 보인다. 지상으로부터 퍼져 올라가는 불빛이 공기 중에 떠다니는 먼지와 수증기에 부딪쳐 분산되고 반사되면서 광도는 한층 강해진다. 그리하여 도시는 자체 면적보다 훨씬 넓은 공중면적을 밝히게 된다. 인구 3만 명의 소도시는 반경 25킬로미터의 하늘을 밝힐 수 있다.[4]

구름 낀 날에는 밤하늘이 특히 밝아진다. 하늘을 뒤덮은 구름이 빛을 반사해 광도를 높이는 탓에 일부 지역의 밤하늘은 인공조명이 도입되기 전보다 몇백 배 밝아졌다.[5] 사람에게서는 이것이 호르몬 비축량에 장애를 초래한다. 특히 송과선Pineal Gland에서 분비되는 멜라토닌Melatonin이 큰 영향을 받는다. 멜라토닌은 날이 어두워지고 빛에 민감한 망막이 더 이상 자극을 받지 않을 때 잠이 오게 만드는 호르몬이다. 인공조명은 멜라토닌 분비를 억제해 불면증을 유발한다. 참고로 광공해는 동물들에게도 영향을 미친다. 새들이 조명이 켜진 고층건물로 날아들다 부딪쳐 다치거나 죽는, 이른바 타워킬 Towerkill 현상도 그중 하나다. 특히 봄과 가을에 먼 거리를 날아온 철새들이 이런 사고를 많이 당한다.[6]

인류가 정착생활을 시작함과 동시에 전염병도 크게 유행하기 시작했다. 동물과 인간이 더불어 살기 시작하면서 감염 경로가 훨씬 단축된 탓이었다. 특히 소와 돼지, 닭처럼 사람이 가장 선호하는 육류의 공급원인 동물들은 병원균의 숙주였으며, 규모가 큰 정착촌에는 쥐와 곤충 같은 전염원도 모여들었다. 밀집된 거주지에서는 사람들 사이의 전염도 더 쉽게 일어날 수밖에 없었다. 사람의 주거지와 가축의 우리가 병원균의 증식과 확산에 더할 나위 없이 좋은 환경을 제공하면서, 병이 전염되기까지의 경로가 짧아졌기 때문이다.[7]

치명적인 역병은 도시 내에서뿐만 아니라 도시 간 여행경로를 따라 전 세계로 퍼져 나갔다. 대표적인 사례가 바로 유럽 내 '검은 죽음', 즉 흑사병의 확산이었다. 1350년경에 발생한 흑사병은 불과 몇 년 사이에 유럽 대륙의 인구 중 3분의 1을 쓸어버렸다. 또 다른 사례는 1918년에 발병한 스페인 독감으로, 전 세계에서 40~50만 명이 이 병으로 목숨을 잃었다.

빈민가는 하수처리시설과 깨끗한 식수의 공급원이 결핍되어 있는 경우가 많아 새로운 전염병이 발생하기 쉬운 장소였다. 이처럼 열악한 상황은 19세기 유럽에 공공 위생 정책이 도입되는 데 도화선으로 작용했다. 특히 하수처리시설의 정비는 도시민들의 건강 개선에 가장 큰 성과를 불러왔다.[8] 중세 파리에는 오수가 골목길 한가운데 나 있는 배수로를 거쳐 센강으로 흘러들었다. 그나마도 이전에 그랬듯 사람들이 강물에 들어가는 일은 없어졌다.

루이 16세와 나폴레옹은 센강 우안에 최초의 소규모 지하 배수로를 건조했다. 그러나 조르주 외젠 오스만 남작Baron Georges-Eugène Haussmann에 의해 도시 전체에 그물망처럼 연결된 식수 공급 시설 및 하수처리시설이 건조된 것은 1850년에 이르러서였다. 1878년에는 이 시설의 총길이가 600킬로미터에 이르렀으며, 1894년에는 파리의 모든 가정에 공공 하수처리시설로 연결되는 배수로를 설치해야 한다는 규정이 생겼다.

산업화 초기에는 수많은 독일 도시들의 위생조건도 열악하기 짝이 없었다. 베를린 주민들은 19세기 중반까지도 슈프레강에 쓰레기를 거리낌 없이 마구 쏟아버렸고, 하수 역시 파리와 마찬가지로 지상의 배수로를 통해 흘려보냈다. 샤리테 병원의 의사이자 사회정치학자인 루돌프 피르호Rudolf Virchow가 오염된 식수와 콜레라, 티푸스 등의 역병으로 인한 사망자 수 사이의 연관성을 간파하고 도시위생의 개선을 촉구한 뒤에야 이 문제가 다루어졌다.

1881년에는 베를린 중심가에 있는 약 1만 호의 가구에 공공 하수처리시설로 연결되는 하수관거가 설치되었고, 1920년까지는 하수관거가 연결된 주택부지가 약 3만 2,000개로 늘었다. 재정적으로도 이는 어마어마한 부담이었다. 하수처리시설의 핵심 건조기에는 시의 조세수입 중 3분의 1을 이 프로젝트에 쏟아 붓기도 했다. 그러나 소득도 그만큼 컸다. 티푸스와 콜레라 발병률이 눈에 띄게 감소하고 도시 내 삶의 질도 피부로 느껴질 만큼 개선된 것이다. 1870년대 하수처리시설로 연결되는 최초의 하수관거가 설치될 무렵, 티푸스에 의한 사망률은 인구 1천 명당 0.8퍼센트였으나 44년 뒤인 1920년에는 0.02퍼센트로 크게 감소했다.[9]

오늘날 전 세계 메가시티의 빈민가에는 총 10억 명의 인구가 거주하는 것으로 추정된다. 이는 지구상의 도시 거주 총인구의 3분의 1에 이르는 수치다.[10] 아프리카에서는 무려 도시인구의 3분의 2가

빈민가에 거주한다. 2030년까지는 전 세계 빈민가 거주인구가 20억에 이를 것으로 예상된다.[11] 이처럼 비계획적인 거주지에는 특히 하수 처리 문제의 해결이 시급하다. 인도의 메가시티인 델리와 뭄바이에는 각각 절반 이상의 주민들이 수도설비 없이 살고 있다. 델리의 2,000만 인구가 내보내는 생활하수의 69퍼센트가 정화되지 않은 채 도시를 가로지르는 야무나강으로 흘러들기 때문에 사실상 이 강은 오수로 가득 차 있다고 보면 된다.[12]

도시 크기와 질병 확산속도는 비례한다

이 모든 문제로 인해 도시계획가와 정치가들은 감당하기 어려운 난관에 부닥쳐 있다. 기본적인 생활수준 및 위생수준에 도달하는 데만도 어마어마한 노력이 필요하기 때문이다. 각 가정에 배수설비와 전기를 공급하는 일, 아동들이 학교를 비롯한 교육기관에 다닐 수 있도록 도로와 대중교통망에 대한 시민들의 접근성을 개선하는 일, 종합병원, 개인 의원, 요양시설, 약국 등을 통해 적절한 의료 서비스를 제공하는 일도 이에 포함된다.

'위생시설 전환기' 이전까지는 열악한 위생조건으로 인해 도시의 신생아 사망률이 시골에 비해 높았다. 이 시기를 거친 뒤에는 전세가 역전되었지만 감염병이 확산되는 속도는 여전히 대도시에서 더 빠르다. 미국과 스웨덴, 브라질의 통계에서도 분명히 드러나듯 대도시 거주자들은 소도시의 주민들에 비해 전염병에 훨씬 더 잘 걸린다.[13] 그 원인은 명확하다. 인구가 밀집된 대도시와 메가시티에서는 보통 하루에 마주치는 사람의 수가 소도시에 비해 많기 때문이다. 런던에서 대중교통을 이용해 출근하는 사람은 그보다 규모가 작은 하노버나 취리히의 직장인보다 더 많은 사람들과 부대낄 수밖에 없다.

게다가 공항이 있는 대도시는 전염병의 국제적 집결지로 병이 확산되기에 안성맞춤인 조건을 갖추고 있다. 조류독감이나 중증급성호흡기전염병Severe Acute Respiratory Syndrome; SARS, 즉 사스도 그렇게 확산되었다. 사스는 2003년 초반에 전 세계로 퍼져 나가 천여 명의 목숨을 빼앗은 질병이다. 중국 남부에서 처음 발발한 사스는 홍콩의 어느 호텔 방문객에 의해 그곳에 출장 와 머물던 다양한 국적의 사람들에게 옮았고, 이후 단시간 내에 전 세계로 확산되었다. 이로써 사스는 최초의 21세기 유행병이 되었다.

멀리까지 눈을 돌릴 필요도 없다. 감염병이 얼마나 빠르고 위력적으로 확산되는지는 바로 우리들 근처에서도 관찰된다. 2015년 초 베를린에서는 홍역이 전례 없이 크게 유행해 3월에만 700건 이상의 감염 사례가 보고되었다. 예방주사를 거부하는 사람들의 수가 위험할 정도로 늘어난 것이 원인이었는데, 그중 대부분은 자연주의적인 삶의 방식을 원칙으로 삼는 고학력자 가정의 부모들이었다. 베를린은 비상사태에 빠졌다. 한 학교는 임시휴교에 들어갔고, 소아과 의사들은 신생아가 있는 부모들에게 사람이 많은 장소를 피하라고 조언했다. 프렌츨라우어베르크구에는 유행병 센터가 마련되었다. 보건당국 관계자들에 따르면, 이 지역 취학연령대 아동들 중 20퍼센트가 예방주사를 맞지 않았다고 한다. 예방주사를 믿지 못하는 베를린의 부모들로 인해 2020년까지 홍역을 종식된 전염병으로 선포하려던 세계보건기구의 목표에도 차질이 빚어졌다. 전 세계에서 날마다 홍역으로 목숨을 잃는 이들이 400명에 이르기 때문에 이는 세계보건기구의 중요한 목표과제 중 하나가 된 것이다.

감기 바이러스가 확산되는 겨울철이면 사람들은 찜찜한 기분으로 붐비는 지하철이나 버스에 오른다. 이런 곳에서는 어김없이 주위에 앉은 여러 승객들이 동시에 코를 풀거나 손으로 입도 가리지 않고 재채기를 해대기 때문이다. 함부르크의 컴퓨터과학자 토마스 틸 클레멘Thomas Thiel-Clemen이 이끄는 연구팀은 이와 관련해 흥미로운 컴퓨터 시뮬레이션 모델을 개발했다. 감기 바이러스가 도시 전체로 확산되는 경로를 추적하는 프로그램으로, 함부르크 지하철 노선을 통한 독감의 전파 여부를 파악하는 것이 학자들의 목적이었다. 지하철을 타고 가는 동안 바이러스에 감염된 주위 사람이 재채기를 할 경우, 혹은 감기 환자가 방금 잡았던 손잡이를 잡을 경우 전염되는 속도는 얼마나 빠른가? 문 열림 버튼도 감염원이 되는가? 학자들이 밝혀낸 바에 따르면, 도시에서의 감기 전염 사례 중 50퍼센트는 지하철 탑승이 원인이었다. 그 중에서도 20퍼센트는 재채기에 의해, 나머지 30퍼센트는 손잡이나 버튼을 만짐으로써 감염되었다.

함부르크의 학자들은 손잡이를 잡지 않는 등의 '신중한 행동전략'도 전염을 막는 데 별 도움이 되지 않는다고 말한다. 가장 좋은 예방

책은 손을 자주 씻는 일이다. 감기와 바이러스성 위장질환 등 전염성 질병은 손을 통해 감염되는 비율이 80퍼센트까지 이르기 때문이다. 손 씻기가 감염을 예방해준다는 사실은 수많은 연구에서 이미 입증되었다. 가령 규칙적으로 손을 씻을 경우 설사병에 걸릴 위험도 반으로 줄어들었다. 꼼꼼한 손 씻기(손 씻는 데 걸리는 시간은 20초 이상 이어야 한다)는 피부에 붙어 있던 세균을 몇 천 분의 1로 줄인다. 이것이 감염 예방에 도움이 되는 것도 당연하다. 덧붙이자면 비누 없이 손을 씻는 것만으로도 도움이 된다.

도시 사람보다 시골 사람이 더 건강할까?

그러면 좀 더 건강한 삶을 영위하기 위해 북적이는 도시를 피해 시골로 이사하는 편이 좋을까? 그렇지 않다. 그것은 너무 성급한 결론이다. 전체적으로 볼 때 도시민의 신체적 건강상태가 시골 주민에 비해 나쁘다고 할 수 없기 때문이다. 의사, 병원, 심리치료사, 약국, 광범위한 보건교육이 촘촘한 그물망을 이루고 있기 때문에 오히려 도시민들은 종합적으로 훨씬 더 건강한 상태를 누린다. 예컨대 시골 주민들은 도시민에 비해 심장 · 순환계 질환이나 당뇨병으로 사망하는 경우가 잦다.[14] 도시 생활과 시골 생활 간의 차이가 매우 뚜렷한 영국과 미국에서 시행된 연구를 통해서도 이를 확인할 수 있다.[15]

시골 주민들은 비만이 되는 경우도 더 잦다. 복부둘레를 재어 보면 이 점이 특히 눈에 띄는데, 이 수치는 무엇보다도 해로운 복부지방을 측정하는 데 좋은 기준이 된다. 그 밖에도 각국에서 시행된 연구 결과 시골 주민들에게서는 체질량지수와 혈중 지방수치가 높은 것으로 밝혀졌다.[16] 핀란드의 한 연구에서는 심지어 시골에서 청소년기를 보낸 사람이 성인이 되기까지 큰 폭의 체중 증가를 겪는다는 결과가 나왔다.[17]

도시와 시골 간의 차이에는 다양한 원인이 작용하는 것으로 추측된다. 심장 · 순환계 질환과 관련된 부정적인 수치는 다소 불리한 경제적 조건 및 평균적으로 낮은 교육수준과 연관된다.[18] 두 가지 요소는 모두 소도시 및 시골에 적용된다. 그 밖에 차이를 유발하는 원인이 무엇인지는 그저 추측만 할 수 있을 뿐이다. 소도시와 시골의 주민들은 흡연율이 더 높고 운동을 적게 하며, 덜 건강한 식생활을 하는 경우가 많아 비만에 더 자주 노출된다. 이는 모두 심장 · 순환계 질환 및 당뇨병의 위험을 높이는 요인들이다.

안타깝게도 시골에서는 종류를 막론하고 질병이 치명적인 단계로 발전할 위험도 더 크다. 흥미로운 점은 사망률이 전체적으로 줄어드는 추세임에도 도시와 시골 간 사망률의 격차는 오히려 벌어지고 있다는 사실이다. 그 원인은 최우선적으로 도시의 사망률이 시골보다 훨씬 더 크게 감소한 데 있다. 의학 발달의 혜택이 도시에 먼저 돌아갔다는 의미다. 예컨대 미국에서는 1969년에서 2009년 사이 도시의 백인 남성의 사망률이 1.4퍼센트 줄어든 데 비해 시골 지역의 사망률은 1.09퍼센트 감소하는 데 그쳤다. 이와 관련해 도시 ·

시골 간 격차가 점점 벌어진다는 사실을 증명하는 수치는 또 있다. 1990~1992년 사이에는 시골의 사망률이 도시보다 겨우 2퍼센트 높았지만, 2005~2009년 사이에는 그 차이가 13퍼센트로 벌어진 것이다. 특히 아동 · 청소년 및 25~44세 사이의 청 · 장년층에게서 현저한 차이가 관찰된다.[19]

물론 항상 이랬던 것은 아니다. 1950년만 해도 미국 도시의 보편적인 사망률은 시골보다 높았다. 이 비율이 역전된 주요 원인 중 하나는 미국 농촌 인구가 빈곤화되고 도시와의 사회적 차이가 심화된 데 있었다. 1970년대부터는 이런 추세가 위험 수준에 도달했다. 1970년 시골 주민의 평균소득은 도시민에 비해 3천 달러나 적었다. 2009년에는 이 차이가 대략 1만 7천 달러로 커졌다.[20]

미국처럼 도시 생활과 농촌 생활 간에 비교적 큰 차이를 보이는 캐나다와 오스트레일리아도 그와 유사한 발전과정을 거쳤다. 그러나 인구가 골고루 분포되어 있는 독일에서는 도시와 시골의 생활방식 간 격차가 갈수록 줄어들어 그 차이가 별로 두드러지지 않는다. 그럼에도 시골 주민들 중 사회적으로 좀 더 안정되고 교육수준이 높은 이들이 도시로 이주하는 경우가 많으며, 이로써 간극이 점점 커지는 것은 독일도 예외가 아니다.

시골 사람들이 도시인에 비해 수면시간이 짧은 대신 수면의 질이 높다는 점도 양쪽의 차이점이다. 또한 저녁형 또는 야간형 인간이 많은 도시와는 반대로 시골에는 아침형 인간이 많은 편이다.[21] 자연광이 효과적인 시간조절인자로 작용해 우리의 시간감각을 낮의 생

활리듬에 맞추기 때문이다.[22]

사람은 저마다 생물학적으로 결정되고 외부의 시간조절인자에 의해 영향을 받는 시간유형Chronotype을 가지고 있다. 자연광은 그중에서도 가장 중요한 외적 시간조절인자로, 인간의 체세포 내에서 기능하고 유전적으로 조절되는 내면의 시계가 지구상의 24시간에 맞추어지도록 유도한다. 사람들 중에는 종달새 유형, 즉 아침형 인간이 있는가 하면, 올빼미로 불리는 저녁형 인간도 있다. 올빼미 유형은 밤늦게 또는 새벽에야 잠자리에 드는 것을 선호하며 하루의 후반부에 가장 능률적으로 활동할 수 있다. 종달새 유형은 그와 정반대다. 이른 아침 잠자리에서 벗어나며 아침 몇 시간 동안 가장 큰 능률을 발휘한다. 그만큼 일찍 피로해지기 때문에 저녁에는 늦게까지 깨

올빼미 유형과 종달새 유형

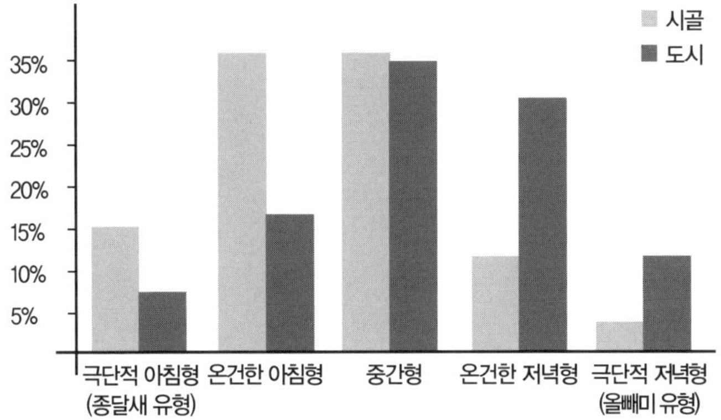

시골
도시
35%
30%
25%
20%
15%
10%
5%
극단적 아침형 (종달새 유형)
온건한 아침형
중간형
온건한 저녁형
극단적 저녁형 (올빼미 유형)

실제 생활조건과 생물학적 시간유형이 상충할 때 사람들은 큰 스트레스를 받는다. 시골 사람들은 자연광이라는 시간조절인자에 더 잘 노출되므로, '사회적 시차'로 고충을 겪는 일도 드물다.

어 있지 못한다.

문제는 생물학적 시간유형이 개인적 생활조건에 맞지 않을 경우에 발생한다. 예컨대 올빼미 유형이 매일 아침 6시에 힘겹게 눈을 뜨고 한 시간 뒤 사무실에 출근해서 기분 좋게 하루 일과를 시작하기란 불가능하다. 이를 '사회적 시차'라 부른다. 자연광에 더 많이 노출되는 시골 사람들은 사회적 시차로 고충을 겪는 일이 드물다. 도시에서는 자연광이라는 시간조절인자의 영향력이 좀 더 미약하고 도시의 규모가 클수록 이 영향력은 줄어든다. 시골에서는 자연광의 영향력이 강하게 작용해 시간유형이 개인적 활동표본에 맞추어지기도 쉽다.[23] 사회적 시차가 크면 스트레스에 대한 저항력이 떨어지는 것으로 추측되며, 이는 우울증을 비롯해 충동이나 중독 같은 여타 정신적 질환을 유발한다.[24]

앞서도 언급했듯이 건강과 관련해 시골 사람들은 다소 불리한 조건에 놓여 있다. 의사의 수, 그리고 무엇보다도 심리치료 환경과 관련해 도시와 시골 간의 격차는 갈수록 벌어지는 중이다. 시골에는 전문의와 가정의 수가 점점 줄어드는 데 반해 도시의 의사 수는 증가하는 추세다. 의사 및 심리치료사에 의한 심리치료 환경의 차이는 그보다 더욱 크다. 독일에서는 이러한 불균형이 의사와 병원, 의료보험사의 공동 연방위원회가 정하는 수요 계획에도 기록된다. 이에 따르면, 도시에서는 심리치료사 1명이 담당하는 환자 수가 3,000명인 데 반해 시골에서는 그 2배인 6,000명에 이른다.[25]

나 역시 이 사실을 실감하고 있다. 베를린 외곽에 사는 환자들에게 소개할 심리치료사를 물색하는 데는 흔히 시간과 노고가 많이 든다. 수십 통씩 전화를 걸어도 허사인 경우도 있다. 환자가 직접 운전할 수 없는 상황이라면 더욱 난처하다. 그래서 '인스턴트 심리치료'를 처방하는 횟수가 점점 많아지고 있다. 소프트웨어 기반 심리치료 프로그램이 그것인데, 예컨대 이때 환자들은 실제 심리치료사 대신 아바타와 상담한다. 그리고 사전에 설정된 치료 프로그램을 실행함으로써 가상의 심리치료사와 치료 절차를 밟는다.

혹시 시골 사람들의 정신건강 상태가 양호해서 심리치료사가 덜 필요한 것은 아닐까? 답하기란 쉽지 않다. 정신 질환과 관련해 도시와 시골의 차이를 살펴보면 혼합된 양상이 드러나기 때문이다.

2001년 네덜란드에서는 기존의 수많은 개별 연구결과를 종합해 큰 통계적 추세를 추론해내는 메타분석 연구가 시행된 바 있다. 총 20가지 연구결과를 평가한 결과, 일단은 도시민에게 불리한 결과가 나왔다. 우울증을 비롯한 각종 기분장애와 공포장애를 겪을 위험이 도시민들에게서 각각 39퍼센트와 21퍼센트 더 높게 나타난 것이다.[26] 지극히 일반적인 정신질환에 걸릴 위험은 도시가 38퍼센트 더 높았다. 발병에 영향을 미치는 기타 요인들을 고려했을 때도 이 수치는 변하지 않았다.

그런데 자살이라는 주제를 살펴보면 다소 다른 그림이 나온다. 도시와 시골의 자살률은 이미 오래전부터 수많은 학자들의 연구 대상이었다. 자살은 대부분 정신질환의 결과로 발생하며, 그중에서도 우울증이 가장 큰 원인이다. 따라서 누구나 도시에서 자살률이 더 높게 나타난다고 추측할 것이다. 그러나 뜻밖에도 현실은 다르다. 절대 다수의 연구들이 전 세계에서 시골 지역의 자살률이 더 높다는 사실을 증명하고 있다. 우울증 발병 위험이 전반적으로 도시보다 낮음에도 그렇다. 심지어 미국에서는 도시와 시골에서 각각 발생하는 자살의 빈도 차이가 2007년 이래 꾸준히 벌어지고 있다. 이는 특히 미국의 지방정부를 크게 압박하는 재정위기와 관련이 있는 것으로 추측된다.[27] 자살률과 관련해 시골은 전 연령대에서 도시보다 나쁜 결과를 보였다. 가령 시골에 사는 미국 청소년의 자살률은 도시에 비해 2배나 높았다. 14~24세 사이 남성의 경우 10만 명당 자살하는 사람의 수가 시골에서는 거의 20명에 이르는데, 도시에서는 약 10명에 그쳤다. 자살을 택하는 여성 청소년의 수는 전체적으로 남성에 비해 훨씬 적었지만, 시골과 도시 간의 차이는 10만 명당 4.4명 대 2.4명으로 남성의 경우와 유사하게 나타났다.[28]

이러한 차이에는 무엇보다도 두 가지 원인이 작용한다. 그중 첫째는 앞서 언급한, 부분적으로 열악한 시골의 신경정신과 · 심리치료 환경이며, 둘째는 시골에서 치명상을 입는 데 사용될 수 있는 도구를 구하기가 한결 쉽다는 점이다. 세계보건기구에 따르면, 전 세계의 시골 지역에서 발생하는 자살의 가장 흔한 사인은 시골에서 손쉽게 구할 수 있는 농약이었다.[29]

도시와 농촌의 조현병 발병률도 마찬가지로 많은 것을 시사한다. 도시에서 성장기를 보내는 것이 조현병 발병의 위험요인이라는 사실은 앞서 이미 설명했다. 실제로도 이 병이 발현되는 데는 환경적 요인이 어마어마한 영향을 미친다. 조현병 유전 가능성이 60~80퍼센트라는 말은, 즉 발병에 이르기까지 외부의 영향력이 20~40퍼센트 더해져야 한다는 의미이기 때문이다. 조현병 발병 위험을 높이는 환경적 요인으로는 커다란 감정적 스트레스를 불러일으키는 유년기의 경험, 대마초 과용, 이민, 그리고 앞서 언급한 도시 생활 등을 들 수 있다.

유전적으로 조현병 위험을 타고난 사람에게서 이 병이 발현되는 데 정기적인 대마초 흡입과 도시 생활이 비슷한 정도로 작용한다는 말이 얼핏 이상하게 들릴 수도 있다. 그러나 네덜란드의 정신과 의사 겸 유행병학자인 짐 판 오스jim van Os는 몇 년 전 수학적 모델을 통해 이를 증명했다.[30] 도시 생활과 대마초가 뇌에 작용하는 방식은 서로 전혀 다르지만, 조현병 위험을 높이는 정도에 있어서는 두 가지 요인이 비슷하다는 것이다. 대마초는 이른 시기, 다시 말해 청소년기에 손을 대기 시작할 경우 특히 해롭게 작용하는 것으로 알려졌다. 장기적인 영향에 관해서는 오늘날까지도 격한 논쟁이 일고 있지만, 대마초가 급성 기억력 장애를 초래할 수 있다는 데는 이론의 여지가 없다. 그 밖에 전전두피질이나 해마체 같은 뇌 영역의 신경세포 및 시냅스 연결점의 수와 크기가 감소한다는 사실도 밝혀졌다.

혹시 조현병을 앓는 사람들이 의식적으로 도시에서의 삶을 선택하기 때문에 도시에서 이 병의 발병률이 높아지는 것은 아닐까? 다시 말해 도시라는 요소 자체가 사람을 병들게 하는 것이 아니라 병에 걸린 사람이 도시로 이주하는 경향이 있을지도 모른다는 것이다.

예를 들면, 조현병 초기단계에 있는(최근 미국의 정신질환 분류에서는 조현병 위험 증후군Schizophrenia Risk Syndrome이라는 표현을 쓰고 있다) 사람에게는 대도시의 익명성이 좀 더 편안하게 느껴질 수도 있다. 군중 틈에서는 이상행동을 해도 크게 눈에 띄지 않기 때문이다. 혹은 도시에서 치료를 받기가 수월하기 때문에 시골을 떠나 도시로 이주할 가능성도 있다. 동기가 무엇이든 간에 이런 사람은 조현병 위험과 관련해 도시와 시골의 차이를 벌리는 데 일조한다.

한편 시골에서 이 병이 훨씬 드물게 인지될 가능성도 고려해볼 수 있다. 의사의 진단이 내려지지 않는 한 조현병 환자도 통계에 포함되지 않는다. 정신과 의사를 찾아가기에는 거리가 너무 멀기도 하고, 시골에서는 집에서 병을 치료하는 일도 자주 있다. 나 역시 시골에서 성장한 환자에게 정신과 질환과 관련된 가족력을 물을 경우 그러한 추측을 재확인해주는 대답을 자주 듣는다. 언젠가는 우울증 때문에 나를 찾아온 50대 중반의 정치가가 이런 말을 했다. "제 조부가 간혹 기이한 행동거지를 보이셨어요. 말을 잘 하지 않으셨고, 조부와 대화를 나누는 사람도 적었거든요. 사람들은 그를 괴짜라고 불렀지요. 갑자기 울음을 터뜨리는 일도 자주 있었고요. 그러나 당시에는 그런 일로 의사를 찾아가지는 않았죠." 두말할 것도 없이 이는 정신질환에 대해 공식적인 진단이 내려지지 않은 경우에 속한다.

그런데 각종 연구에서 나온 수치들은 다른 이야기를 하고 있다. 이는 시골에서 질병이 인지되고 진단이 내려지는 비율이 도시보다 낮다는 점을 증명해주지 않는다. 그래서 네덜란드에서 시행된 예의 메타분석도 의사에 의해 인지되고 기록으로 증명된 질병의 수치를 이용하지 않았다. 그보다는 정신질환 관련 증상들에 대해 별도로 설문조사를 시행한 개별 연구결과들을 평가하는 데 그쳤을 뿐이다.[31] 이렇게 해서 실제로 의사의 진단을 받았는지 여부와는 상관없이 도시민들에게서 정신질환이 더 자주 발병한다는 결과가 나온 것이다. 다시 말해 통계는 이러한 결과에 영향을 미치지 않은 셈이다.

'건강도시'를 만들기 위한 움직임

도시를 좀 더 건강하게 만드는 방법은 무엇일까? 건강을 추구하는 도시를 만들려면 어떤 정책이 필요할까? 이런 질문은 수십 년 전부터 도시계획가와 건강연구가, 지방정부 정치가들의 주요 안건 중 하나였다.

도시로 몰려드는 인구증가 문제에 직면해 1984년 캐나다 토론토에서는 건강도시 운동Healthy Cities Movement이 시작되었다. 세계보건기구는 이 국제적 운동을 통해 책임자들에게 도시와 관련된 건강의식을 불어넣고 도시 발전에서 건강을 핵심 목표로 삼게 하고자 했다. 2년 뒤 세계보건기구는 리스본에서 첫 건강도시회의를 개최함으로써 유럽 건강도시 프로젝트European Healthy Cities Project를 창설했다. 2003년까지 이미 유럽 29개국 1,300여 개 도시가 이 운동에 동참하고 있었다. 어느덧 건강도시 네트워크는 세계보건기구가 활동하는 전 세계 모든 지역으로 확산되었다.

그렇다면, '건강도시'란 과연 어떤 것일까? 세계보건기구는 이를 다음과 같이 정의한다.

> 건강도시란, 물리적 · 사회적 환경을 지속적으로 개선하고 지역주민들이 모든 생활분야 및 최대 잠재력을 계발함에 있어 상호 협력할 수 있도록 지역 자원을 확보하는 도시를 가리킨다.[32]

말하자면 좋은 보건환경과 높은 삶의 질, 충분한 위생 · 보건 시설을 확보하며 주민들에게 필수적인 보건 서비스를 지원하는 도시가 건강도시다. 지금껏 이 책에서 서술한 모든 것을 고려하면, 이는 무척이나 까다로운 조건이다. 그래서 이 운동이 비판을 받는 일도 많다. 행동방향을 제시하는 것이 아니라 이론만 늘어놓는다는 비난의 목소리가 특히 높다.[33]

그러나 지금껏 건강도시를 만드는 데 적절한 수단 및 개발계획을 수립하는 데 성공한 기관이나 관청은 없다고 봐도 무방하다. 도시가 워낙 복잡한 구조를 지닌 까닭에 주먹구구식 원칙이 통하지 않는 것이다. 가령 서구에서는 대기의 질을 개선하고자 할 때 도로교통 및 대중교통 연결망에까지 손을 대게 되며, 이는 다시금 도로 및 철도 연결망 계획정책에도 영향을 미친다. 대중교통 요금은 물론 대중교통에 대한 정부 지원정책에까지 변화가 생길 수 있다. 이쯤이면 한 분야에서 어떤 변화를 이끌어내는 데 얼마나 많은 정치적 · 행정적

세계보건기구(WHO)가 제시한 건강도시의 조건

- 물리적인 환경이 깨끗하고 안정된 도시(주거의 질 포함)
- 현재 안정적이며 장기적으로 지속가능한 생태계를 보존하는 도시
- 상호협력이 잘 이루어지며, 비착취적인 지역사회
- 생활, 건강 및 안녕에 영향을 미치는 결정에 대한 시민 참여와 통제 기능이 높은 도시
- 모든 시민의 기본 욕구(음식, 물, 주거, 소득, 안전, 직장)가 충족되는 도시
- 광범위하고 다양한 만남, 상호교류, 커뮤니케이션의 기회와 함께 폭넓은 경험과 자원 이용이 가능한 도시
- 다양하고 활기에 넘치며 혁신적인 도시 경제
- 역사 · 문화 · 생물학적 유산, 타 집단 및 개인들과의 연속성이 장려되는 사회
- 이상의 특성들을 충족하며 이를 강화시키는 도시
- 모든 시민이 이용 가능한 최적 수준의 적절한 공중보건 및 치료 서비스
- 지역 주민의 건강 수준이 높은 도시(높은 건강 수준과 낮은 이환율)

*세계보건기구의 건강도시 프로젝트 참고

이해가 고려되는지 쉽게 짐작할 수 있을 것이다. 자동차 운전자나 자전거 이용자, 대중교통 이용자, 각종 경제협회 등 다양한 이익집단의 영향력도 이에 가세한다. 집단의 종류를 나열하자면 끝이 없다. 관련된 이익집단의 수가 많을수록 원래의 구상안, 즉 대기의 질 개선이라는 변화의 핵심 사안을 모두에게 이해시키기도 어려워진다.

통계 문제도 대두된다. 오늘날 전 세계 다양한 메트로폴리스와 관련된 수치는 무궁무진하게 많다. 그러나 이것만 가지고 실제 건강의 질을 유추해 내기란 불가능하다.[34] 그 원인은 거대 도시의 다층성에서 찾을 수 있는데, 인도의 메가시티인 뭄바이가 좋은 사례다. 특정

한 요소만 놓고 상파울루, 이스탄불, 뉴욕, 런던, 멕시코시티, 베를린 등의 서구 도시와 비교하면 뭄바이는 그야말로 모범 도시처럼 보인다. 예상 밖으로 뭄바이의 이산화탄소 배출량과 에너지 소비량, 식수 사용량은 최저치를 자랑한다. 쓰레기 배출량과 개인 소유 자동차의 수도 마찬가지다. 보행자 수와 자전거 이용률은 최고 수준이며 대중교통 요금도 가장 저렴하다.

그러나 이는 동전의 한 면에 불과하다. 그 이면을 보면 전혀 다른 그림이 나온다. 뭄바이는 세계에서 인구밀도가 가장 높은 도시 중 하나로, 가장 밀집된 지역에는 제곱킬로미터당 인구수가 12만 명이 넘는다. 인구증가율도 어마어마하게 높아서 시간당 증가 인구가 무려 49명에 이른다. 뭄바이는 지역 내 총생산이 최저 수준인 가장 빈곤한 메가시티 중 하나다. 인구의 절반이 고작 도시면적의 8퍼센트를 차지하는 빈민가에 거주하며, 이들 중 대부분은 화장실이 없어 생리현상을 길거리에서 해결한다. 여성과 남성이 시간대별로 번갈아가며 이를 해결하는 구역도 많다. 주간에는 남성들이, 야간에는 여성들이 볼일을 보는 식이다. 2000년대 초부터는 빈민가 주민들을 위해 화장실을 설치하려는 시 행정부와 비정부기구의 노력이 이어지고 있다. 2025년까지 최소한 인구 50명당 화장실 1개를 마련하는 것이 이들의 목표다.

도시 건강 연구는 이처럼 매우 복잡한 주제라서 어떤 결론을 도출하거나 구체적인 조처를 취하기가 매우 어렵다. 그러면 우리는 무엇을 해야 하는가? 기존의 연구 및 정치적 실행의 미흡함에 대응해

2012년 전 세계 학자들의 단체가 결성되었다. 의학전문지 《랜싯 The Lancet》과 런던의 유니버시티 칼리지가 손잡고 주창한 모임이었다. 학자들은 더 많은 체계적 연구를 통해 어떤 조치가 도시 건강 개선에 효과적이며 어떤 것이 그렇지 못한지 규명할 것을 촉구했다. 그러면 복잡한 도시환경에 적응하는 데 어떤 수단이 적합한지 더 신속하게 파악할 수 있다는 것이다.[35]

이 단체가 추구하는 핵심 사안은 도시계획가와 공공보건학자들이 각자의 지식을 공유함으로써 상호 학습 효과를 내는 것이었다. 더불어 도시 내 건강 위험요인 및 공급구조 분포의 불균형을 바로잡고자 했다. 도시민 개개인의 건강 위험도가 높은가 낮은가는 교육수준, 주변 환경의 위생상태, 개개인의 경제적 조건 등 특정한 요소들에 의해 결정된다. 이를 '사회적 건강 결정요인 Social Determinants of Health'이라고 부르기도 한다. 이런 요소들은 건강 위험요인 및 그와 관련된 기대수명에 특히 커다란 영향을 미친다. 덧붙이자면 도시에서는 이런 요소가 특히 불균등하게 분포되어 있다.

런던에서 시행된 한 연구는 이러한 불균등 분포가 의미하는 바를 명확하게 보여준다. 여기서 연구가들은 런던의 지하철 노선별 평균 기대수명을 계산했는데, 지역에 따라 어마어마한 차이를 보였다. 예를 들면, 도시를 동서로 가로지르는 센트럴 라인 Central Line 에서는 옥스퍼드 서커스 역과 상대적으로 빈곤한 런던 동부 지역에 위치한 홀본 역의 기대수명이 무려 19년이나 차이가 났다. 옥스퍼드 서커스 역 근처에 사는 주민들의 평균수명은 96세인 데 반해 홀본 역의 경우는 79세였다. 심지어 두 지점 사이의 정거장 수는 불과 1개로, 서로 멀리 떨어진 지역도 아니었다.[36] 런던 북서부에서 남동부로 이어진 주빌리 라인 Jubilee Line 의 카나리 워프 역과 노스 그리니치 역(두 역은 서로 이웃해 있으며 지하철로 2분이면 도착하는 거리다)의 기대수명 차이도 10년이었다.

도시에는 더 많은 녹지가 필요하다

가로수와 녹지, 시립공원 등이 신체적 건강상태에 미치는 영향에 관해서도 많은 연구가 이루어졌다. 도시에 조성된 식물은 대기의 질을 개선하고 한여름의 낮 기온을 낮추며 달구어진 공기를 밤새 식히는 데 도움이 된다. 시민들이 쉽게 접근할 수 있는 도심의 녹지는 주민들의 심리상태에도 유익하다.[37] 일부러 자동차를 타고 근교의 거창한 휴양지를 찾을 필요도 없이 작은 규모의 녹지공간만으로 꽤 좋은 효과를 볼 수 있다. 이른바 '포켓파크 Pocket Parks '라고 불리는 소공원은 주택의 틈새공간이나 주차장, 역의 승강장, 버려진 빈터 등 도시의 어디에든 조성할 수 있다. 누구나 드나들 수 있는 이 포켓파크는 비좁은 공간에 정원처럼 조성하면 그만이기 때문에 복잡한 계획 없이 아무 때나 만들 수 있으며 영구적으로 보존할 필요도 없다. 이는 지극히 효율적인 방식으로 도시민들의 주거환경을 개선할 수 있는 작은 휴식처다.[38]

도시에 더 많은 녹지를 조성하는 것이 가치 있는 일임은 두말할 필요도 없다. 바르셀로나의 초등학생 2,500명을 대상으로 진행한 스페인의 대규모 연구 프로젝트도 이를 잘 보여준다. 이 연구에서 학자들은 거주지 및 학교 주변 환경, 그리고 등하굣길에 녹지가 많을수록 아동의 기억력과 집중력이 높음을 증명했다. 연구를 위해 각각의 아동이 일상에서 접하는 녹지의 정확한 '양'을 초고해상도 위성사진을 통해 분석했다.

그러나 이런 결과를 해석한다는 것이 항상 쉽지만은 않다. 시민의 안녕과 건강에 영향을 미치는 요소는 (녹지 외에도) 수없이 많기 때문이다. 녹지 근처에 거주하기 위해 충족되어야 할 요건들도 마찬가지다.[39] 근처에 공원이 있는 주거지역에는 대개 상대적으로 부유한 주민들이 산다. 이런 곳에 사는 사람들은 좀 더 좋은 사회적 조건에서 성장했을 가능성이 높으며, 대체로 사회적 조건이 좋지 않고 나무 한 그루 보기 힘든 구역에 사는 사람에 비해 학력수준도 높을 것이다. 거주지 근처에 공원이나 녹지가 조성되면 불리한 사회적 조건이 건강과 기대수명에 미치는 부정적인 효과를 어느 정도 상쇄할 수 있다.[40] 집 밖으로 나가 신체 활동을 하도록 유도하기 때문에 정신건강에도 도움이 된다. 결론적으로 상황을 개선하는 것이 공원의 존재인지, 더 많은 활동이나 돈, 높은 교육수준, 혹은 이 모든 것의 혼합물인지를 한마디로 단언하기는 어렵다.

시애틀에 있는 워싱턴 대학교의 학자들은 이와 관련해 정확한 답을 얻기 위해 참신한 연구를 고안해냈다. 근처에 공원이 있는 지역과 그렇지 않은 지역에 거주한 일란성 쌍둥이들을 비교한 것이다.[41] 쌍둥이 연구는 유전자와 환경의 영향을 구별하는 데 이상적인 방법이다. 일란성 쌍둥이는 동일한 유전자를 가졌으며 일반적으로 똑같은 조건에서 성장하기 때문에 학자들은 이를 이용해 유전적 요인과 다양한 사회화의 영향요소를 광범위하게 구별해낼 수 있었다. 총 4,300명의 참가자들을 연구한 끝에 이들은 거주지 주변에 녹지가 있을 경우 우울증 발병률이 낮아진다는 결론을 내렸다. 흥미롭게도 참가자들이 주관적으로 얼마나 큰 스트레스를 느끼는가와 관련된 항목에서는 차이가 나타나지 않았다. 양쪽 집단 모두 주관적으로 느끼는 스트레스는 매우 비슷했다. 이 결과를 정리하면, (주로 질병에서 비롯된) 스트레스가 우울증으로 발전하는가 여부는 적어도 부분적으로는 주변에 녹지가 충분한가에 따라 달라진다.

영국의 한 연구에서도 비슷한 결과가 나왔다. 여기에서 학자들은 유럽 34개국 4만 4,000명을 대상으로 한 설문조사에서 얻은 자료를 정확히 이 문제에 초점을 맞추어 분석했다.[42] 불리한 사회적 조건이 정신건강에 미치는 영향을 줄이려면 주변 환경이 어떠해야 하는지 파악하는 것이 연구의 목적이었다. 참고로 이는 도시계획가들이 핵심적으로 다루는 문제이기도 하다. 학자들은 근처에 영화관이나 극장, 우체국 지점이 있는가, 가장 가까운 전철역이나 버스정류장까지의 거리가 얼마나 되는가를 비롯해 다양한 요소들을 살펴보았으며, 그 결과 공원과의 거리가 건강에 결정적인 영향을 미친다는 사실을 밝혀냈다. 다른 모든 요소는 개개인의 삶의 질을 향상시키는 데 일정한 역할을 할 수는 있으나 정신건강에 근본적인 영향을 미치지는 않았다.

그렇다면 근처에 녹지가 있는 것이 어떻게 건강에 기여하는가? 맑은 공기, 야외에서 활동하기에 보다 유리한 조건, 혹은 보편적인 심리적 효과가 그것인가? 물론 환경이 인간의 사회적 행동방식에 영향을 미친다는 점은 수많은 사례를 통해 증명된 바 있다. 도보로 다양한 장소에 갈 수 있는 거주구역, 도로의 폭이 충분히 넓고 상점들로 인해 생기 넘치는 보행자 거리가 있는 구역, 나무들이 그늘을 드리우고 있는 구역에서는 주민들 간의 사회적 교류가 촉진된다. 자동차를 주요 이동수단으로 삼게 되는 구역에서 사람들 간의 만남이 적은 것은 당연하다.

미국의 또 다른 독특한 연구에서는 도시녹지의 실제 영향요인이 무엇인가라는 주제를 다루었다. 이 연구의 주제는 공원이 아니라 나무였다. 학자들은 볼티모어의 도심 위로 솟아 있는 수목의 밀집도를 파악한 뒤, 이것과 주민들 간의 사회적 교류 사이에 어떤 상호관계가 있는지 알아보았다. 이를 위해 이른바 '라이더 Lider 기술'이 활용되었다. 이는 레이저를 이용해 항공사진을 찍은 뒤 흡수 · 반사 원리를 이용해 지상에서 촬영된 대상의 특성을 파악하는 기술이다. 사회적 교류의 정도는 주민들 간의 사회적 결속력을 묻는 문제를 통해 파악되었다. 결과는 무척이나 흥미로웠다. 수목이 비교적 밀집되어 있는 지역에서는 주민들 간의 사회적 삶이 좀 더 집중적으로 이루어지고 상호 협력도 증대되었다.[43]

이런 연관성은 쉽게 설명된다. 풍부한 수목은 도로와 보행로를 편안하고 친근한 장소로 만든다. 그러면 보행자들과 이웃들은 자연히 바깥에서 사람들 틈에 섞여 더 많은 시간을 보내게 되며, 서로 만나는 횟수도 늘어나고 서로 대화의 물꼬를 트기도 한결 쉬워진다. 아이들은 실내보다 나무가 있는 거리에서 뛰어노는 것을 좋아한다. 여름이면 우거진 수목이 그늘을 드리워 사람들은 뜨거운 햇볕을 피할 수 있다. 대다수 사람들은 건물의 외벽만 줄지어 있는 거리보다 수목이 있는 거리가 아름답다고 생각한다.

나는 책상 앞에 앉아 스리랑카의 열대우림을 바라보며 이런 연구 결과에 안도하고 있었다. 우리가 편안함을 느끼고 건강함을 유지하는 데는 밀림까지도 필요치 않은 것이다. 작은 도심녹지 한 조각으로 인해 집 밖에서 조금 더 긴 시간을 보낼 수만 있다면 그걸로 충분하다. 이로써 우리는 타인과 교류하고 새로운 사람을 사귀며, 현재 자신이 거주하는 지역에 대해 일종의 (애향심의 자매라고도 할 수 있는) 결속감을 느끼게 된다. 두 가지 모두는 우리를 사회적 스트레스로부터 보호해준다.

· INTERVIEW ·

“스트레스는 어디에 사는가보다 그 공간에 적응하지 못했을 때 발생합니다.”

호안 클로스 Joan Clos

의학자인 호안 클로스는 1997~2006년 동안 바르셀로나 시장 직을 역임했다. 이후 2년간 스페인 산업·관광업·상업부 장관으로 일했다. 2010년부터는 사회적이고 지속가능한 도시건축 개발을 주요 과제로 삼는 유엔인간거주정착센터 United Nations Human Settlements Programme; UN-HABITAT의 사무총장을 맡고 있다.

사무총장님, 도시계획이 의학과 보건학에서 배울 점이 있다고 보십니까?

:

예, 제 생각에는 그렇습니다. 19세기 후반 도시계획의 성공은 공공보건제도의 개선과 밀접한 관련이 있습니다. 의학자들이 오수 처리 방식과 콜레라 간의 상관관계를 알아낸 것은 도시계획의 발전에 결정적인 한 걸음이 되었습니다. 오늘날 제가 도시 문제에 심취하는 이유도 예전에 공공 보건 분야에서 일했기 때문입니다. 제게는 건강 문제와 관련된 직종에서 현대 도시의 문제점을 다루는 직종으로의 전환이 지극히 자연스러운 것이었습니다.

의사로서의 경험이 바르셀로나 시장으로 일하는 데 영향을 미쳤는지요?
:

간접적으로 영향이 있었습니다. 독일의 유명한 의학자 루돌프 피르호는 "정치란 대규모의 의학 이상 그 무엇도 아니다"라고 했는데, 그 말에 저도 전적으로 동감합니다. 지역 정치가 바로 그것이라 볼 수 있지요.

도시민들이 시골 사람들에 비해 큰 스트레스를 받고 있다고 생각하십니까?
:

경우에 따라 다릅니다. 어떤 한 사람의 정신건강 상태가 어떤가는 사회경제적 조건에도 크게 좌우됩니다. 똑같이 빈곤한 생활을 하더라도 도시보다 시골에서 빈곤으로 인한 부담이 훨씬 클 수 있습니다. 인간의 문명은 이미 도시화에 맞추어져 있습니다. 점점 더 많은 사람들이 도시에 거주한다는 사실이 바로 문화적 진화의 징후입니다. 그래서 저는 도시 생활과 스트레스 사이에 특별한 관련성이 있다고 보지 않습니다.

스트레스는 특정한 장소이기 때문에 더 많이 생기는 게 아니라 살고 있는 그 장소에 제대로 적응하지 못할 때 발생합니다. 그곳에서 양질의 삶을 누릴 만한 경제적 수단을 갖추고 있지 못할 때도 마찬가지고요. 이는 도시에서든 시골에서든 마찬가지입니다.

오늘날에는 조현병이나 우울증 같은 특정 정신질환이 시골보다 도시에서 더 자

주 발생하는 것으로 알려져 있습니다. 신경학자들은 이것이 사회적 스트레스와 관련 있다고 보고 있는데요.

:

저는 그것에 대해서는 아직 확신이 서지 않습니다. 기대수명 같은 건강의 척도를 살펴보면 도시화가 보편적으로 건강 증진에 기여한다는 사실을 알 수 있습니다. 물론 도시에도 당뇨병이나 특정한 정신질환 등의 문제는 있습니다만, 도시화가 원인이라고 단정 짓기는 아직 이릅니다. 어떤 인과관계를 규명할 때는 매우 신중할 필요가 있습니다. 실제로도 도시화는 여러 가지 유익한 작용을 하거든요.

네, 저도 말씀에 동의합니다. 그렇더라도 도시에서 일어나는 특정한 상황에 대해 어렵게 느낀 적은 있지요? 도시의 어떤 면에 스트레스를 받습니까?

:

네, 저도 물론 스트레스를 받습니다. 하지만 도시가 유발하는 스트레스에 대처하기는 쉽다고 생각합니다. 사람을 병들게 하는 스트레스는 대개 직업, 가족, 삶의 근본적인 요소들로부터 비롯되는 경우가 많습니다. 도시에서 느끼는 스트레스가 버스를 놓치면 안 된다는 압박감 정도라면 이는 그리 심각한 스트레스 축에 끼지 않습니다.

도시에서 특별히 편안하게 느끼는 장소가 있나요?

:

특별히 좋아하는 장소는 없습니다. 장소를 옮기기 쉽다는 점이 도시의 매력이기도 하니까요. 매번 새로운 것을 발견하게 된다는 점도 마찬가지고요. 제게 도시는 낭만의 대상이 아니라 변화무쌍함과 가형성, 다양성을 지닌 하나의 시나리오입니다. 이러한 다양성을 만들어내는 것은 바로 인간이지요. 저는 도시의 특정한 지점이나 건물에 열광하지 않습니다. 그저 도시가 지닌 무한한 다양성을 즐기려 노력할 뿐입니다.

: Chapter 8 :

도시의 고독

군중에 둘러싸여 있어도 외로운 사람들

홍콩은 발 디딜 틈 없이 꽉 찬 도시다. 인구 700만의 이 도시에 발을 들이는 순간 누구나 이를 실감하게 된다. 나는 몇 년 전 사회정치적 · 건축학적 아이디어에서 기획된 어느 답사에 초청받은 적이 있는데, 당시에 이것을 온몸으로 느낄 수 있었다. 답사를 기획한 이들은 홍콩 대학교의 도시계획 학자들이었다.

우리는 대체로 부유한 주택가의 한가운데 위치한 공장 건물로 들어가 먼지 쌓인 계단 쪽으로 이어진 좁은 복도에 당도했다. 이어 세 층을 올라간 뒤 우윳빛 유리문 안으로 들어서자 주거용 아파트 입구의 복도가 나왔다. 왼쪽에 있는 방으로 들어간 나는 눈앞에 나타난 광경을 보고 경악을 금치 못했다. 수많은 철창이 많게는 세 층까지 쌓여 있었고, 철창마다 사람이 한 명씩 살고 있었던 것이다.

거주자들은 대부분 집에 있었다. 코를 찌르던 그곳의 악취를 나는 결코 잊지 못할 것이다. 우리에게 신경을 쓰는 사람은 거의 없었다. 청소도구를 보관하는 창고만 한 방도 몇 개 있었는데, 이는 그나마 나은 모양이었다. 부부 전용으로 보였고 문도 닫을 수 있었다. 아파트 내부는 온통 견디기 어려운 열기로 가득했다. 대략 20~30명 남짓의 거주자들이 주방은 물론이고 하나밖에 없는 화장실도 함께 쓰고 있었다. 화장실 안으로 들어서는 순간 바깥의 열기 따위는 무색하게 느껴졌다.

어마어마한 집세를 감당하지 못해 이런 케이지 홈Cage Homes에 사는 홍콩 시민의 수는 5만 명이 넘는다고 한다. 케이지 홈이란 아파트 혹은 기타 주거지 내부에 철창으로 공간을 나누어 놓은 곳을 말한다. 한 공간의 면적은 1.5제곱미터를 넘지 않는 경우가 대부분이다. 바닥에 깔린 조그마한 매트리스 주변에는 작은 텔레비전, 전기 주전자, 선풍기, 가족사진 따위의 개인 물품들이 널려 있다. 앉을 때도 양반다리 자세를 하고 머리를 잔뜩 웅크려야 하는 경우가 대부분이며, 일어서는 것은 아예 불가능하다. 이곳의 거주자들 대부분은 빈곤한 이민자들로, 법 규정에 따라 거주 · 노동 허가를 받기까지 7년을 기다려야 한다. 그 시간 동안 이들에게 주어지는 것이라고는 이런 철창 숙소뿐이다.

홍콩 시민들에게 주어진 주거면적은 한 명당 평균 13제곱미터다. 게다가 이 좁은 면적마저 나란히 위치한 것이 아니라 층층이 쌓여 있기 때문에 고층건물이 숲을 이루어 홍콩의 인구밀도는 어마어마하게 높다. 2009년에는 제곱킬로미터당 평균인구가 2만 2,193명이었다. 홍콩 시민의 거의 절반이 거주하는 중심가에는 1제곱킬로미터 안에 5만 명이 넘는 인구가 밀집되어 있다. 일부 지역에서는 1제곱킬로미터당 인구가 무려 40만 명에 이른다.[1] 홍콩의 총 면적은 1,067제곱킬로미터, 인구 수는 약 700만 명이다. 게다가 물과 산이 차지하는 비율이 높기 때문에 총면적 중 건축 면적은 25퍼센트에 지나지 않는다. 그중에서도 주거지의 면적은 겨우 7퍼센트이고 나머지 93퍼센트는 상점과 사무실, 공공기관 등이 차지하고 있다.

다른 도시와 비교하자면, 런던의 제곱킬로미터당 인구는 1만 2,880명, 뉴욕은 1만 5,353명이다. 홍콩의 인구는 시간당 7명씩 늘고 있다. 그럼에도 건강 관련 수치가 매우 높게 나온다는 사실은 앞서 이미 언급했다. 신생아 사망률은 1,000명당 3명에 불과하다. 베를린에서 생애 첫 1년 사이에 사망하는 신생아의 수도 1,000명당 3명, 파리는 4명, 뉴욕시는 6.2명이다. 홍콩은 평균 기대수명도 78세로 매우 높은 편이다. 뉴욕시의 평균 기대수명은 74.5세, 런던은 76세, 베를린은 80세다.

홍콩의 스카이라인을 보면 특별한 지리적 위치와 사회적 밀집도 간의 연관점이 분명하게 드러난다. 항구와 울창한 산 사이의 비좁은 틈새에 빽빽이 들어찬 마천루는 밤마다 수면 위로 화려한 불빛을 드리운다. 엄청난 밀도에도 불구하고 이 도시는 많은 시민들에게 일련의 편리함을 제공한다. 모든 지점 간의 거리가 매우 가깝고, 고도의 효율성을 자랑하는 지하철 체계가 구축되어 있으며, 쇼핑몰과 레스토랑, 체육시설, 병원이 넘쳐난다. 홍콩에서는 높은 삶의 질을 누릴 수 있다. 2016년도에 발표된 세계 행복지수 순위에서는 중간 정도의 순위에 머물렀지만,[2] 이는 무엇보다도 비교 대상이 일반적인 국가들이었던 데 있다. 홍콩 같은 도시국가가 이런 사회통계수치에서 영토국가에 뒤처진다는 것은 이미 알려져 있는 사실이다.

홍콩 인구의 대부분은 높은 인구밀도를 사회적 협소함으로 여기지 않기 때문에 그와 맞물린 스트레스도 의식하지 못한다. 땅이 워낙 좁고 비싸므로 이것을 당연한 일로 대다수 주민들은 받아들인다. 먼 변두리 지역에서 시내까지 들어오는 것보다는 주거비용이 싸고 출퇴근길도 짧은 게 낫다는 것이다. 홍콩 주민들이 협소한 도시 공간을 이런 관점에서 바라보는 한 주관적으로 느끼는 스트레스도 감소할 수밖에 없다. 그 밖에 중국인들은(이는 아시아의 다른 모든 국민들에게도 해당되는 사항이다) 보편적으로 사회적 밀도에 관대하고 적응력도 높다. 그러나 높은 삶의 질과 양호한 건강상태에 비해 그다지 좋지는 못한 홍콩 사람들의 심리상태가 도시의 높은 인구밀도와 전혀 관련이 없다고 단정하기는 어렵다.

도시에서 사람들은 인간성을 상실하는가?

대다수 사람들은 홍콩의 케이지 홈 같은 주거환경을 떠올리는 것만으로도 스트레스를 받는다. 특히 서구인들은 아시아인들과는 달리 도심의 인구밀도에 쉽게 부담을 느끼기 때문에 이들에게는 홍콩이 극도로 좁게만 느껴진다. 이런 인식은 새로운 현상이 아니다. 앞서도 언급했듯이 사회학자 게오르크 짐멜은 20세기 초에 이미 사람들이 대도시의 군중에 노출되었을 때 느끼는 어마어마하게 높은 사회적 자극에 관해 서술한 바 있다. 1903년에 발행된 「대도시와 정신적 삶Die Großstädte und das Geistesleben」이라는 논문에서 그는 지속적인 자극으로 인해 사람들은 어마어마한 에너지와 정신적 자원을 소모하며, 그로써 불가피하게 가장 필수적인 일에만 집중하게 된다고 이야기한다.[3] 쉽게 말해 대도시에서의 삶에서 경험하는 밀도를 비인간화의 주요 원인으로 본 것이다.

1960~1970년대에 인간의 정신적 약점과 강점에 관한 실험으로 명성을 얻은 미국의 심리학자 스탠리 밀그램Stanley Milgram(밀그램 실험은 인간이 언제든 잔악무도한 방식으로 타인에게 고통을 가할 준비가 되어 있음을 증명했다)은 도시 생활을 영구적인 스트레스 상태 및 도시민 '비인간화'의 주원인으로 지목했다.[4] 도시에서의 삶은 자기보호 때문에라도 주위 사람들을 돌아보지 못하게 만드는 지속적인 사회적 스트레스라는 것이다. 이는 행동에 변화를 가져온다. 타인을 돕고 협력하고자 하는 마음가짐은 줄어들며, 사회적 규범과 유익한 관습은 상실된다. 도시인들은 도움이 필요한 이에게 관심을 덜 보이며, 사회적 교류는 줄고, 중요한 것을 볼 줄 아는 시야도 좁아진다. 밀그램에 따르면, 대도시 주민들은 부상을 입고 도움을 청하는 사람을 보더라도 자기 일이 아니라고 여기기 때문에 시골 주민들에 비해 그를 외

면하고 지나쳐버리는 성향이 강하다.

밀그램은 인간은 수많은 타인들에게 둘러싸여 있을 때 사회적 자극으로부터 스스로를 보호하기 위해 일종의 방어태세를 갖춘다고 이야기한다. 또한 사람들이 더 이상 도시의 사회적 조직과 상호작용하기를 원하지 않으며, 주민들과 국가 사이에는 보통 태만하기 짝이 없는 행정기관이 작동되고 있기 때문에 삶은 전체적으로 몰개인화되고 있다고도 말한다. 그에 따르면, 도시인들이 짊어진 부담은 외국인을 향한 불신과 적대감의 원인이기도 하다.

오늘날 짐멜과 밀그램의 진단이 더 이상 기정사실화될 수 없다는 사실은 앞에서 이미 설명했다. 오늘날의 관점에서 볼 때 도시 생활에 대한 이들의 평가는 지나친 일반화로 간주된다. 인구밀도가 얼마나 높든 간에 대도시는 단순한 스트레스원이나 비인간성이 지배하는 장소를 훨씬 넘어선 의미를 갖는다.

다만 밀그램과 짐멜이 지적하는 도시의 문제점은 그들이 살았던 50년 또는 100년 전의 사람들보다 현대인이 더욱 많이 겪는 문제라는 점은 주목할 필요가 있다. 대중교통을 이용할 때 다른 승객이 미처 내리기도 전에 밀고 들어가는 행동이 그중 하나다. 지난 10~20년 사이에 악화된 이 현상은 많은 사람들을 짜증스럽게 만든다. 사회적 밀도와 협소함, 지속적인 자극, 고독은 도시 스트레스를 유발한다. 대도시에서의 삶에 능숙하게 대처하기 위한 기본능력(12장 참고)을 갖추지 못한 사람들에게 이는 문제가 될 수 있다.

편안함을 느끼는 사회적 거리

혼잡함과 공간 부족은 인간을 괴롭게 만든다. 날 때부터 우리는 이런 요소에 민감하다. 동물도 마찬가지여서, 이들을 좁은 공간에 몰아넣으면 고통에 시달리다가 온갖 질병을 앓게 되고 행동장애를 보이며 사망률도 높아진다. 농업 및 축산업 분야에서 이런 일이 흔히 목격된다. 예컨대 비인도적인 방식으로 사육되는 난용종 암탉은 다른 닭의 깃털을 쪼기도 한다. 지나치게 비좁은 우리에 갇혀 부리를 충분히 사용하지 못하는 탓에 다른 닭들에게 주의를 돌리며 서로 깃털을 쪼거나 뽑아버리는 것이다.[5]

자연적인 환경에서 사육되더라도 무리 내의 밀도가 높을 경우 중대한 부작용이 발생할 수 있다. 토끼, 쥐, 나그네쥐, 사슴 등을 연구한 결과, 무리 내의 개체 수가 증가할 경우 천적이나 질병에 의한 위협 없이도 갑작스럽게 사망률이 치솟을 수 있음이 밝혀졌다. 생물학에서는 이를 가리켜 '혼잡성 스트레스 증후군 Crowding Stress Syndrome' 이라는 표현을 쓰기도 한다. 이는 동물들을 움츠러들게 만들고 짝짓기 본능이나 번식력은 물론 면역력까지 약화시킨다.

사회적 밀도에 관한 각종 연구는 개개인이 상황에 대한 통제력 상실을 두려워할 때 특히 밀도의 증가를 거북하게 느낀다는 사실을 보여준다. 이때는 측정 가능한 스트레스와 더불어 두려움이나 과민함 등의 감정이 유발되며 불안하고 공격적인 행동거지도 나타난다. 이때 과밀함이 개인에게 위협적으로 느껴지는가를 좌우하는 것은 그가 당면한 상황 및 같은 공간에 있는 사람들의 친숙함 여부다. 혼잡한 상황이 승강기를 탈 때처럼 일시적인가, 아니면 비좁아진 주변 환경이 영구적으로 유지될 것인가도 중요하게 작용한다.

너무 좁지 않은 환경을 좋아하는 것은 인간의 기본 특성이다. 타인을 만날 때도 그때그때 다르게 거리를 두는 편을 선호한다. 거리의 정도는 상대방이 우리에게 얼마나 친숙한가, 만남이 이루어지는 상황이 얼마나 형식적인가에 따라 달라진다. 문화적 배경도 한 역할을 한다. 대화를 나눌 때는 보통 상대방과의 사이에 평균적인 팔 길이(약 1.2미터) 정도의 공간이 있을 때 편안함을 느낀다. 보이지 않는 기포가 우리를 감싼 채 사적인 공간을 보호하고 있다고 생각하면 된다. 다른 생물체에게서는 이와 비슷한 현상을 찾아볼 수 없기 때문에 이 사적인 공간은 매우 전형적인 인간의 특성이라 할 수 있다. 그밖에도 초소형 기포가 존재하는데, 이 영역 안으로 들어오도록 허락되는 상대는 배우자와 어린아이들, 반려동물 정도다.

그러나 도시에서는 타인들과 훨씬 가까이 접촉할 수밖에 없는 상황이 잦다. 승강기에서 타인들과 어깨를 맞대고 있어야 할 때는 승강기 계기판이나 승강기 문, 스마트폰, 혹은 바닥에 애써 시선을 고정시킴으로써 그런대로 거북함을 견딜 수 있다. 이런 상황에서 누군가 말을 걸어오는 것을 달가워할 사람은 없을 것이다. 뇌에서는 편도체가 사적인 공간의 보존을 담당하며, 이 영역이 침범당할 때면 경고신호를 보낸다.[6] 이는 부상으로 편도체의 기능이 제거된 사람이 사적인 공간에 대한 민감성을 상실하는 현상을 통해 밝혀졌다.

적정선은 지켜져야 한다. 그 선이 어디까지인가는 집 안, 일터, 거리, 콘서트장 등 그때그때 우리가 머무는 장소와 상황에 따라 천차만별이다. 적당히 북적이는 거리와 한적한 거리 중 한 곳을 선택하라고 하면 사람들은 보통 북적이는 거리를 택한다. 기본적으로는 생기 넘치는 생활환경이 우리에게 유익하기 때문이다. 우리는 타인들이 활발히 움직이는 모습을 잘 볼 수 있는 장소를 찾는다. 주변인들을 관찰하는 것을 무척 좋아하는 사람도 많다. 지나치게 한산한 음식점은 거북함을 유발하며 방문객이 별로 없는 극장이나 강당도 인기가 없다. 클럽 역시 어느 정도 북적여야 편안함을 느낀다. 강연을 기획하는 사람은 흔히 예상 관객 수를 고려해 너무 넓은 강당보다는 다소 작은 강당을 물색한다. 빈틈없이 들어찬 강당은 (비록 기획자가

사람이 편안함을 느끼는 적정 거리

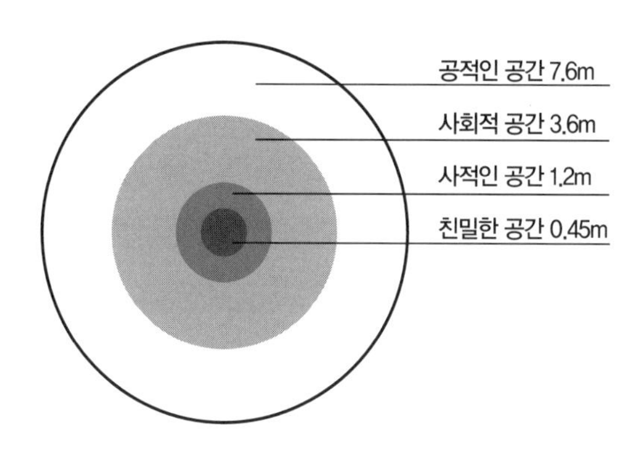

상대방과의 친밀도, 머무는 장소의 상황과 분위기, 문화적 배경 등 다양한 조건에 따라 사람들이 편안함을 느끼는 거리는 달라진다.

의도적으로 작은 강당을 고른 것이라 해도) 참석자들에게 자신이 적절한 장소에 와 있다는 안도감과 확신을 심어준다.

말하자면 우리는 일상적인 상황, 분위기, 두려움, 시간대, 주위 사람들의 친밀도에 따라 다른 정도의 거리를 필요로 한다. 사회학 연구에서는 접촉 문화와 거리두기 문화를 구별한다. 일상에서 신체적 거리를 얼마나 두어야 하는가는 문화별로 다르다.

1966년에 나온 어느 연구에서는 다양한 문화권의 사람들이 한 시간 동안 누군가와 카페에 함께 앉아 있을 때 상대방과 얼마나 자주 신체 접촉을 하는지 조사했다. 푸에르토리코의 수도 산후안에서는 180회, 파리에서는 그나마 110회, 플로리다의 게인스빌에서는 고작 2회의 신체 접촉이 관찰되었고, 런던에서는 신체 접촉이 전혀 이루어지지 않았다.[7] 참고로 사람 사이의 공간적 거리를 연구하는 이 분야를 '프로세믹스Proxemics'라 부른다. 이런 연구 결과를 통해 전 세계 곳곳에서 사람들 간의 친밀도가 어떻게 인지되는지에 그토록 큰 차이가 나는 이유를 이해할 수 있다.

도시의 사회적 고독과 우울

사회적 고독과 배척의 경험은 도시에서 사회적 스트레스를 유발하는 데 특별한 역할을 한다. 개개인에게 의지가 되어주는 타인과의 접촉이 결핍되고 삶에서 오롯이 혼자라 느낄 때 사회적 고독은 촉발된다. 이것이 심리적 부담으로 작용한다는 사실은 누구나 이해할 것이다. 그럼에도 지금껏 이에 관해 이루어진 연구는 거의 없다. 정신의학자와 심리치료사들이 진료 업무에서 매우 자주 직면하는 스트레스와 고통의 원인이 이것임에도 그렇다. 고독이 중증 우울증의 주요 원인인 경우도 종종 있다.

그러나 고독감은 지극히 주관적인 감정이기 때문에 제대로 파악하기가 무척 어렵다. 일반화해서 설명하자면 고독감은 개인의 실제 사회적 결속도와 그가 기대하는 결속도 간에 괴리가 있을 때 유발된다. 자신이 고립되고 어디에도 소속되지 않는다는 느낌을 받을 때 사람은 고독해진다. 이 감정을 느끼는 정도는 사람마다 천차만별이다. A라는 사람은 남들 앞에 나서지 않고 주로 혼자 지내면서도 외롭다고 느끼지 않는 반면, B라는 사람은 수많은 친구와 지인들에게 둘러싸여 있으면서 극도의 고독감을 느끼기도 한다.

시카고 대학의 심리학자 존 카치오포John Cacioppo는 고독이라는 현상을 설명하는 데 매우 중요한 단초를 제공했다.[8] 고독 전문가인 카치오포는 이 현상을 진화생물학적 관점에서 연구했다. 그는 고독을 생물학적 결핍의 신호이자 당사자로 하여금 생존을 확보하기 위해 어떤 행동에 나설 것을 촉구하는 위기상황으로 간주했다. 허기나 갈증이 날 때의 느낌과도 비교할 만하다. 사람들은 사회적 지지 혹은 구조에 의존한다. 생산적인 인간관계도, 사회적 원조도 경험해보지 못한 사람은 영구적인 단점을 안고 살게 된다. 반면에 고독에 대응하고 사회적으로 온전한 존재가 되고자 노력하는 사람은 생존 가능성을 높이고 자신의 유전자를 보존할 커다란 기회를 얻는다. 이렇게 보면 고독감은 사회적 고립으로부터 야기될 가능성이 있되, 사람마다 허기를 다르게 느끼듯이 그 양상은 천차만별로 나타난다.

사회적 고립은 (고독감과는 대조적으로) 객관화가 가능하며, 친구나 친밀한 대상의 결핍 및 소통과 사회적 삶에 대한 참여의 부재로 설명할 수 있다. 즉 사회적 고립과 고독은 서로 다른 현상이지만, 건강에 미치는 악영향이라는 공통분모로 묶일 수 있다. 고혈압, 혈액 내 지방 농도 증가, 면역력 약화, 불면증, 흡연 등이 그 부작용이다.[9]

심리학자 줄리안 홀트 룬스태드Julianne Holt-Lunstad는 약 340만 명이 참가한 70가지 논문을 대상으로 한 메타분석에서 고립과 고독, 독거가 참가자의 사망률에 미치는 영향을 연구했다. 결과는 명백했다. 수많은 여타 영향 요인을 통계적으로 걸러낸 뒤에도 마찬가지였다. 사망률은 주관적인 고독을 느끼는 사람에게서 26퍼센트, 객관적 확인이 가능한 대인기피 행동을 보이는 이에게서 29퍼센트 증가했으며, 참가자가 독거인일 경우 무려 32퍼센트로 증가했다. 피험자의 연령대나 사회적 지위, 관찰 기간, 여타 사회적 요인과는 상관없이 나온 결과였다.[10] 이로써 홀트 룬스태드는 그보다 오래되고 규모도 훨씬 작은 메타분석에서 나왔던 결과를 재확인할 수 있었다. 사회적 고독이 사망 위험과 결부되어 있다는 사실이 이전에 이미 밝혀졌던 셈이다. 그 위험성은 흡연이나 비만, 과도한 음주 등 다른 건강 위해 요소보다 높았다.[11]

평균적인 독일인은 25명의 주변 사람들과 직접적인 사회적 그물망을 형성하고 있다. 그중 4~6명은 가족 및 친지, 이웃, 직장 및 여가 활동을 통해 아는 사람들이다. 사회적 그물망에 포함된 인간관계의 절반가량은 감정적으로도 중요하며, 3분의 2는 지지해주는 상대였다. 그러나 중요한 것은 사회적 그물망을 통해 알고 있는 사람의 숫자가 아니라 관계의 질이었다.

직접적인 사회적 연결망을 넘어서면 더 큰 숫자가 나온다. 옥스퍼드의 인류학자 로빈 던바Robin Dunbar의 이름을 딴 '던바의 법칙 Dunbar's number '이 그것이다.[12] 던바는 이 숫자를 통해 인간과 원숭이를 포함한 영장류의 뇌 용량과 개인 또는 개체가 사회적으로 관리할 수 있는 집단의 최대 규모 사이의 상호작용을 설명한다. 인간에게서는 이 숫자가 150으로 통용된다. 다시 말해 우리가 의미 있는 관계, 개개인의 특성에 맞추어진 관계를 유지할 수 있는 사람 150명이 관계망에 포함된다는 뜻이다. 이때 우리는 상대방의 이름을 아는 데 그치지 않고 공동의 경험을 떠올릴 수 있어야 하며, 두 사람 사이에 감정적 연결점 역시 형성되어 있어야 한다. 참고로 150명은 도시화가 시작되기 전인 17세기 유럽 마을들의 평균 인구수이기도 하다. 나아가 경찰 등의 질서유지 수단 없이도 잘 기능하는 인간적인 사회가 포괄할 수 있는 사람의 수도 150명이다.

한 사람의 뇌에는 그가 친구 및 지인들로 구성된 사회적 연결망에 얼마나 강하게 결속되어 있는지가 반영된다. 앞서도 언급했듯이 이때는 두 가지 뇌 영역, 즉 편도체와 대상피질이 중요한 역할을 수행한다. 특히 인간이 경험하는 사회적 지지에 영향을 미치는 것은 이 영역의 뒤쪽 부분이다. 뇌 구조에서 이 부분(전문용어로는 후측 대상피질이라고 부른다)은 감정과 스트레스를 처리하는 뇌 영역들을 통제하는 중요한 기능을 한다. 요약하자면 강한 사회적 연결망과 제대로 기능하는 사회적 지지는 후측 대상피질은 물론이고 전전두피질의 일부도 강화시키며, 이로써 스트레스 상황에서 감정을 처리하는 영역이 순조롭게 조절기능을 할 수 있다. 스트레스에 좀 더 쉽게 대응할 수 있음은 물론이다.[13]

이때 대상피질의 앞부분이 편도체와 마찬가지로 도시에서 성장한 사람들에게서 스트레스 자극에 더 강하게 활성화된다는 점은 시사하는 바가 크다. 개인이 유년기와 청소년기에 규모가 크고 밀집된 사회적 환경에 노출되었거나 현재 노출되고 있을 경우 이것이 이 영역에 반영된다는 추측도 가능하다.[14] 편도체는 그 밖에도 친구나 지인이 많을수록 크기가 증가하는 것으로 보인다.[15] 그런데 연구에서 증명된 바에 따르면, 이는 비단 직접적으로 아는 사람의 숫자하고만 관련이 있지는 않다. 가령 페이스북의 친구 수가 늘어나는 것만으로도 편도체를 비롯한 여러 뇌 영역의 크기와 활성도는 증가했다.[16]

1인 가구의 눈부신 성장세

고독과 사회적 고립이 중대한 건강상의 문제를 일으킨다는 연구 결과는 어느덧 보편적으로 인정받는 정설이 되었다. 연구가들도 이에 경종을 울리고 있다. 보건 · 사회정치적 대책이 세워지지 않는 한 2030년까지 고독이 전염병과도 같은 위력을 발휘하게 된다는 것이다.[17] 개인화되는 최근의 사회적 추세를 보면 이러한 경고는 꽤 설득력 있게 들린다.

독일에서는 1990년대 초반 1,150만 호였던 1인 가구의 수가 꾸준히 증가해 이제는 거의 1,600만 호에 이르렀다. 5명 중 1명은 혼자 살고 있다는 뜻이다. 연방통계청은 이 수가 앞으로도 증가할 것으로 내다보고 있다. 이에 따르면, 2030년까지 전체 독일인 중 23퍼센트가 혼자 살게 될 것이다.

독일에서도 대도시들은 1인 가구의 비율에서 단연 선두를 달린다. 인구 50만 명 이상의 도시에서는 이미 인구의 29퍼센트가 혼자 산다. 인구 5,000명 이하의 마을에서 이 비율이 14퍼센트에 그치는 것과 대비된다. 그중에서도 베를린에는 혼자 사는 사람의 비율이 31퍼센트로 모든 연방 주를 통틀어 가장 높은 수치를 보이며, 함부르크와 브레멘이 각각 28퍼센트로 공동 2위를 차지했다. 연방 주와 도시 주가 아닌 개별 도시만 놓고 비교하면 하노버가 1인 가구 비율 33퍼센트로 1위를, 베를린은 2위를 차지한다.

그러나 독일 내에서도 독거인의 삶은 매우 다양한 양상을 보인다. 1990년대 이후로는 혼자 사는 남성의 비율이 여성에 비해 크게 증가했다. 남성 독거인의 증가율이 19퍼센트인 데 비해 여성의 경우는 16퍼센트에 그쳤다. 이런 남성들 중에는 특히 재정적 어려움을 겪는 이들이 많은 반면, 혼자 사는 여성들 중 거의 4분의 3은 풀타임

근무를 하고 있었다. 혼자 살지 않는 여성 집단에서는 이 비율이 절반에 약간 못 비쳤다. 독거 여성들은 사회적으로 높은 지위에 오르는 비율도 17퍼센트로 비독거 여성에 비해 높았다. 후자의 경우 이 비율이 13퍼센트에 그쳤다. 남성의 경우는 이와 정반대였다. 혼자 사는 남성 중 21퍼센트가 사회적으로 높은 위치에 오른 데 반해, 누군가와 함께 사는 남성들에게서는 이 비율이 26퍼센트였다.

독일의 대도시에 사는 독거인들이 도시적인 출세주의자들이 아니라는 사실이 다소 뜻밖의 이야기로 들릴지도 모른다. 대도시 독거인의 삶의 현실은 오히려 다른 모든 경우에 비해 쉽지 않아 보인다. 이들 중에는 하르츠 Ⅳ 실업부조 수급자의 비율이 매우 높다. 2011년에는 1인 가구의 13퍼센트가 기초생활수급자였다. 연방통계청에 따르면, 독거인의 약 30퍼센트(이는 독일인 전체 평균의 2배에 이르는 수치다)가 빈곤에 시달리고 있다.[18]

그렇다고 해서 대도시가 꼭 혼자 사는 사람에게 불리한 환경이라는 것은 아니다. 오히려 대도시에는 수많은 교류 가능성이 존재한다. 시골과는 달리 혼자 살기에 적합한 구조를 가진 집들이 많아 주거지를 정할 때 큰 선택권을 누릴 수도 있다. 대도시 시민들은 또한 다양한 형태의 소통수단을 좀 더 적극적으로 활용할 수 있다. 소셜 네트워크와 전자 교류 수단이 대표적인 예다. 규모가 큰 도시들은 대체로 독신사회의 필요에 맞추어져 있다. 예컨대 수많은 테이크아웃 음식점 덕분에 가족과 함께 저녁식사를 하는 일이 없어도 좋은 음식을 먹을 수 있다. 자정까지 문을 여는 식당도 많다. 독거자들은 근무시간이 특수한 경우가 많아 식사도 보통 사람들과는 다른 시간대에 한다는 사실을 식당 운영자들이 일찍부터 파악한 덕분이다. 특정한 시간에 집에 있을 필요가 없기 때문에 각자가 원하는 시간에 일과를 마치거나 퇴근 후 운동을 하러 가느라 식사 시간이 늦어지는 경우도 많다. 함부르크, 뮌헨, 베를린, 라이프치히 같은 대도시에는 혼자 사는 사람들의 필요에 맞추어진 서비스업이 빠른 속도로 성장하는 중이다.

대도시의 일반적인 주택 구조를 적용할 수 없는 1인 가구가 늘고 있어 건축업 분야에도 변화가 일고 있다. 수많은 도시에 남아 있는 오래된 건물들의 구조는 인구통계학적으로 현대와는 다른 시대의 주민들에게 맞추어져 있다. 가령 독일제국 시대만 해도 혼자 사는 인구의 비율이 겨우 6~7퍼센트에 불과했다.[19] 당시 독거자들은 이른바 독신자 기숙사에 방 하나를 얻어 지내거나 자신만의 가족을 이룰 때까지 부모와 함께 살았다.

그러나 오늘날은 다르다. 전 가구의 50퍼센트가 1인 가구인 뉴욕에서는 2013년 전 시장인 마이클 블룸버그Micheal Bloomberg가 초소형 주택 형태인 이른바 마이크로아파트Micro Apartments를 마련하기 위해 건축 경연대회를 열기도 했다. 커다란 창문이 달린 25~30제곱미터 크기의 이런 아파트에는 사방 벽에 접이식 가구가 부착되어 있다. 학생 기숙사의 것과는 사뭇 다른 분위기의 공동거실도 마련되었다. 아파트의 크기가 너무나 작아 시 행정부는 해당 구역에서 1인당 최소 주거공간과 관련된 법규를 무효화해야 했다.

아마도 도시는 독거자에게 잘 맞는 장소이자 동시에 이들에게 더 큰 고독감을 유발하는 곳일 것이다. 그러나 도시 생활 자체가 사람을 더 외롭게 만드는 것은 아니다. 세계적인 명성을 떨치는 보스턴의 매사추세츠 공대 학자들도 이를 증명해 보였다. 이들은 영국과 포르투갈에서 2005~2006년 사이에 수집된 전화 연결 횟수 자료에 의거해 소도시보다는 대도시의 주민들이 훨씬 광범위한 사회적 연결망을 형성하고 있음을 밝혀냈다.[20] 나아가 평균 통화량과 평균 통화 시간도 지역 인구수에 비례해 대폭 증가한다는 결론이 나왔다. 가령 리스본 시민들은 타인과 연락한 횟수가 평균 11차례인 데 비해 포르투갈 북부의 소도시 릭사의 주민은 6차례에 그쳤다.

통화 시간과 빈도를 사회적 관계의 안정성을 재는 척도로 삼을 때, 연결망의 규모가 커진다고 해서 교류의 질과 안정성이 떨어지는 것처럼 보이지는 않았다. 사람들은 광범위한 사회적 연결망을 가진 리스본 주민이 다소 피상적인 교류를 한다고 추측할 것이다. 그러나 예의 연구에서 살펴본 통화 시간 및 빈도를 종합해 보면, 사회적 연결망의 규모가 인간관계의 품질에 아무런 영향을 미치지 않는다는 결과가 나온다.

도시민들이 더 많은 사회적 교류를 하며 인간관계의 품질도 시골 주민들 못지않게 양호하다면, 도시가 사람을 의사소통에 능하게 만든다는 추측도 할 수 있다. 혹은 도시가 소통하기 좋아하는 사람들을 끌어들인다고 생각할 수도 있다.

배척과 소외의 이중주

사회적 배척은 강도 높고 부작용이 많은 사회적 고독의 한 변형이다. 남다른 사람, 외국 출신, 사회적 또는 심리적 관점에서 볼 때 특이한 행동방식을 지닌 사람 등이 사회적 배척을 겪을 수 있다. 이민자들에게서는 통합이 제대로 이루어지지 않아 사회적 배척이 초래되는 경우가 많다. 예컨대 이들이 정착한 사회에 외국인 공포증이 만연해 있고 이주자나 외국인에 대한 불신이 큰 경우에 그렇다. 도시 이민자들의 특수한 문제점에 관해서는 다음 장에서 다시 한번 언급할 것이다.

그러나 간혹 객관적인 배척의 상황까지도 필요치 않을 때가 있다. 다시 말해 스스로가 남들과 다르다는 순전히 주관적인 확신에 의해 사회적 배척이 발생하는 것이다. 이때 핵심은 자신이 불이익을 당하거나 소외당하거나 곤경에 빠져 있다는 느낌이다. 즉, 사회적 배척의 경험은 자신이 처해 있는 환경과의 괴리를 느끼는 사람들에게서 유발된다. 그 차이가 실제로 존재하는지 주관적 상상의 산물인지는 이때 중요치 않다.

끊임없이 소외되었다고 느끼는 사람에게는 도시 생활이 유난히 힘들 수 있다. 타인이 자신에게 거부감을 갖고 있다고 여기는 사람에게도 마찬가지다. 수년 전 피츠버그 대학교의 학자들은 개인이 느끼는 사회적 지위 역시 뇌구조에 영향을 미친다고 보고했다. 피츠버그에서 시행된 연구에서는 사회적 계층 사다리에서 낮은 지점에 위

치하는 피험자일수록 전측 대상피질이 작은 것으로 관찰되었다.[21]

도시에서의 사회적 다름의 경험, 그리고 자신의 사회적 지위에 대한 주관적 평가가 뇌와 상호작용한다는 사실이 여기에서 또 한 번 증명된다. 이런 요소들에 민감한 뇌 영역에서 구조적 변화가 일어나는 것이다. 사회적 배척이 도시 스트레스의 상당 부분을 차지하는 것도 이런 이유에서다. 이에 더해 거주지 인근의 사회적 단편화와 고립은 자살 및 자해를 야기하는 위험요인이 된다.

다양성과 다름을 인정하는 열린 도시

도시에는 다름이 넘쳐난다. 이 다름은 주민들에게 커다란 도전이다. 모두가 좁은 공간 안에 더불어 살고 있지만, 도시공동체에 그런대로 소속되어 있다고 느끼는 이들이 있는가 하면, 소속감을 전혀 느끼지 못하는 이들도 있다. 어떤 이들은 외롭다고 느끼고, 어떤 이들은 차별받거나 고립된다. 도시는 이처럼 커다란 사회적 갈등과 스트레스가 잠재된 온갖 긴장감의 장이다.

그러나 미국의 사회학자 리처드 세넷은 한 도시가 제대로 기능하기 위해 이러한 다양성과 모순을 필요로 하는 것이라고 끊임없이 강조한다. 시카고에서 태어나 현재 뉴욕과 런던을 오가며 살고 있는 세넷은 도시에서의 인간의 공존을 집중적으로 연구하며 도시 및 그것의 문화적 산물을 문화사적 · 철학적 · 종교사회학적 관점에서 조명한다. 동시에 그는 불안정한 조건 및 강제적인 유연성으로 어마어마하게 인간을 압박하는 신자본주의 노동세계에 대한 비판적 관찰자이기도 하다.

세넷은 연구에서 도시 생활이 우리에게 주는 긍정적인 자극에 관해 몇 번이고 힘주어 강조한다. 세넷에 따르면, 도시는 다양성이 하나의 장점으로 승화될 때, 다양한 능력과 재능을 가진 사람들이 한데 묶여 고도로 효율적인 사회를 만들어낼 때, 다양성과 다름을 경험한 시민들이 그로부터 에너지를 얻고 스스로를 발전시킬 수 있을 때 비로소 제 기능을 발휘한다. 이로써 도시민의 생산적인 공존이 가능해지며 인구를 구성하는 다양한 집단의 분산도 막을 수 있다.

세넷은 '열린 도시'를 이야기한다. 열린 도시란 개개인의 발전에 밑거름이 되는 다양한 경험을 가능하게 만드는 도시, 오로지 타인들과의 협동을 통해서만 해결되는 과제를 우리에게 부여함으로써 도시공동체의 장점을 극대화시키는 도시를 지칭한다. 열린 도시에서 다양성과 다름을 경험함으로써 사람들은 스스로를 액면 그대로 '낯선' 존재로 여기거나 위협당한다고 느끼게 되는 것을 피할 수 있다.

열린 도시의 밀도와 다양한 면면은 사회적 경쟁력을 기르는 데 더 많고 더 나은 기회를 제공한다. 불확실성과 이방인과 좌절감에 대처하는 능력, 나와는 다른 방식으로 말하고 느끼는 사람들을 신중하게 대하는 능력도 그런 경쟁력에 속한다.[22] 단, 여기에는 다양한 사회집단이 만나고, 거래와 사업을 벌이며, (쉽게 말해) 서로를 관찰할 수 있는 도시여야 한다는 조건이 붙는다.

도시에 스트레스가 없어야 한다는 점은 세넷에게 중요치 않다. 그보다는 충분한 자극을 제공해야 한다는 점을 중요하게 여긴다. 스트레스로부터 완전히 자유로운 환경은 물론 두려움으로부터도 자유롭다. 그러나 스트레스가 없는 환경은 인간에게 아무런 과제도 부여해주지 않으므로 일차적으로 고독을 유발한다. 과제 없이는 협동도 없고, 협동 없이는 사회적 공존도 없다. 따라서 도시는 주민들에게서 고독을 몰아내고 참여를 유도하는 긍정적인 의미에서의 스트레스를 유발할 수 있어야 한다.

1990년대 초반에 출간된 『눈의 양심 The Conscience of the Eye: The Design and Social Life of Cities』에서 세넷은 자신의 거주지인 뉴욕의 상황을 보며 탄식했다. 뉴욕은 다양성과 모순이 특히 풍부한 도시지만, 정작 그러한 보물을 제대로 활용하지 못한다는 것이다. 그는 그리니치빌리지에 위치한 거주지에서 동부 미드타운까지 자신이 즐겨 다니는 산책길을 예로 들어 이 문제를 매우 생생히 서술한다.

"뉴욕을 거닐다 보면 어떤 도시보다도 다양한 이 도시의 온갖 다름에 흠뻑 젖어들게 된다. 그러나 그 다양한 면면이 보이지 않는 보호막을 통해 서로에게서 차단되어 있는 탓에 이 모든 것이 의미 있는 만남에 유용하게 쓰이지 않는 것처럼 보인다. 이런 만남들로부터는 활기찬 자극 또는 짧은 대화, 접촉, 어우러짐이 만들어내는 다의적인 순간이 탄생할 수 있다."

즉, 다양한 집단 간의 교류가 일어나지 않는다는 의미다. 또 다른 부분을 인용해보자.

> "가죽성애자와 향신료 상인은 보호막을 통해 서로에게서 차단되며 (중략) 마약 거래를 하는 마약 중독자들도 잡담을 나누는 일이 드물다. 이는 협소한 공간 내에 서로 분리된 채 살아가는 다양한 인종들에게서, 그리고 한데 뒤섞이되 서로 교류하지는 않는 다양한 사회계층에게서 특히 두드러지게 (그리고 훨씬 광범위하게) 나타난다."[23]

이 글이 쓰인 것은 이미 오래전의 일이다. 오늘날이었다면 세넷의 산책길 묘사는 완전히 달라졌을 것이다. 앞서도 이야기했지만 지난 20년 사이에 뉴욕이 크게 변했기 때문이다. 극도로 복잡하고 혼란스러운 도시라는 사실은 변함없지만, 사람들의 다름과 문화적 다양성은 그간 이 도시를 더욱 강하고 풍부하게 만들어놓았다. 당시 세넷은 '의미 있는 만남'과 그것이 낳는 '활기찬 자극'의 결핍을 보며 한탄했으나, 오늘날에는 이 역시 가능해졌으며, 다양한 인구 집단들이 도시 집단으로의 통합을 이루는 데도 성공했다. 현재 뉴욕 시민들을 괴롭히는 것은 그런 결핍이 아니라 비싼 물가라고 하는 편이 옳다.

"시골이든 도시든, 자기 주변의 환경을 어떻게 활용하는지가 더 중요합니다."

야나 크뤼거 Jana Krüger

뤼네부르거 하이데 남쪽 가장자리의 작은 마을에서 태어났다. 박람회·회의·행사 매니지먼트를 전공한 뒤 각종 박람회, 국제회의 등을 기획하는 대행업체 함부르크 메세 운트 콩그레스의 해외부서에서 7년간 일했다. 2013년부터는 함부르크의 도시 마케팅 업체에서 일하고 있다.

크뤼거 씨는 리베스뷔텔이라는 작은 마을에서 성장했지요? 그러다가 지금은 함부르크에 거주하며 도시 마케팅 분야 일을 하고 있고요. 시골 마을을 벗어나 대도시로 이주하게 된 계기는 무엇이었나요?

:

그 이야기는 오래전으로 거슬러 올라갑니다. 제가 열여섯 살이었을 때 가족들이 모두 스페인 마드리드로 이사하게 되었지요. 이는 리베스뷔텔을 벗어나 다른 세상을 경험하는 첫걸음이 되었습니다. 마드리드 체류는 3년으로 예정되어 있었고, 부모님은 그 뒤에 다시 리베스뷔텔로 귀향해 예전과 다름없이 그곳에서 사셨습니다. 저는 다시 시골로 돌아가고 싶지 않아 그곳에 남았지요. 귀향 후 부모님은 어마어마한 문화 충격을 겪으셨어요. 대도시 생활과 시골 생활 간의 극명한 대비, 시골의 구조에 다시 적응하는 일, 그리고 그것이 인간관계에 불러일으키는 모든 일에서 그랬습니다.

저는 나중에야 대학 공부를 위해 독일로 돌아왔고, 이후에는 함부르크 메세 운트 콩그레스의 해외부서에서 일하며 독일의 박람회 참가 기획과 관리를 맡았습니다. 세계박람회에서 독일 전시관을 담당한 적이 있는데, 그때 이 일이 제 적성에 맞는다는 사실을 깨달았어요. 독일이 가지고 있는 것을 어떻게 다른 나라에 알리고 보여줄 것인가, 그들과 관계 맺을 가능성이 있는지를 살펴보는 일 말이지요.

수많은 사람들이 익명성이 보장되지 않는 시골 생활에 부담을 느낍니다. 마을 공동체의 결속력이 익명성을 방해하는 것인데, 혹시 이와 관련한 경험을 해본 적이 있나요?

:

그 같은 시골 생활의 특징은 실제로도 장단점이 존재합니다. 제가 장점이라고 느끼는 것은 세대 간에 장벽이 없다는 점입니다. 지금 살고 있는 함부르크에서는 원하는 대로 자기 주변 사람들을 선택할 수 있지요. 제 친구와 지인들은 연령대도 대략 비슷하고, 저와 마찬가지로 대학 교육을 받았으며 소득수준도 꽤 높습니다. 그러나 다른 집단, 예를 들면 열아홉 살 청소년들과는 전혀 마주칠 일이 없습니다. 그런데 시골에서는 은퇴한 노인에서부터 어린아이까지 아무런 경계 없이 어울립니다. 정말 매력적이지요. 자연스럽게 타인과 교류하며, 다른 세대의 관심사와 화제가 무엇인지도 알게 됩니다.

도움이 필요할 때 타인에게서 이를 기대할 수 있다는 점에서 시골마을의 결속력은 중요합니다. 그러나 자신 또한 언제나 다른 사람에게 도움을 주어야 함을 자각하고 있어야 합니다. 예컨대 이웃이 집을 새로 지을 때면 도움을 줄지 말지 고민할 필요조차 없이 당연히 도와야 합니다. 이는 제가 여전히 지니고 있으며 제 유년기를 특징짓던 가치관입니다.

시골에서는 물론 익명성이라는 게 없습니다. 모든 일이 속속들이 알려지니까요. 제게는 이것이 어려운 부분이었습니다. 이곳 함부르크에서는 더 이상 그렇지 않다는 게 매우 편합니다. 익명성이 보장되고, 내가 하는 모든 일이 속속들이 알려지며 이 사람 저 사람에게 전해지는 일이 없기 때문이지요.

시골 생활에서 얻은 습관 중 도시에 와서도 변하지 않은 것이 있나요? 지금껏 유지하고 계신 행동방식 같은 것 말입니다.

:

사실 저는 함부르크에서의 삶에 일종의 시골마을 구조를 구축했습니다. 다시 말해 저는 직장, 슈퍼마켓, 바, 카페 등 정해진 행동반경 내에서 움직입니다. 대중교통을 이용하는 것은 지금까지도 꺼리는 편입니다. 리베스뷔텔에는 그런 게 전혀 없었거든요. 어디든 자전거로 다녔지요. 학교버스가 한 시간에 한 대씩 다녔는데 그 당시에는 이것조차 신경에 거슬릴 정도였어요. 그래서 여전히 대중교통을 피하고 아무리 궂은 날씨라도 자전거를 이용합니다.

도시 생활이 부담될 때는 언제입니까? 어떤 점이 스트레스로 작용하나요?
:

도로와 주차장을 빈틈없이 메운 자동차들이 제게는 스트레스예요. 자전거조차 지나갈 틈이 없을 정도로 길이 막혀버릴 때가 가끔 있습니다. 하지만 소음은 별로 방해가 되지 않습니다. 그런대로 괜찮아요. 함부르크에는 녹지가 많이 조성되어 있고 엘베강이 있다는 점도 큰 매력입니다.

사람들이 도시와 시골 중 어느 곳에서 더 많이 외로움을 느낀다고 생각하나요?
:

제 생각에 그 문제는 전적으로 사람 나름인 것 같아요. 자기 주변 환경을 어떻게 만드는지의 문제지요. 그게 잘 되면 현재 사는 곳에 잘 녹아들고 고독에 빠지지 않을 수 있습니다.

대부분은 문화 · 여가 · 교육 · 자기계발의 기회를 누릴 수 있다는 장점 때문에 도시 생활을 좋게 생각합니다. 시골에서 보낸 과거와 비교할 때 이 같은 도시의 장점을 의식하고 있는지요?
:

예, 저는 제 친구들과 비교해봐도 그 점을 훨씬 강하게 의식하고 있습니다. 극장의 정기권을 갖고 있는 것도 제게는 지극히 당연한 일이고요. 영화관이나 축제, 엘브필하모니(2017년에 개관한 함부르크의 대규모 콘서트홀 - 옮긴이), 이 모든 것을 최대한 활용하지요. 그래서 제게는 이 모든 장소에 쉽게 접근할 수 있는 중심가에 거주하는 것이 매우 중요합니다. 집이 조금 좁은 정도는 감수해야 하지만, 그로써 완전히 다른 삶을 살 수 있거든요. 개인적으로 저는 외출을 많이 함으로써 이런 혜택을 최대한 누립니다.

함부르크에서 가장 좋아하는 장소는 어디인가요? 여러 곳을 말씀해주셔도 좋습니다.

:

제가 좋아하는 장소들 중 하나는 집입니다. 수없이 많은 멋진 경험과 연결되고 친구들을 초대해 파티를 열 수도 있지요. 정말 많은 것이 이곳에서 비롯됩니다. 그 밖에 가장 멋진 장소로 엘베 강을 꼽을 수 있습니다. 강가에 엘브슈트란트Elbstrand 라는 모래사장이 있는데, 저녁이면 이곳에 앉아 강 건너편에서 화려하게 빛나는 항만 크레인들을 볼 수 있어요. 또한 강을 따라 오가는 배들을 보며 항구만이 가진 매력을 만끽하면서 비바람이 몰아치는 날에도 야외에서 소다수를 섞은 포도주나 맥주를 마실 수 있습니다. 제가 정말 좋아하는 것들이에요.

: Chapter 9 :

도시의 이방인

다양성은 도시 발전에 날개를 달아준다

이민자의 아이였던 나는 1970년대 및 1980년대에 외국인으로서 독일에서 성장한다는 게 어떤 것인지 매우 잘 알고 있다. 어쨌거나 평탄하게 성장하는 데 이상적인 조건은 아니었다. 당시 독일은 오늘날 같은 이민자 국가가 아니었고, 나를 비롯한 수많은 사람들은 출신 때문에 차별대우를 몸소 경험해야 했다. 한마디로 '외부인'으로 취급을 받았다. 우리는 "독일에 산 지는 얼마나 됐지요?" 혹은 "(언제) 다시 돌아갈 겁니까?" 따위의 질문을 받곤 했다. 내 '뛰어난 독일어 실력'을 칭찬하는 말들은 또 얼마나 많았던가!

어머니는 히잡을 쓰지 않았고, 아버지도 전형적인 '이주노동자'는 아니었으며, 가느다란 콧수염을 기르는 대신 선이 날렵한 프랑스산 정장을 입는 분이었다. 무엇보다도 나는 외국인 억양이 전혀 없는 독일어를 구사했다! 그러기 위해 딱히 노력을 기울인 것도 아니었다. 나는 유복한 이민자 계층의 자녀였으니 그건 너무나 당연한 일이었다. 우리는 늘 멋지게 꾸며진 주택에서 살았다. 어머니는 매일 오후 자동차를 운전해 나를 피아노나 스포츠 수업에 데리고 다녔다. 심지어 어머니의 파격적인 교육철학에 따라 반년 동안 발레교습을 받기도 했다.

이렇듯 특권 계층에 속했음에도 차별로부터 자유로울 수는 없었다. 1979년 2월 테헤란에서 본으로 되돌아간 나는 학기가 한창이던 3월 초에 바트 고데스베르크의 집 근처에 있던 가톨릭교회 부설 초등학교 3학년으로 편입했다. 테헤란에서 겪은 테러 경험 때문에 혼란과 두려움에 휩싸여 잠도 제대로 못 자던 때였다. 그러나 교사들은 내 상황을 잘 이해하지 못했다. 이란의 정치적 상황에 관해 아는 것이 많지 않았거나 그저 무관심했을 수도 있다. 그러니 내 처지를 제대로 헤아리지 못하는 것도 당연했다.

어머니의 희망대로 나는 개신교 종교수업에 참여했다. 그런데 학교에서 두 번째 주가 끝나갈 무렵, 가톨릭 학생 미사가 열렸을 때 나는 내가 미사에 참석해야 하는지 마는지 알 수 없었다. 그래서 고민 끝에 다른 아이들을 따라 학교 부설 경당에 가기로 했다. 그곳에 뭐가 있는지 궁금하기도 했다. 미사가 한창이던 때 경당에 들어선 나는 눈에 띄지 않게 긴 의자의 가장자리에 앉아 성가와 기도를 따라 했다. 그러자 마음이 안정되는 것 같았다. 테헤란에서 혁명의 태풍과 화염을 목격한 지 얼마 지나지 않았던 때라 미사가 평화로운 오아시스처럼 느껴졌다. 성가에 귀를 기울이고 미사 의식을 따라가는 일은 내 작은 심장을 어루만져주었다.

그런데 쉬는 시간이 끝나고 교실로 돌아온 순간, 담임교사가 나를 향해 버럭 고함을 지르며 노발대발했다. 어째서 미사를 방해하느냐는 것이었다. 형편없는 아이라며 특수학교로 전학을 보내버리겠다고 엄포까지 놓았다. 그가 쉬지 않고 고래고래 고함과 저주를 퍼붓는 동안 나는 터져 나오려는 울음을 참느라 숨을 죽이고 있었다.

당시 그 교사가 무엇 때문에 그토록 날뛰었던 것인지는 지금까지도 의문이다. 추측하건대 평생 교사로서의 자질을 발휘한 적이 한 번도 없었을 듯하다. 수업시간 내내 별것 아닌 일에도 벌을 준다고 아이들을 밖으로 내보내는 일이 다반사였으니 말이다. 그는 나와 어떤 접촉도 피했고, 물론 나는 그처럼 거부하는 태도가 내 출신과 관련이 있다고 생각했다. 내가 모범생이었으며 교내 합창단 활동에도 열심히 참여했고, (아마도 그의 선입견에는 상충되었겠지만) 유창한 독일어로 내 생각을 말할 수도 있다는 사실은 그의 관심 밖이었다.

도시, 이주민을 받아들이다

우리 가족이 1960~1970년대의 이른바 '이주노동자'들과 다르지 않았던 한 가지는 바로 도시를 터전으로 삼았다는 점이었다. 오늘날 독일에는 이민자 출신이라는 배경을 가진 대다수 사람들이 도시에 산다.[1] 도시 사회 특유의 다양성으로 인해 이주자들에게도 좀 더 관대하기 때문이다. 또 도시에는 대개 더 많은 일자리가 있고, 이주자 신분으로 존재할 수 있는 사회적 틈새도 좀 더 쉽게 찾을 수 있다. 이들은 흔히 같은 국가 또는 문화권 출신이거나 같은 언어를 쓰는 사람들과 어울린다.

역사적으로 봐도 큰 도시들은 이주자들의 관문이자 통합기계 역할을 했다. 이주자들은 입국한 뒤 다른 이민자들을 본보기로 삼을 수 있는 지역, 기초 언어지식을 습득할 수 있는 지역, 그리고 그 나라의 관습에 적응할 수 있는 지역으로 거처를 옮겼다. 맨해튼 남부가 그 일례로, 이곳은 뉴욕뿐 아니라 북미 전체의 '사전 통합' 기능을 하는 장소였다.

유럽을 떠나 미국으로 들어온 이주자의 수가 정점에 이르렀던 1820~1870년 사이, 700만 이민자들 중 70퍼센트가 뉴욕을 관문으로 삼았다. 맨해튼 남부의 거의 모든 집들은 지하실에서 다락에 이르기까지 이주자들로 가득 찼다. 이런 집들의 주거환경은 열악하기 짝이 없었는데도 수많은 악덕 임대업자들은 집세를 터무니없이 올렸다. 19세기 후반에는 밀려드는 이민자들을 조직적으로 통제하기 위해 어퍼뉴욕 만Upper New York Bay 중앙에 위치한 엘리스섬에 모든 이민자들이 통과해야 하는 중앙입국심사대가 마련되었다. 1954년 담당 관청이 폐쇄되기까지 '눈물과 희망의 섬'이라 불린 이곳에 등록된 이민자의 수는 무려 1,200백만 명이었다.

오늘날 독일에는 대략 800만 명의 외국인이 거주하고 있다. 그

밖에도 귀화 독일인 및 선대의 이주로 독일 국적을 얻게 된 이들도 900만 명에 이른다. 독일 인구의 5분의 1이 이민자 출신인 것이다.[2] 도시별 이민자 인구의 비율은 각각 베를린 26퍼센트, 함부르크 28퍼센트, 쾰른 34퍼센트, 슈투트가르트 38퍼센트, 프랑크푸르트 암마인이 45퍼센트다.[3]

함부르크와 베를린에는 터키 출신 이주자가 가장 큰 이민자 집단을 형성하고 있다. 독일 전체를 통틀어 동유럽 지역으로부터 역귀향한 독일 혈통 이주자들의 자손이 가장 큰 비율을 차지한다. 베를린 시민 4명 중 1명은 터키 출신의 이주자 및 자손들이다. 터키인들의 독일 이주 역사도 깊고 대부분 독일을 편하게 느끼고 있지만, 한편으로는 이들만큼 독일 사회에서 자신들의 입지를 불리하게 평가하는 이주자 집단도 없다. 모든 이주자 및 그 자손 중 독일이 자신을 충분히 인정해주지 않는다고 느끼는 이들의 비율은 48퍼센트인 데 비해 터키 출신 이주자들 중에는 61퍼센트가 이런 느낌을 품고 있다.[4] 이들 중 71퍼센트는 독일인이 자신들에게서 거리를 둔다고 여긴다.

안타깝게도 이는 이민자 수용국으로서 독일의 참혹한 민낯을 보여주는 증거다. 터키 출신 이민자들이 독일에서 흔히 호소하는 차별이 이런 숫자에 반영되기 때문이다. 그러나 그 원인은 부분적으로 이들이 터키를 떠나 해외로 이주하던 당시의 특수한 배경에 있기도 하다. 독일 · 터키 간 노동자 모집 협약에 따라 1960년대에서 1970년대 초반까지 이른바 방문노동자 신분으로 독일에 유입된 터키인의 거의 70퍼센트가 고등교육을 받지 않은 사람들이었다. 심지어 정규교육 졸업장이 없는 이들도 절반에 가까웠으며, 문맹률도 평균 이상으로 높았다. 첫 이민자 세대의 낮은 교육수준은 자녀 세대의 교육수준이 평균 이하가 되는 데도 일정 정도 영향을 미쳤고, 이는 다시금 교육을 필수조건으로 삼는 독일 사회에서 차별 및 사회적 배척을 불러왔다. 다만 학문 · 문화 메트로폴리스인 베를린에서는 어느덧 이민자 중 고등교육 이수자의 비율이 48퍼센트로 크게 뛰어올랐다. 그에 비해 독일인 중 고등교육 이수자 비율은 35퍼센트에 그친다.[5]

이민자의 디즈니랜드, 크로이츠베르크

독일이 산업화를 위해 외국인 노동력 유입을 장려하기 시작한 1950년대 중반 이래, 새로 들어온 '방문노동자'들은 일단 집합지 숙소에 거주하다가 이후 공장 근처의 아파트에 입주했다. 당시 대외정책의 기조였던 '일시적 통합' 원칙에 따라 이주자들은 공간적으로도 사회의 변두리에 머물렀다. 그 결과는 분열과 게토화의 증가였다. 1970년대 일부 지방자치단체들은 도시의 특정 구역을 이주자 유입 금지 구역으로 지정했다. 예를 들면 1975년 서베를린의 시의회는 당시의 행정구였던 베딩, 크로이츠베르크, 티어가르텐을 이주자 유입 금지 구역으로 정했다. 특정한 구역에만 이민자들이 몰리는 것을 방지한다는 이유에서였다. 이처럼 독일은 외국인 노동자들이 사회의 필수 구성요소이자 도시 내에서 존재감을 갖는 구성원이 되는 것을 너무나 오랫동안 저지해왔다. 이민자들이 공공장소의 일부를 점유하고 이슬람 사원이나 터키 상점 간판 같은 고유의 상징물을 세울 경우 즉각 문제가 발생했다. 독일인들이 격노와 배척, 차별로 이에 반응한 것이다.

외국인에 대한 불신은 컸고, 양측은 서로 가까워지는 대신 두려움과 의심만 품었다. 외국인 혐오증이라는 현상을 파헤친 옛 사회심리학 실험에서는 외국인을 거부하는 태도가 어떤 방식으로 표출되는지 관찰한 바 있다. 한 예로 1960년대에는 대도시 및 소도시 주민들의 사회적 불신을 측정하는 실험이 시행되었다. 이때 각각 두 명의 남녀가 맨해튼 한복판과 뉴욕 변두리의 한적한 지역의 주택가에서 초인종을 누르고는, 친구 집을 찾던 중에 주소를 잃어버렸다며 전화를 쓰게 해달라고 청했다. 휴대폰 시대가 개막되기 전에나 가능하던 연구였다. 집 안으로 들어가도록 허락될 가능성은 소도시에서 몇 배나 높았다. 대도시 주민들 중 4분의 3은 문을 열어보지도 않고 닫힌 문 너머로 이야기하는 게 고작이었다.

그러나 긍정적인 면도 없지는 않다. 오늘날 베를린에는 약 20만 명의 터키 출신 시민들이 살고 있다. 이는 해외에 거주하는 터키인 집단 중 가장 큰 규모인데, 크로이츠베르크에는 특히 이 점이 두드러진다. 이 구역은 외국인들이 신뢰집단으로 자리 잡았다는 점에서 본보기가 되는 곳이다. 터키 상점, 시장, 카페가 도시의 풍경에 녹아들어 독일인들도 애용하는 장소가 되었다. 지난 수십 년간 크로이츠베르크에 형성되어온 이민자의 기업정신과 문화는 이제 베를린의 도시 마케팅이 자랑스럽게 내세우는 장점이 되었다.

크로이츠베르크 지역을 걸으며 유심히 관찰해보면 찻집이나 미나레트(이슬람 사원에 부속된 첨탑 – 옮긴이), 하맘(터키식 대중목욕탕 – 옮긴이) 등이 눈에 띈다. 그중에서도 1866년부터 자리를 지켜온 공동묘지가 시선을 사로잡는데, 이는 프로이센의 왕 빌헬름 1세가 터키인 공동체에게 템펠호퍼 펠트의 일부 지역을 묘지로 쓸 수 있도록 양도하면서 형성된 곳이다. 비록 제2차 세계대전 이후부터는 공간 부족으로 더 이상 이곳에 시신을 안장할 수 없어 다른 공동묘지의 일부 구역을 사용하고 있지만 말이다. 옛 공동묘지에는 공동체 센터가 마련되었으며, 2005년에는 커다란 2층짜리 이슬람 사원도 건립되었다. 오스만 건축 양식에 따라 꼼꼼히 지어진 이 사원은 높이 솟은 두 개의 미나레트로 인해 주변 지역에서 쉽게 볼 수 있다.

중요한 점은 크로이츠베르크에 있는 터키인들의 기반시설이 선주민들로부터 분리되거나 제대로 통제되지 않는 것처럼 보이는 병렬세계의 탄생을 야기하지는 않았다는 사실이다. 그보다는 선주민을 자신들의 세계로 초청하는 형태로 확산되었다. 시장에는 에데카Edeka나 레베Rewe 같은 슈퍼마켓 체인점에서 살 수 없는 과일과 채소들이 있었고, 찻집과 레스토랑은 대도시의 오아시스 같은 장소였다. 물론 모든 사람이 자유롭게 드나들 수 없는 남성 전용 카페와 코란 학교도 있기는 하지만, 어떤 면에서 살펴봐도 '크로이츠베르크 모델'은 순조롭게 기능한다. 이는 베를린이 이 지역의 잠재력 및 다문화성을 특징으로 삼는 크로이츠베르크만의 이미지를 발견하고 그것을 가꾸며 홍보한 덕분이기도 하다. 터키인의 크로이츠베르크는 도시의 변두리가 아닌 한가운데에 존재한다.

실제로도 크로이츠베르크의 터키 문화 통합은 하나의 상징으로서 독일 전역에 널리 알려져 있다. 오늘날에는 관광객을 태운 버스가 인종적 혼합을 이룬 크로이츠베르크의 거리를 누비고 다닌다. 물론 지극히 당연하게 이루어져야 할 현상이 상품화되는 것을 비판적으로 바라볼 수도 있다. 크로이츠베르크에서도 예외 없이 문화적 · 사회경제적 갈등은 날마다 관찰된다. 그럼에도 '통합의 디즈니랜드'라 할 수 있는 크로이츠베르크가 긍정적인 신호를 보내고 있는 것은 사실이다. 이민이 한 도시에서 경제 · 문화적으로 생산적인 요소가 될 수 있음을 잘 보여주는 통합정책의 모범사례이기 때문이다.

안타깝게도 통합이 어디에서나 이처럼 잘 이루어지는 것은 아니다. 남쪽으로 고작 몇 킬로미터밖에 떨어져 있지 않은 이웃 구이자 전통적으로 노동자들과 아랍 · 터키 출신의 이민자들이 많이 거주해온 노이쾰른Neukölln이 그렇다. 얼마 전까지만 해도 주거비용이 저렴한 편이었던 노이쾰른은 지난 수년간 급속도로 국제적인 힙스터Hipster(주류나 유행을 따르지 않고 고유의 문화를 추구하는 데서 지적 자부심을 품는 중산층 청년 집단을 지칭 – 옮긴이) 무리를 끌어들였고, 이 과정에서 세련된 '힙스터 구역'과 빈곤 구역으로 분열되었다. 양자의 큰 차이는 바로 젊은 노이쾰른 신세대들이 이 구의 그림을 형성해 나아가고 있다는 점이다. 이들과 더불어 노이쾰른에는 최신식 주점과 바, 상점들이 들어섰다. 선주민들은 이에 거의 동참하지 않는다. 동참은커녕 선주민들이 나름대로 카페와 24시간 편의점을 운영하고 임대료를 지불하는 한 공존이 '허용되는' 정도다. 노이쾰른에서는 이렇게 거주자들 간에 분열이 일어나는 중이며, 이미 베를린 곳곳(크로이츠베르크도 예외는 아니다)에서 나타나고 있는 젠트리피케이션Gentrification 현상도 관찰된다. 젠트리피케이션이란 한 구역이 매력적인 장소가 되어가면서 그로 인해 거주지의 가격이 오르는 현상을 가리킨다. 결국 원래 거주하던 주민집단은 비싼 임대료를 감당할 수 없어 이곳으로부터 밀려나게 된다.

그러나 분열은 단순히 젠트리피케이션의 첫 단계에 불과한 것이 아니다. 분열은 사회적 분리를 초래하는 동력이기도 하다. 빠르게 증가하는 사회적 불평등은 개개인에게 어디에도 소속되지 않다는 느낌을 주고 사회적 소외의 위험성을 강화시키기 때문에 (대개는 부지불식간에) 해당 구역의 사회적 스트레스 역시 증가한다. 이는 그렇잖아도 형편이 어려운 주민들의 심리적 부담을 한층 가중시킨다.

노이쾰른 주민 중 90퍼센트는 단순한 주거환경(예를 들면 건축 밀집도, 녹지 및 여유 공간의 유무, 건물의 상태 등을 고려할 때 질적으로 낮은 수준의 환경)에서 살고 있다. 그 밖에도 1인당 거주면적이 베를린을 통틀어 가장 작고, 신생아 사망률은 가장 높으며, 빈곤율 역시 모든 연령대 주민들에게서 가장 높게 나타난다.[6] 노이쾰른의 변화는 지난 수년간 엄청난 매력의 상승과 더불어 전 세계 젊은이들을 끌어모은 도시 전체를 위해 하나의 구가 대가를 치름으로써 이루어졌다. 베를린을 정복하기로 마음먹고 구름처럼 몰려든 에라스무스 장학생, 젊은 예술가, 파티 애호가, 젊은 사회초년생 세대들은 주거비용이 저렴하면서도 중심가에 가까운 노이쾰른 같은 구를 거주지로 선호했다. 나 역시 이들 무리에 섞여 1997년에 베를린으로 흘러 들어왔다. 어마어마한 속도로 밀려든 인구로 인해 노이쾰른에서는(50년 전 크로이츠베르크에서 시작된 것과 같은) 단계적인 혼합의 과정을 상상조차 할 수 없게 되었다.

이민자를 짓누르는 사회적 스트레스와 질병

도시가 이민자들에게 막다른 길이 되는 경우는 실제로 매우 흔하다. 이런 도시는 타지 출신의 사람들을 받아들이고 환영하기는커녕 차가운 얼굴로 맞이한다. 이민자 출신 주민들은 여타 도시민들에 비해 건강상태도 좋지 않다. 이들에게서는 우울증, 외상 후 스트레스 장애, 정신질환에 걸릴 위험이 높게 나타난다.[7] 그 격차는 어느덧 위험 수준에 이르렀는데, 가령 런던에는 다양한 인종 출신의 이민자들에게서 정신질환, 심지어 치매 환자의 수가 증가한 것으로 나타난다. 예를 들어 카리브 해 연안 출신의 이주자들이 이런 질병에 걸릴 확률은 선주민에 비해 8배나 높다.[8] 그에 반해 순조롭게 기능하는 공동체 내의 이주자들은 매우 협소한 공간 내에 밀집되어 있더라도 정신질환을 앓는 경우가 거주조건이 더 나은 구역에 사는 주민들에 비해 드물다.

이는 분명 여타 인구집단에 비해 계층 상승의 기회는 적고 빈곤에 시달리는 경우가 더 잦은 이민자들의 상황과 관련이 있을 것이다. 빈곤이 정신적 · 신체적 건강 및 그와 맞물린 기대수명에 커다란 영향을 미친다는 점은 이미 잘 알려져 있다.[9] 가난한 사람은 사회적 밀집도 같은 대도시 스트레스에서 벗어나기가 좀처럼 힘들거나 아예 불가능하다. 사회적 밀집으로 인한 스트레스에 좀 더 자주 노출되며, 얇은 벽으로 나뉘어 방음이 거의 되지 않는 협소한 공간을 많은 이들과 공유하며 살기 때문이다.

그러나 불리한 경제적 조건만으로 이 문제를 설명하기에 역부족이다. 샤리테 병원의 정신의학자 안드레아스 하인츠Andreas Heinz가 이끄는 연구팀은 그 원인을 좀 더 정확히 파헤치고자 베를린의 이민자들을 면밀히 관찰했다.[10] 연구가들의 관심사는 사회적 배척의 경험 및 그로 인한 사회적 스트레스가 이들에게 어떤 영향을 미치는가였다. 연구팀은 베를린 동부의 베딩과 모아비트에 사는 터키 출신 주민들을 연구한 뒤, 같은 지역에 거주하며 연령대와 성별, 소득수준이 같은 독일인 주민들과 비교했다. 결과는 추측한 대로였다. 이민자 출신 주민들이 정신적 질환에 걸리는 빈도가 높게 나타난 것이다. 참고로 연령과 소득은 그보다는 약하되 무시할 수 없는 작용을 했다. 연구대상자의 연령이 높고 소득수준이 낮을수록 이들이 받는 부담도 큰 것으로 나타났다.

그러나 이것이 결정적인 영향을 미치는 것은 아니었다. 정신건강에 훨씬 더 큰 영향을 미치는 것은 거주지 이웃들의 빈곤이었다. 연구대상자 개인의 경제적 능력과는 상관없이, 이웃들이 가난할수록 그의 상황도 불리해졌다. 달리 표현하면 이웃의 프레카리아트 Precariat(불안정한 노동자 계급 – 옮긴이)가 개인의 불안한 상황보다 훨씬 더 큰 악영향을 미친다는 의미다. 흥미롭게도 이민자들이 이웃의 빈곤에 의해 악영향을 받는 정도는 독일 출신의 주민들에 비해 두드러지게 높게 나타났다. 한마디로 거주지 주변의 불안정한 경제적 조건은 원래의 거주자보다 이민자 및 그들의 가족에게 훨씬 더 큰 스트레스 요인인 것이다.

이는 전자에게는 그러한 불안 요인을 상쇄시켜 줄 다른 요소가 충분히 많기 때문인 것으로 추측된다. 이들은 사회적 환경이나 가족에 의해 공동체와 좀 더 견고하게 맺어져 있다. 반면에 이민자들은 좀 더 빠른 속도로 존재론적 위협에 사로잡힌다. 이들에게는 소속되어 있지 않다는 느낌과 낯섦이 만성 스트레스 요인이 되는 것이다. 또한 이 인구집단으로 하여금 사회적 위협으로 느껴지는 다른 여러 요인들에도 좀 더 취약하게 만든다. 그래서 거주지 주변 이웃들의 빈곤은 특히 이주민들에게 압박감을 준다. 이런 곳에는 사회적 불안정과 열악한 주거조건이 지배적이고, 주민들의 교육수준이 낮을 뿐 아니라 폭력도 일상적일 가능성이 크다. 사회적 조건이 취약한 주거지역에서는 대개 이민자에 대한 차별도 더 자주 관찰된다.[11]

이민이라는 주제와 관련해 조현병 및 이민 배경을 가진 사람들이 이 병에 걸릴 위험을 재조명해 보는 것도 의미 있다. 조현병 발발 위험성은 사회적 스트레스가 발병에 미치는 영향력을 가늠하게 해주는 좋은 척도다. 스웨덴 룬드 대학교의 두 학자 엘리자베트 그로어 Elisabeth Graae 와 장 폴 셀텐 Jean-Paul Selten 은 꼼꼼한 검색을 기반으로 이 주제에 관한 대규모 메타분석을 시행했다. 1977~2003년 사이에 발표된 논문들이 그 대상이었다. 두 사람은 1세대 이민자들에게서 조현병이 발병할 위험이 비이민자보다 2.7배 높다는 사실을 확인했다. 2세대 이민자들에게서는 이 확률이 4.5배로 더욱 증가했다. 발병 위험이 가장 높은 집단은 어두운 피부색을 가진 빈곤 국가 출신의 이민자들이었다. 반면에 소득수준이 높은 국가 출신에 밝은 피부색을 가진 이민자들은 이러한 위험에 그다지 크게 노출되지 않는 것으로 드러났다. 즉 사회적 스트레스 및 그와 맞물린 조현병 발병 위험은 이민자들이 사회적 불이익과 고립에 노출되는 정도에 따라 증가된다.[12]

2세대 및 3세대 이민자에 대한 연구들도 이를 증명한다. 여기에서도 마찬가지로 어두운 피부색 등의 외적 특성으로 인해 주변 환경으로부터 두드러지는 사람들에게서 특히 조현병 발병 위험이 높게 나타났다. 거주지 주변에서 '자신과 같은' 무리를 거의 찾아볼 수 없는 경우, 다시 말해 끊임없이 자신의 다름을 자각하게 되는 사람이 조현병에 걸릴 위험이 높다는 의미다. 심지어 부유한 지역에 살고 있는 경우도 마찬가지다. 말하자면 소수집단에 속함으로써 겪는 사회적 고립이 결정적인 위험요인인 셈이다.[13]

일부 병원과 몇몇 지방자치단체 기관들은 이러한 문제의 해결책을 모색하는 중이다. 베를린의 샤리테 병원은 다문화 전문 정신과 치료 및 심리치료를 시행하는 센터를 곳곳에 마련하고 이민 배경을 가진 환자들의 진료에 초점을 맞추고 있다. 터키 혈통으로 2개 언어를 쓰며 성장했고, 현재 정신과 전문의 겸 심리치료사로 일하는 메리암 슐러 오카크 Meryam Schouler-Ocak 는 다음과 같이 말한다.

> 세계화의 틀에서, 그리고 전 세계에서 증가하는 이민 경향에 직면한 현재, 이민 배경을 가진 사람들의 특수한 심리학적 문제를 전문적으로 다루는 기관은 필수불가결한 요소가 되었다. 그러나 우리 사회의 증대되는 문화적 다양성을 이처럼 보기 드문 특수기관에 의거해 정립하는 것이 역부족이 된 지는 이미 오래다.[14]

다양성 수용이 가져다줄 놀라운 변화

2015년부터 시작된 이른바 난민 위기는 통합이 극도로 까다로운 과제임을 유럽인들의 머릿속에 강하게 각인시켰다. 이 문제와 관련해서는 특히 도시민들에게 지워진 기대가 컸다. 독일에서는 난민의 독일 유입을 둘러싸고 부분적으로 매우 볼썽사납기도 한 논쟁이 일고 있으며, '독일을 위한 대안 Alternative für Deutschland ' 같은 외국인 혐오 정당이 힘을 얻는 중이다. 이런 현상들은 우리가 이민 문화와 여전히 한참이나 동떨어져 있음을 잘 보여준다.

한 가지 분명한 사실은 우리에게 이민과 통합이라는 주제가 점점 더 큰 화두가 될 것이라는 사실이다. 비단 전쟁이나 추방으로 인해 밀려들어오는 사람들 때문만은 아니다. 높은 사회적 · 경제적 · 문화적 기준을 계속해서 충족시킬 수 있으려면 우리 사회에는 이민이 필요하다. 이때 1차 통합이 주로 이루어지는 도시가 매우 중요한 기능을 한다. 새 이주자들이 대부분 기존의 이민자들이 살고 있는 구역에 거주지를 정하기 때문이다. 이민자들은 이곳에 집중되어 같은 운명을 짊어진 동지들을 만나고 서로의 삶과 고통을 공유한다. 그러나 많은 이들이 반 세대 안에 이미 통합의 첫 단계를 마무리 짓고, 이후에는 수용하는 사회에서 기능하며 각자의 재능과 능력을 발휘하기 시작한다.

단일문화는 미래에 이를 해낼 수 없을 게 분명하다. 적어도 도시의 미래에는 그렇다. 오늘날 우리가 사는 사회는 지식의 성장이 수 세대에 걸쳐 느리게, 선형적으로 이루어지고 '경영 비밀'이 최대한 오랫동안 지켜지던 농경사회나 수공업 사회와는 다르다. 지식의 성장은 예전보다 훨씬 빠른 속도로, 그리고 사람들 사이에서 수평적으로 이루어진다. 미국이나 영국의 연구기관에 한 번이라도 몸담아 보았던 사람이라면 얼마나 많은 아이디어와 혁신이 이민자들로부터 탄생하는지 알고 있을 것이다.

이들은 특수한 관점과 지식을 발휘해 이에 기여한다. IT 기업체, 대학병원, 컨설팅 업체들은 단기간 내에 가능한 한 많은 사람들을 수용하고 이들의 능력을 활용하는 데 커다란 관심을 품고 있다. 이런 '젊은 피 수혈' 전략은 기업체의 생존을 확보하고 우위를 점할 수 있게 해준다. 도시도 똑같은 방식으로 기능한다. 이곳에서도 선형적 사고의 시대는 지나간 지 오래다. 도시는 새로운 바람과, 새로운 사고 및 아이디어를 가진 사람들을 필요로 한다. 지식과 경제력을 확보하기 위해서가 아니라 문화적으로 시대의 정점에 머물기 위해서다. 여기에 이민자들은 그야말로 하늘이 내린 선물이다.

물론 전쟁이나 폭력을 피해 온 난민의 통합이 우리에게 던지는 과제는 개인적 자원과 경쟁력을 좀 더 적극적으로 활용하고 사회에 기여하고자 하는 이민자의 통합 문제와는 다르다. 전자는 심리적으로도 훨씬 큰 부담을 지고 있으므로 이들을 통합하는 문제는 후자의 경우와는 비교할 수 없이 복잡하고 어렵다. 폭력적인 형태로 고향으로부터 내몰린 경우가 다반사이기 때문에 귀향에 대한 갈망도 그만큼 커서 이들 자신에게도 통합은 너무나 어려운 숙제다.

어쨌거나 우리는 과거의 실수를 반복해서는 안 된다. 이민자와 선주민들이 충분한 기간 동안 이웃해 살 경우 통합이 어차피 저절로 이루어질 것이라던 믿음이 그것이다. 오늘날 사회적 약자에 속하는 이민자들의 집단이 분열되는 중이라는 사실을 우리는 잘 알고 있다. 자신의 통합 잠재력에 확신을 갖지 못하고 이주자들을 배척하는 도시는 분열과 빈민촌 형성을 조장함은 물론이고 사회 집단들 사이에도 선을 긋는다. 도시 공동체는 붕괴되고 부유층은 그들만의 구역을 형성하며, 도시민들은 서로를 지지하는 대신 서로를 향해 불신을 품는다. 이러한 도시는 '병든 도시'다. 반면에 열린 도시는 다양성을 수용할 수 있다. 이때는 이민자 유입이 다양성에 기여하고 도시에 날개를 달아준다. '열린 도시', '건강한 도시'는 다름을 받아들이며 이것을 자원으로 활용해 자신의 강점으로 만든다.

아직까지도 나는 이 장의 초반에서 언급했던, 분노에 찬 비난과 고함을 쏟아내던 초등학교 시절의 담임교사를 떠올리곤 한다. 그리고 당시 그를 그토록 자극하고 개인적인 모욕감에 젖게 만든 것이 무엇인지 생각한다. 학급 아이들 모두의 눈앞에서 폭발하던 그의 행동을 어떻게 설명할 수 있을까? 아마 그가 품고 있던 동양인 이민자 아이의 상에 상응하되, 앞서 언급했던 대로 완벽히 들어맞지는 않는 내 모습이 그를 혼란에 빠뜨린 것인지도 모른다. 한편으로 나는 그가 분노의 폭발과 동시에 원래부터 품고 있던 모든 선입견까지 완전히 배출시킴으로써 좀 더 긍정적인 세계상에 도달하는 장면을 자주 상상했다. 뒤늦게야 그런 선입견이 그리 쉽게 사라지는 것이 아님을 알게 되었지만 말이다. 내 상상이 실현되었더라면 얼마나 좋았을까.

: Chapter 10 :

도시의 재구성

스마트폰 안에 도시 데이터를 축적하다

어머니는 베를린을 방문하실 때마다 혼잡한 교통상황에 경악하시곤 한다. "이건 뭐 테헤란이나 다를 바가 없구나. 가끔은 그보다도 지독한 것 같아!" 그러고는 한동안이나 고개를 절레절레 흔들며 생각에 잠기신다. 어머니의 눈에 비친 베를린 운전자들은 방종하고, 배려심이라고는 찾아볼 수 없으며, 하나같이 과속을 한다.

최근에는 베를린 사람들이 주황색 신호를 보고도 브레이크를 밟지 않는다고 지적하셨는데, 그 말에는 나도 동조할 수밖에 없었다. 이 때문에 빨간불이 들어온 뒤에도 자동차 한두 대가 교차로를 질주하는 장면이 연출되기 때문이다. 조금만 주의를 기울이면 누구나 이것이 사실임을 깨닫고 당황할 것이다. 나는 이런 상황에 익숙해져 있지만, 무의식 중에 100퍼센트 신호등의 색깔에만 의존할 수는 없다는 데 부담을 느끼고 있을지도 모른다. 보행자 입장에서는 말할 것도 없다. 매번 어머니는 안전한 본 시내로 되돌아가는 즉시 내게 전화를 걸어 끔찍하리만치 뒤죽박죽인 베를린에서 어떻게 사느냐고 묻는다.

다양한 인구집단은 도시를 매우 다양한 방식으로 체험한다. 두 명의 개인이 똑같은 도시에서 경험하는 바가 더할 나위 없이 천차만별인 경우도 있다. 베를린에 사는 동창을 만나러 프랑크푸르트 암 마인에서 온 24세 남자 대학생은 노이쾰른의 힙스터 파티나 유흥가 한가운데서도 편안하고 즐겁다고 느낀다. 주말 내내 이 구역에 머물며 밤늦게까지 유흥을 즐기고, 오후에는 카페나 템펠호퍼 펠트 공원으로 나들이를 나가기도 할 것이다. 그런데 똑같이 프랑크푸르트 출신이며 도서관에서 일하는 65세 노부인이 같은 시기에 여동생 부부를 만나러 베를린을 방문했다고 가정해보자. 청년과는 달리 그에게는 노이쾰른에 머무는 일이 고되게 느껴지거나, 그 정도까지는 아니더라도 별다른 흥미를 느끼지 못할 것이다.

애초에 젊은 대학생과 나이 든 도서관 사서가 베를린의 같은 장소를 방문하지 않을 가능성이 크다. 도서관에서 일하는 노부인은 아마도 사비니 광장과 슐라흐텐 호숫가에서 산책을 하고, 미술관이나 카데베 백화점을 찾을지도 모른다. 두 사람은 이 도시에 관해 전혀 다른 인상과 기억을 품은 채 귀갓길에 오를 것이다. 프랑크푸르트 중앙역에 도착한 두 사람에게 베를린에서 어떤 인상을 받았느냐고 물으면 아마 서로 너무나 다른 대답을 할 것이다. 듣는 사람은 그들이 서로 다른 두 도시에 다녀왔다는 느낌을 받을 수도 있다.

감정은 지극히 주관적이기 때문에 한 도시에서 무엇을 느끼는가도 사람마다 천차만별이다. 도서관 사서가 번화한 쇼핑가에서 거북함과 두려움을 느끼는 반면, 예의 대학생은 카페와 편의점이 들어찬 노이쾰른의 거리에서 북적이는 사람들 사이에 섞여 있을 때 더할 나위 없이 편안함을 느낄 것이다. 그런데 우리는 긴장감과 지루함, 혹은 편안함 등의 감정을 어떻게 도시에 투영하는가? 또한 어느 지점, 어느 거리를 어떤 느낌과 연관짓는가? 그리고 이렇게 하는 데 인구집단마다 어떤 차이를 보이는가? 우리는 각자가 체험하는 편안함이나 거북함을 도시 전체에 대입하는가, 혹은 무의식적으로 이것을 긍정적이거나 편안한 구역에 분배하는가?

사람들이 편안함을 느끼는 도시의 환경

심리학자 스탠리 밀그램(앞서 이 책의 8장에서 이미 도시 생활에 관한 그의 비판적 관점을 살펴보았다)은 1970년대에 이미, 자신이 사는 도시에 관해 사람들이 어떤 상을 갖고 있는가라는 질문에 관심을 가졌다. 하나의 도시는 개개인의 정신에 어떤 그림으로 그려지는가? 감정적 기준점에는 어떤 것들이 있는가? 밀그램은 이런 질문들에 대한 답을 찾기 위해 파리와 뉴욕으로 연구팀을 파견한 뒤, 시민들로 하여금 각 도시를 무작정 그려보게 했다.

이때 학자들은 피험자들이 어느 지점에서부터 스케치를 시작하는지 관찰했다. 파리에서는 거의 모든 사람들이 원형으로 도시를 둘러싸고 있는 외곽 순환도로 페리페리크를 따라 외부 경계를 그리는 데서 스케치를 시작했다. 두 번째로는 자연히 두 번째로 중요한 경계표인 센강을 그렸다.

애초에 학자들은 대다수 시민들이 자신이 거주하는 지역을 가장 먼저 그릴 것으로 추측했다. 예상했던 것과는 다른 결과를 두고 학자들은, 한 도시의 심상지도 Mental Map 에서 시민들이 중시하는 것은 개인적 기준점이 아닌 사회적 기능이라고 결론지었다. 파리의 세 번째 스케치 대상은 시테섬과 노트르담 성당이었다. 여기서 밀그램의 연구팀은 대다수 사람들이 도시 내 역사적 중심지를 매우 중요하게 여긴다는 점을 파악했다. 다음 소재는 에펠탑, 개선문 등의 관광명소들이었다. 이로써 피험자들이 관광명소 및 역사적 기념물과도 강한 정서적 유대감을 맺고 있음을 알아챘다.

그러나 뉴욕의 심상지도는 전혀 다른 모습을 하고 있었다. 눈에 띄었던 점은 대다수 시민들이 맨해튼의 윤곽만을 그렸을 뿐 그 밖의 도시에 대한 통일된 상은 거의 나타나지 않았다. 주로 각자의 인종 · 사회 집단이 중심적인 역할을 한 반면, 건축적 특색이나 관광명소는 거의 의미가 없었다.[1] 뉴욕 시민들이 주로 사회적으로 정의된 구역에 의거해 도시의 구조를 만들어내고 있다는 뜻이다. 1970년대 뉴욕에서 사회적 · 인종적으로 오늘날보다 명확한 경계가 그어져 있었던 점이 이에 영향을 미친 것일 수도 있다.

이 결과는 사람들의 머릿속에 형성되어 있는 도시 및 그것의 구성요소에 대한 상이 명확할수록 이들이 도시와 가깝다고 느끼며, 이로써 도시는 한층 통제가 가능해진다는 사실을 보여준다. 특정한 도시의 구역을 지리적으로 분류하는 일이 가능할 때, 우리는 도시의 분위기와 정서도 더 잘 차별화할 수 있다. 한 도시의 구성요소들이 머릿속에서 일종의 '도시적 거미줄'처럼 서로 연계될 때, 그곳에 사는 사람은 편안함을 느끼는 것이다. 이런 도시는 인간을 인지적으로 자극하고, 우리는 이때의 느낌을 편안하게 받아들인다. 그에 비해 우리의 머릿속에 그저 어렴풋한 윤곽으로 떠오르는 도시, 그 규모와 세부구조를 좀처럼 어림하기 어려운 도시는 보통 스트레스를 유발한다. 이런 장소에서는 감정이 지리적으로 귀속될 수 없다. 그래서 많은 사람들이 대체로 역사가 별로 깊지 않은 계획도시보다 파리나 뮌헨처럼 명확한 역사적 구조를 가진 도시에서 편안함을 느낀다.

우리는 직각으로 이루어진 기하학적 형태의 미국식 계획도시와 구시가를 중심으로 확대된 유럽식 도시의 차이를 익히 알고 있다. 미국식의 직각 도시는 방향을 잡고 전체 구조를 어림하기 쉽게 해준다. 두 지점 사이의 거리도 편리하게 '블록Blocks'의 수로 표시한다. 반면에 파리의 5, 6지구나 니스, 프라하, 취리히 등의 구시가에 복잡하게 얽혀 있는 골목에서는 방향을 잡기가 극히 어렵다. 지도 없이는 거의 길을 찾을 수 없을 정도다. 그럼에도 우리는 이처럼 불규칙적인 도시구조가 훨씬 편안하고 아늑하며 미적 관점에서도 더 매력적이라고 느낀다. 직각 형태의 계획도시를 두고 이런 느낌을 갖지는 않을 것이다. 유럽의 구시가는 자극적인 동시에 편안한 느낌을 주며 흥분과 진정의 반복을 만들어낸다. 모퉁이를 돌았을 때 별안간 눈앞에 열리는 작은 광장을 발견하거나 역사적 건축물들이 늘어선 거리를 바라볼 때는 편안함을 느낀다. 온화한 계절이면 야외에 탁자와 의자들을 내놓는 카페, 선술집, 상점들이 들어찬 광장과 골목에는 특별함이 존재한다. 이로써 중심가, 다시 말해 구심점이 존재한다는 느낌이 탄생한다. 중심지 역할을 하는 교회나 성당 주변에 밀집된 건물과 도로는 이런 인상을 정신적으로 한층 강화시킨다.

이런 도시구조는 집 밖에서 사람들과 어울려 시간을 보내도록 유도함으로써 주민들 간의 사회적 접촉을 좀 더 쉽게 만든다. 그러니 체인점 형태의 시장경제가 구시가의 역사적 건축물들을 빠른 속도로 잠식해가는 현상에 대해 우려가 확산되는 것도 당연한 일이다. 독문학자 한넬로레 슐라퍼Hannelore Schlaffer는 2013년에 『시티. 계획도시 거리에서의 삶Die City. Straßenleben in der geplanten Stadt』에서 이렇게 말했다. "원죄는 도시로부터 추방되었다. 아름다움도 마찬가지다. 그리고 이 두 가지와 더불어 흥미진진함도 상실되었다."[2]

도시계획에는 사람들의 정서가 반영되어야 한다

밀그램의 피험자들이 그린 지도는 물론 그리 정확하지는 않았다. 이는 학자들이 이 스케치들로부터 이끌어낸 결론에도 적용된다. 밀그램의 실험은 매우 단순하고 독창적이었기 때문에 다양한 인지를 좀 더 정확하게 파악하기 위해서는 한 도시의 상세한 정서지도 같은 것이 필요하다. 가령 다양한 주야 시간대의 서로 다른 분위기를 표현하는 지도가 그것이다. 이것을 다양한 사람들의 유형에 맞게 최대한 차별화한 뒤 연령대나 성별, 관심사 등에 따라 다르게 지도에 표현하는 것이 가장 좋은 방법이었을 것이다. 이런 정서지도는 아직 존재하지 않지만, 그나마도 그 방향을 암시하는 흥미로운 전조는 있다. 한 예로 건축심리학 분야에서는 안전감이나 미적인 정서에 관한 문제가 다루어지고 있다.[3]

케임브리지의 매사추세츠 공과대학에서 시행되고 있는 '플레이스 펄스 프로젝트Place Pulse Project'가 대표적이다. 이는 '도시의 정서 작용 수량화Quantifying Cities' Emotional Effects'라 불리는 연구 분야에 속한다. 연구의 목적은 하나의 도시가 사람들에게 미치는 정서적 작용을 수치와 데이터로 표시하는 것이다. 최종적으로는 객관화와 측정이 가능한 도시심리학이 정립되는 것을 목표로 삼는다.[4] 미디어 학자 세자르 히달고César Hidalgo를 위시한 연구팀은 수많은 도시의 거리와 광장을 찍은 사진들이 개개인의 정서에 어떻게 작용하는지를 연구하고 있다. 연구는 온라인으로 진행되며, 누구나 홈페이지(pulse.media.mit.edu)를 통해 프로젝트를 접할 수 있다.

이 연구의 특이사항은 광범위한 층의 대중들이 구글맵의 거대한 저장소에 있는 수많은 도로 사진들에 접근할 수 있다는 점이다. 연구 참가자들은 화면에 나타난 한 쌍의 사진 중 더 안전해 보이는 사진, 사회적으로 더 안정되거나 부유해 보이는 사진 등을 클릭하게 된다. 평가에 사용되는 사진들은 암스테르담, 벨루오리존치, 타이페이, 자그레브를 포함한 전 세계 56개 도시에서 촬영된 것이지만, 참가자들은 사진이 어느 도시의 것인지 알 수 없다. 이로써 연구가들은 멕시코시티에 있는 도로의 한 열이나 막다른 골목을 사회적 · 지리적으로 그와 유사한 구조를 지닌 뉴욕, 베를린 등지의 것과 비교할 때 어느 쪽이 더 생기롭거나 안전하거나 부유해 보이는지 파악할 수 있기를 기대하고 있다. 질문의 범주는 부유함, 안전성, 현대성, 생기, 중심성, 가족친화성 여부 등이다. 이는 연구 대상이 된 장소를 참가자가 실제로 알고 있는지 여부를 떠나 도시계획의 존재 또는 부재가 가져오는 보편적인 정서적 작용을 추론할 수 있게 해준다.

이 연구는 아직 종료되지 않았지만, 몇몇 중간 결과는 확인할 수 있다. 연구 참가자들이 인지한 바와 사진 속 장소의 실제 상황 간에 큰 차이가 나지 않는다는 결과도 그중 하나로, 이는 시사하는 바가 크다. 예컨대 참가자들은 오스트리아의 두 도시 린츠와 잘츠부르크를 볼 때 안전성과 사회적 지위, 장소의 특징 면에서 동질적인 인상을 받은 것으로 나타났다. 이는 두 도시의 실제 상황과 매우 잘 맞아떨어진다. 그러나 뉴욕과 보스턴의 사진을 평가한 결과는 오스트리아의 두 도시와 다른 양상을 보였다. 참가자들은 이들로부터 동질적인 인상을 받지 못했으며, 실제로도 이 도시에는 살기 좋은 지역과 그렇지 못한 지역 간의 격차가 매우 크게 나타난다.

이러한 자료를 바탕으로 미국의 몇몇 도시에서 사람들이 느끼는 주관적 안전감을 표시한 지도도 이미 제작되었다(streetscore.media.mit.edu). 다만 여기에는 방법론적 문제점이 한 가지 존재한다. 구글맵의 사진을 보여주는 것만으로는 뮌헨, 뉴욕, 필라델피아의 거리에서 사람들이 느끼는 주관적 안전감을 거의 파악할 수 없다는 것이다. 이 사진들은 모두 거리의 분위기나 주변의 전체적인 모습이 고려되지 않은 지극히 작은 단면만을 보여주기 때문이다. 뉴욕 어퍼이스트사이드의 아름다운 거리들이 안전성 측면에서 가장 나쁜 평가를 받은 이유도 여기에 있다. 하필이면 나란히 나 있는 차고의 입구 두 개가 찍힌 탓이었다. 그러나 전체적으로는 뉴욕의 사진들 중 가장 낮은 안전감을 주는 것으로 나타난 사진의 배경은 실제로도 살인 사건이 가장 많이 일어나는 장소들인 것으로 밝혀졌다.

도시 풍경의 단편을 다루는 이 연구로부터 전혀 다른 또 한 가지를 배울 수 있다. 아주 작은 세부 요소가 관찰자에게 일어나는 감정적 작용에 변화를 일으킨다는 사실이다. 가령 사회적으로 낙후된 지역의 건물에 문이 많이 나 있거나, 가로등이 특이한 배열을 이루고 있거나, 혹은 그저 집 앞에 나무 한 그루만 서 있어도 사람들은 사진에서 편안한 인상을 받았다. 건물의 외벽과 도로의 경관을 적절히 조성하는 것만으로도 사람들의 안위가 개선될 수 있다는 사실을 여기에서 간접적으로 알 수 있다.

안타깝게도 오늘날 건축가와 도시계획가들에게는 여전히 이런 지식이 부족하다. 물론 도시를 계획하고 건설하는 사람들 중 다수는 자신의 업무가 어떤 영향력을 발휘하는가에 커다란 관심을 갖고 있다. 그러나 이와 관련된 체계적인 연구는 지금까지 거의 시행되지 않았으며, 현대 신경학의 행동 · 감정 연구가 가진 가능성이 고려된 경우도 드물다. 그러나 건축, 도시계획, 심리학 분야의 좀 더 긴밀한 연계는 필수적이다.

사람들이 자신의 거주지에서 편안함을 느끼고 기꺼이 문밖으로 나와 도시에서의 삶에 참여하기를 바란다면, 도시민들의 감정적 상태와 (지극히 보편적인 의미에서의) 내적 마음가짐을 좀 더 잘 파악할 수 있는 방법을 모색해야 한다. 또한 정확한 자료와 지식을 갖추고 있다면 어떤 종류의 건물과 외부 인테리어, 어떤 구조를 가진 보행자 도로와 교차로가 편안함과 안전함, 유대감을 불러일으키는지도 더욱 면밀히 포착할 수 있다. 또 다양한 인종 집단에게 어느 정도의 자극과 안정이 적절한지 좀 더 확실히 알아낼 수도 있다.

건축과 도시계획을 행동관찰과 연계시키려는 노력 역시 5장에서 언급한 소수의 사례에만 국한되어 있다. 그중에서도 가장 유명한 것은 아마도 뉴욕과 관련된 부분에서 언급되었던 깨진 유리창 이론일 터이다. 그러나 여기에서도 사소한 그래피티가 불가피하게 경범죄에서부터 중대한 범죄 행위까지 유발할 수 있다는 가정이 아직 경험적 검토를 거치지는 못했다. 이 이론이 커다란 영향력을 갖는다는 점을 고려하면 이는 매우 놀라운 일이다. 그래서 '플레이스 펄스 프로젝트'를 주도하는 세자르 히달고는 악순환을 야기하는 것이 단지 깨진 유리창 하나일 수만은 없다는 견해를 피력했다. 그가 보기에 사람들에게 사회적 스트레스를 유발해 결국 폭력을 야기하는 주원인은 깨진 유리창 자체가 아니라 도시 내의 사회적 불평등이었다.

스마트폰, GPS, 센서로 도시를 읽다

오늘날에는 도시에서 인간이 다양하게 인지하는 바를 파악하고자 할 때 그리 거창하고 복잡한 기술 장비가 요구되지 않는다. GPS 기기나 스마트폰처럼 일상적인 기술만으로도 광범위하고 상세한 자료를 수집할 수 있게 된 덕분이다. 엄밀히 따지면 우리 모두가 측정 기구를 항상 지니고 다니는 셈이다.

심리학자 콜린 엘러드Colin Ellard와 언론학자 찰스 몽고메리Charles Montgomery도 이를 활용해 BMW 구겐하임 연구소와 공동으로 프로젝트를 기획했다. BMW 구겐하임 연구소는 2011~2014년에 뉴욕과 베를린, 뭄바이를 두루 거치며 운영된 이동식 연구소로, 다양한 프로젝트를 통해 사람들이 각각의 도시에서 무엇을 인지하며 공공장소에서 어떻게 행동하는지 밝혀내는 것을 목표로 삼았다.

엘러드와 몽고메리는 피험자들을 스마트폰과 GPS 기기, 신체센서 등으로 무장시킨 뒤 뉴욕과 베를린, 뭄바이의 거리와 공원, 광장 등을 산책하게 했다. 그리고 산책 경로의 다양한 지점에서 피부전기전도도를 비롯한 생리적 매개변수를 측정했다. 피부전기전도도를 통해 피험자의 긴장도를 파악한다는 점에서 이는 거짓말 탐지기 조사와 다소 유사하다. 기계의 표시기는 피험자가 질문에 거북함을 느낄 경우 주관적으로 전혀 인지하지 못하는데도 반응을 보인다. 뉴욕과 베를린, 뭄바이의 피험자들은 시내를 산책하는 동안 스마트폰을 통해 긴장도와 스트레스 레벨을 어림하기 위한 질문을 받았다. 수집된 자료들은 이후 각각의 GPS 위치에 저장되었다.

뉴욕과 베를린의 경우 피험자들은 외벽의 구성이 단순한 건물보다는 개방된 창문과 문이 많은 건물을 볼 때 편안함을 느꼈다. 그리고 녹지와 공원은 마음을 안정시키는 효과를 냈다. 그러나 공동묘지나 잘 가꾸어진 병원의 정원에서는 녹지가 유발하는 안정 효과와 동시에 해당 장소의 특수성에서 기인한 것으로 추측되는 높은 긴장도 역시 관찰되었다.[5]

흥미롭게도 학자들은 생리학적으로 측정이 가능한 진짜 긴장 상태와 주관적으로 느끼는 긴장 상태 간의 연관성이 미약하다는 사실을 발견했다. 그 원인은 사람의 긴장 상태에 일어나는 사소한 변화를 흔히 당사자 스스로 감지하지 못한다는 데 있다. 병원의 정원에서 느끼게 되는 '특정한 거북함'도 그중 하나로, 건물 안에서 환자들이 어떤 고통에 시달리고 있는지 좀처럼 상상하기 어렵기 때문에 이 감정을 정확히 꼬집어 설명하기도 거의 불가능하다. 당사자는 정원에 아름답게 가꾸어진 식물과 연못을 보며 의식적으로는 즐거움을 느낄지 모르나, 다른 한편으로는 거북한 감정이 들어 자연히 생리적 긴장도가 증대된다.

MIT의 학자들은 보스턴 시내에서 자동차를 운전할 때의 스트레스를 파악하기 위해 엘러드 · 몽고메리가 사용한 것과 유사한 방법을 활용했다. 앞서도 언급했던 이 연구에서 학자들은 일부 자동차 운전자들의 긴장도가 때로 비행 임무를 수행하는 전투기 조종사의 긴장도에 버금간다는 사실을 밝혀냈다(4장 참고). 이때 학자들은 아우디 Audi 사와 협업해 승용차에 비디오카메라와 동작 감지 센서를 부착한 뒤 피부전기전도도를 활용해 운전자의 긴장도를 측정했다. 실험 대상이 된 모든 자동차에는 GPS 센서가 장착되어 시내 지도상에서의 위치를 정확히 파악할 수 있게 했다. 학자들은 이런 과정을 거쳐 도로불만지수 Road Frustration Index를 작성함으로써 특정 경로에서 특별히 스트레스를 유발하는 장소와 안정감을 주는 장소가 각각 어디인지를 기록할 수 있게 되었다.[6]

도시에는 저마다의 냄새가 있다

도시의 정서적 이미지는 시각 인지뿐 아니라 도시 내의 다양한 장소에 산재되어 있는 냄새를 인지하는 일과도 긴밀히 연관된다. 발생학적으로 볼 때 후각은 인간의 오감 중 가장 오래된 감각이다. 나아가 인간의 정서 및 기억과도 직접적으로 연결되어 있다. 일부 학자들은 심지어 특정한 장소의 냄새가 우리의 정서에 가장 분명히 각인되는 인상이라고 주장한다. 한 사람의 머릿속에서 지하철 냄새 같은 특정한 냄새가 긴장감과 결합될 경우에 그는 이 냄새가 콧속으로 파고들 때마다 긴장감을 느낀다. 이때 그가 처한 상황에 스트레스나 긴장감을 유발하는 요소가 실제로 있는가는 별개의 문제다. 이는 유명한 파블로프의 개 실험에서 볼 수 있는 전형적인 조건화와 관련이 있다. 실험에서 종소리와 먹이의 조합에 의해 조건화된 개는 어느 정도 시간이 지나자 종소리만 들어도 침을 흘리게 되었다.

200년 전 도시를 지배하던 냄새가 어땠는지 현대인들은 상상도 할 수 없을 것이다. 당시에는 오늘날과 같이 냄새를 규제하는 건축 규정이 존재하지 않았다. 도시 한가운데에서 도축과 무두질이 버젓이 행해졌고, 쓰레기와 오수의 처리도 초보적인 수준이었다. 겨울이면 나무와 석탄을 쓰는 난로의 매연도 이에 가세했다. 아마도 도시는 지독한 악취로 가득했을 것이다. 그러나 오늘날에도 마찬가지로 도시는 '냄새의 천국'이다. 협소한 공간 내에 군중과 자동차, 상점, 쓰레기통, 레스토랑, 개, 공원, 그 밖의 수많은 것들이 모여 온갖 냄새를 풍긴다.

도시의 냄새는 일차적으로 주민의 생활습관을, 나아가 생활조건을 반영한다. 앞서 언급했듯이 우리는 냄새에 매우 민감하다. 노르웨이의 냄새 연구가 시셀 톨라스Sissel Tolaas가 "관용은 코에서 시작된다."라고 말한 이유도 여기에 있다. 냄새는 우리를 혹독한 시험대에 서게 만들 수도 있다. 버스를 타고 가다가 악취를 풍기는 승객이 올라탔을 때 목적지까지 남은 여정이 얼마나 큰 고충이 되는지는 누구나 알 것이다.

학자이자 예술가이기도 한 톨라스는 2004년에 베를린 냄새지도를 작성했다. 먼저 냄새분자를 수집하는 특수한 장치를 시내 곳곳에 설치한 뒤 수집된 자료를 모두 지도에 정확히 표기하고 상세한 '스멜맵Smellmap'을 제작했다. 수집한 냄새분자의 종류만도 7,000가지 이상이었다. 톨라스의 실험실에서는 모든 냄새를 사후 합성해내는 것까지 가능했다. 수집한 냄새를 지도상에 투영한 톨라스의 베를린 냄새지도는 베를린이라는 도시에 관해 주목할 만한 '후각적 프로필'을 탄생시켰다. 이 프로젝트가 특별한 이유는 지도상에 냄새분자를 포함시켰다는 데 있었다. 즉, 관찰자는 냄새를 감지함으로써 도시를 감각적으로 체험할 수 있게 되었다.

냄새를 보다 민감도는 사람마다 천차만별이다. 여성들은 보편적으로 남성에 비해 예민한 후각을 지녔다. 나이가 들면서 후각적 민감도는 감소한다. 인종은 물론이고 체중도 후각을 결정짓는 데 한몫을 한다. 지나치게 살이 쪘거나 마른 피험자는 보통 체중을 지닌 피험자에 비해 냄새를 잘 맡지 못했다. 뉴욕 록펠러 대학교의 학자들은 다양한 연령대와 성별, 인종의 뉴욕 시민 약 400명의 후각을 조사한 바 있다. 이런 조건들은 개개인이 특정한 냄새를 좋거나 나쁘다고 느끼는 데도 영향을 미친다. 거북한 냄새는 보통 좋은 냄새보다 강하게 인지된다. 바닐라, 레몬, 민트, 계피 향 같은 음식 냄새는 대다수 사람들에게 기분 좋은 냄새로 인지된다. 가장 불쾌하게 느껴지는 것은 부패한 버터나 사람의 체취를 연상시키는 지방산 냄새다.[7]

시셀 톨라스는 연이어 캘커타, 도쿄, 멕시코시티, 런던, 이스탄불, 빈 등 전 세계 수많은 메트로폴리스의 스멜맵을 제작했다. 그의 작업 결과물들은 수많은 대규모 박물관에 전시되었다. 베를린 스멜맵은 2004년에 뉴욕 현대미술관에 전시되었다. 드레스덴 전쟁역사박물관에 전시된 제1차 세계대전 당시 전장의 냄새를 재구성한 그의 작품은 그야말로 파격적이었다. 여기에는 말의 시체와 겨자가스, 상처, 흙, 피의 냄새가 뒤섞여 있다. 주최 측에게도 이 지도의 효과는 적잖은 충격이었다. 전시 첫날부터 수많은 관람객이 작품 앞에서 구토를 하는 바람에 이들은 며칠 지나지 않아 작품 옆에 양동이를 구비해두어야 했다.

냄새는 한 장소의 물리적 성질에 관해 많은 것을 말해준다. 건물이 지어진 공간과 그렇지 않은 공간의 관계, 돌과 자연의 관계 등이 그것이다. 도심의 직장가에 있는 거리는 나무와 꽃이 가꾸어진 널찍한 정원이 딸려 있는 교외의 고급주택가와는 다른 냄새를 풍긴다. 냄새는 또한 특정한 장소가 주로 주택가로 사용되는지, 쇼핑가 혹은 상업지구인지도 추측할 수 있게 해준다. 나아가 한 지역의 인종적 혼합 현황에 관해서도 많은 것을 말해준다. 어떤 식료품점이나 식당이 그곳에 포진해 있으며 가정집 주방에서는 어떤 음식이 요리되는지 암시하기 때문이다. 냄새의 강도가 주민들의 경제적 지위에 의해 결정되는 경우도 많고, 한 도시의 지리적 위치 역시 냄새에 적잖은 영향을 미친다. 더운 지방의 도시는 보통 그보다 춥거나 바람이 강한 도시에 비해 강한 냄새를 만들어낸다.

마지막으로 많은 사람들이 각 도시의 전형적인 냄새로 간주하는 공공장소의 특정한 냄새가 있다. 지하철 냄새도 그중 하나다. 파리와 뉴욕, 도쿄의 지하철을 차례로 경험해본 사람이라면 시간이 꽤 지난 뒤에도 세 곳의 냄새를 쉽게 구별할 수 있을 것이다. "파리의 지하철은 오줌과 고무 냄새를 풍기고, 런던 시민들은 지하철 안에서 소독약 냄새, 갓 섞은 시멘트와 주철 냄새를 들이마신다." 언론인 마티아스 티보Matthias Thibaut가 2013년에 런던 지하철 개통 150주년을 맞아《베를리너 타게스슈피겔Berliner Tagesspiegel》에 기고한 기사에서 한 말이다.

심리치료사로서 나는 자신이 거주하거나 일하는 거리의 냄새를 추적하는 것이 훌륭한 주의력 훈련이 될 수도 있음을 주지시키고자 한다. 우리는 거주지 근처의 냄새들을 얼마나 잘 알고 있는가? 내 집의 문을 나서면 어떤 냄새가 나는가? 기분 좋은 냄새인가, 불쾌한 냄새인가? 집에서 서서히 멀어지면 냄새도 달라지는가? 다음번 집 앞에 나섰을 때도 똑같은 냄새를 맡을 수 있는가, 아니면 그새 냄새가 달라져 있는가? 도보나 자전거로 갈 수 있는 경로 위에서 냄새를 추적하는 방법도 있다.

냄새는 도시를 누비는 사람들의 정서에 영향을 미친다. 심지어 이 영향력은 우리가 실제로 인식하는 것보다 훨씬 강하다. 밖에서 맡게 되는 모든 냄새를 좋아할 필요는 없지만, 후각을 의식적으로 활성화시키는 사람은 자신이 사는 도시 및 거주지에도 고도로 적응할 수 있으며 이는 안정감과 소속감을 높여준다.

"도시의 병든 곳을 치료한다는 점에서 건축가와 의사는 비슷한 점이 많습니다."

위르겐 마이어 Jürgen Mayer H.

건축가이자 예술가. 건축과 커뮤니케이션 디자인, 새로운 기술의 접점에 중점을 두고 작업한다. 세비야 구시가에 있는 목조구조물 '메트로폴 파라솔 Metropol Parasol'은 그가 이룬 가장 중요한 성과 중 하나다. 2016년 여름에는 뉴욕 타임스퀘어에 ×자 형태의 대형 벤치를 설치함으로써 광장에 새로운 매력을 부여했다.

선생님은 전 세계 수많은 메트로폴리스에서 활동하시지요. 최근에는 뉴욕에서 작업하셨고요. 본인을 진정한 도시인이라고 생각합니까?

:

원래 저는 슈투트가르트 외곽, 정확히 말하면 근교에서 자랐습니다. 대도시가 제게 중요한 거점이었던 것은 사실입니다. 멋진 음악을 들을 수 있는 레코드판 가게가 그 시작이었지요. 물론 이후에는 디스코텍도 중요해졌고요. 도시에서는 새로운 가능성의 공간이 눈앞에 펼쳐졌고, 나중에 거주할 장소로 항상 도시를 염두에 두기도 했습니다. 다른 한편으로는 자연과 매우 가까이 산 덕분에 냇가에서

물장구를 치고, 동물들을 관찰하고, 숲을 탐험하며 어린 시절을 보냈어요. 두 가지가 더할 나위 없이 균형을 이룬 셈이지만, 지금은 도시를 더 좋아합니다.

그렇더라도 때로는 도시 생활이 번거롭게 느껴지기도 하지요?
:

제가 도시에서 느끼는 유일한 스트레스 요인은 바로 교통입니다. 한 장소에서 다른 장소로 신속하게 이동하기가 어렵고, 시간도 많이 소요되기 때문이지요. 정말 비생산적이고 고통스러운 시간입니다. 이런 점에서 베를린은 비교적 편한 대도시입니다. 교통체증이 아주 심해지는 시간대도 정해져 있을뿐더러, 최근에는 대중교통과 자전거를 재발견해 편리하게 활용하고 있습니다.

자동차도 소유하고 있지만 세워 두는 때가 더 많습니다. 자동차도 스스로 고립을 초래하는 수단 중 하나거든요. 저는 사람들 관찰하기를 좋아하고 도시에 어떤 사람들이 어떻게 사는지도 궁금합니다. 자전거를 이용하면 훨씬 더 많은 것을 볼 수 있지요. 이동수단과 관련해 우리가 선택할 수 있는 폭은 넓습니다. 베를린에서는 개선할 부분도 무척 많지만, 기본적으로는 이동이 그리 까다롭지는 않습니다.

몇 년 전에는 대규모 건축 작업을 하셨지요? 세비야 중심가 광장에 있는 세계에서 가장 큰 목조 구조물 말입니다. 도심에 이런 광장이 있다는 것은 어떤 점에서 흥미롭습니까?

:

의사소통의 장인 이곳을 어떻게 만들고 활용할 것인가가 핵심적인 고려 대상입니다. 중심가의 영역이 극도로 상업화된 곳에서는 쇼핑 장소 외에도 시민들이 진정 찾고 싶어 하는 장소를 만든다는 것 자체가 어렵습니다.

세비야에는 예전에 시장으로 쓰였던 광장이 구시가 한복판에 있었지만 수십 년 전부터 비어 있는 탓에 세비야의 블랙홀 같은 장소였습니다. 저희가 우승한 공모전은 이곳을 단숨에 21세기의 도시 공간으로 탈바꿈시킬 수 있는 기회였습니다. 게다가 이곳에서 로마 시대의 유적지와 모자이크가 발견되어 역사적으로 의미 있는 장소이기도 합니다. 그 덕에 이 광장은 다중적인 기능을 하는 장소가 되었습니다. 단순히 지붕을 씌운 광장이 아니라 다양한 문화생활의 장이기도 하며, 식당은 물론 사방이 탁 트인 지붕 위의 파노라마 산책로까지 갖추고 있지요. 이는 주민과 관광객 모두를 위해 훌륭한 기능을 수행합니다. 광장에서 열리는 다양한 프로그램 덕분에 정규 개장시간 외에도 광장은 생기를 잃지 않습니다. 매번 다르게 활용할 수 있는 야외공간도 아주 많고요. 한마디로 도심이 활성화된 겁니다. 이렇게 이 구조물은 어느덧 도시에 새로운 정체성을 부여하는 장소가 되었습니다.

선생님을 건축 의사라고 부를 수도 있을 것 같습니다. 도시의 문제 공간에 새로운 생기를 불어넣으며 더 나은 장소, 즐거움을 주는 공간으로 탈바꿈한다는 의

미에서 말입니다.

:

무언가를 진단한다는 점에서 건축가를 의사와 비슷한 직업으로 볼 수도 있습니다. 한 도시의 병든 지점이 어디인지 찾아보거나 문의하기도 하고 그에 맞는 대책도 강구하니까요. 의사를 꿈꾸던 건축가나, 반대로 건축가가 되고 싶어 하던 의사가 많은 데는 다 이유가 있습니다.

선생님은 시각적으로 복잡다단한 기하학적 형태를 사용하지요. 생물학적 구조도 연상되고요. 이런 방식으로 도시를 활성화할 수 있습니까?

:

우리는 기술과 자연에 관한 물음을 새로이 고찰해야 하는 시대에 살고 있습니다. 저희는 의학 분야와 의사소통 연구 분야로부터 다른 생명체들이 어떻게 상호작용하는지에 관해 아주 많은 것을 배웁니다. 이로부터 건축학 같은 여타 학문에 적용될 수 있는 참고사항들이 나오지요. 가령 뼈대나 돌말류로부터 구조방법을 배울 수도 있고, 화학작용을 통한 식물들 간의 특수한 의사소통 기능을 배울 수도 있습니다. 저는 모든 세대가 자기 시대에 행해지는 일들을 표현하고 시대적 증거물을 만들어내기 위한 나름의 건축언어를 찾아야 한다고 생각합니다.

도시에서 사회적 밀집성과 고립의 동시적 존재는 건강 문제를 일으킵니다. 건축

물이 이런 형태의 사회적 스트레스를 경감시키는 데 기여할 수 있습니까?
:

저는 스트레스 요인이 다양한 차원에서 발생하며 각 요인마다 나름의 중대성을 지니고 있다고 봅니다. 밀집도가 문제가 되는가는 제가 대답할 수 있는 질문이 아닙니다. 제가 보기에는 고립화가 더 문제입니다. 밀집성은 일종의 창의적 잠재력을 유도해 예술, 문화, 무용, 신기술에서 생산물을 탄생시킵니다. 위험할 정도로 엄청난 표현의 욕구가 없다면 이런 일은 일어나지 않겠지요. 이런 의미에서 도시는 다양한 스트레스 표출의 집성체라고도 할 수 있습니다.

건축이 인간의 고독을 줄여줄 수도 있을까요?
:

건축가들은 항상 얼마나 다양한 사회집단이 어디에 어떻게 자리잡을 수 있는가라는 질문을 던집니다. 삶의 상황에 변화가 왔을 때 나이 많은 부모가 자녀들과 가까이 지내며 살 수 있는 거주공간을 만들려면 어떻게 해야 하는가? 그럼에도 사적인 공간은 보존되고, 동시에 친밀함과 익숙함, 신뢰감, 안전감까지 누릴 수 있으려면 어떻게 해야 하는가? 다시 말해 이것은 보다 유연한 거주형태, 보다 유연한 혜택을 창출하는 일입니다. 안전감을 느끼는 동시에 자유공간을 누릴 수 있는 장소, 한 사람의 개인으로서 자아실현을 하는 데 필요한 공간을 찾는 것이지요.

세비야의 경우처럼 도심의 광장을 재활용하는 일도 고독에 대응하는 하나의 방책인 것 같습니다.

:

공공장소에서 결정적으로 중요한 것은 품질입니다. 다시 말해 사람들이 즐겨 찾고, 친구들을 만날 수도 있으며, 뜻밖의 지인들과 마주치기도 하는 장소여야 하지요. 일부러 계획하지 않아도 자연히, 부수적으로 교류가 탄생하는 곳 말입니다.

건축가로서 선생님은 '지루함'이라는 현상을 학문적으로 다루고 계시지요. 이는 지금껏 연구가 가장 미비하게 진행된 스트레스원이기도 합니다. 이를 연구하게 된 계기는 무엇인가요?

:

지루함이 창의력의 주요 동력원 중 하나임을 깨달은 덕분입니다. 발터 베냐민 Walter Benjamin을 접하게 된 것이 크나큰 소득이었습니다. 그의 책 『아케이드 프로젝트 Das Passagen-Werk』는 지루함과 도시를 다루는 데 한 부분을 통째로 할애합니다. 도시에는 일종의 '안락함 주머니' 같은 것이 존재합니다. 우리는 공기조절장치가 있는 건물 내부의 공간을 통해 이것을 창출합니다. 차가워지거나 더워지기도 하는 외부세계의 생기로운 공기는 이와 대비되는 존재로, 인간은 이곳에서 생물학적 리듬과 더 긴밀히 통합됩니다. 이러한 갈등, 다시 말해 도시 공간의 생기와 변화무쌍함, 그리고 실내공간을 지배하는 고정불변의 상황 사이의 대비가 제 관심을 끌었지요.

선생님은 개인적으로 어느 도시를 좋아하십니까?

:

현재는 베를린이 제게 가장 적합한 장소입니다. 뉴욕에서 공부하던 젊은 시절에는 그곳이 제게 적합하다고 여겼고요. 훗날에는 아마도 베를린이 아닌 다른 도시에 살게 될지도 모르지만, 지금은 이곳이 더할 나위 없이 좋습니다.

: Chapter 11 :

도시의 사회자본

도시 생활을
행복하게 만들어줄 최우선 조건

어떤 도시가 내게 적합한가? 한 도시 안에서 잘 살기 위해 필요한 것은 무엇인가? 내게 최적의 혼합물은 무엇인가? 누구나 한 번쯤은 이런 질문을 던져보았을 것이다. 우리는 누구에게나 편안하게 느껴지는 장소, 소속감과 고향 같은 느낌을 주는 장소를 찾아 헤맨다. 풍요로움과 안전함뿐 아니라 비형식적인 삶을 누릴 수 있는 곳, 피크닉을 즐기고 잔디밭을 마음껏 밟을 수 있는 공원이 있는 곳, 혹은 주택가 한가운데 간이탁자를 가져다 두고 이웃들과 여름 바비큐를 즐길 수 있는 작은 공터가 있는 곳 말이다.

우리가 원하는 도시는 잘 정비된 자전거 도로를 이용해 출근할 수 있는 도시, 곳곳에 작은 상점들이 있어 어디에서든 도보로 생필품을 구하러 갈 수 있는 도시다. 일부 구역을 보행자 전용 도로로 지정해

두고 이를 중심가로 명명하기보다는, 중심가가 있다는 사실을 어린 아이라도 이해할 수 있도록 꾸며진 도시를 사람들은 원한다. 교회나 광장, 시장, 성, 혹은 최소한 우체국이 구심점 역할을 하며, 주민들로 하여금 자신이 중심가와 교외 중 어느 쪽으로 얼마나 치우친 곳에 사는지 가늠하게 해주는 도시 말이다. 이 역시 생활공간의 정체성에 기여하는 요소이기 때문이다. 어떤 사람에게는 영화관이 중요한 요소다. 이런 사람은 자신이 사는 도시에 독립영화관이 몇 군데 있는가를 중요하게 여길 것이다. 다른 누군가에게는 정기적으로 연극을 관람하는 일이 절대적으로 중요할 수 있다. 이따금 훌륭한 밴드가 공연하러 오는지, 밤 문화가 발달했는지, 영업시간의 제약을 받지 않고 피곤할 때까지 느긋하게 바에 앉아 술을 마실 수 있는지도 어떤 이에게는 고려 대상이 된다.

"어디 사세요?"

사람들은 각자 자신에게 적합한 도시에 관해 나름의 관념을 품고 있을 것이다. 그렇다고 사람이 늘 원하는 곳에 살 수 있는 것은 아니다. 함부르크를 가장 좋아하고 그곳에 사는 것을 꿈꾸면서도 아헨에서 평생을 보내는 사람도 있다. 또 누군가는 베를린에 살면서 로마나 뉴욕, 혹은 바이에른의 작은 시골 마을에서의 삶을 동경한다. 한 가지 확실한 점은, 우리가 실제로 살고 있거나 살고자 하는 곳이 우리에 관해 많은 것을 말해준다는 사실이다.

파티 같은 모임에서 처음 잡담을 나누며 묻는 질문 중 하나가 "어디에 사세요?"인 이유도 여기에 있다. 쾰른의 벨기쉐스 지구, 뮌헨의 글로켄바흐구, 베를린의 바이센제 등으로 대답을 하는 것만으로도 그의 삶에 관해 많은 것을 알 수 있다. 적어도 직업만큼이나 그 사람에 관해 알 수 있게 해준다. 당연하게도 사람들은 한 도시에서 새로운 거주지를 정할 때 어느 구역에 자리 잡을지를 우연이나 부동산 시장의 손에 맡겨두고 싶어 하지 않는다. 어느 구역이든 주변 환경이 자신에게 적당해야 한다고 생각하는 것이다. 이때 사람들은 특히 한 구역의 분위기를 바탕으로 직감에 의존하는 것이 보통이다. 그러나 이러한 접근법이 늘 정확한 것은 물론 아니다.

분주한 대도시 한복판과 교외 중 어디를 택할 것인가? 대도시가 아닌 소도시를 택하는 편이 나은가, 아니면 복잡한 도심에서 멀리 떨어진 시골 마을을 택할 것인가? 이런 질문에 맞닥뜨렸을 때는 먼저 자신의 개인적 특성에 관해 고찰해보는 것이 도움이 된다. 나는 조심스럽고 내성적인 성격인가, 혹은 외향적이며 사람들 사이에 섞이는 것을 좋아하는가? 주위에 사람들이 있으면 금세 성가시다고 느끼는가, 아니면 별다른 일이 벌어지지 않고 주변에 사람이 없는 환경이 나를 더 불안하게 만드는가?

이른바 '시골형 성격'과 그에 대비되는 '도시형 성격'은 실제로도 존재하는 것처럼 보인다. 심리학자들로 구성된 한 국제 연구팀은 런던 시민을 대상으로 이를 면밀히 분석했다. 학자들은 이때 각각 도심과 교외에 거주하는 사람들의 성격유형 간에 차이가 있는가라는 물음을 던졌다.[1] 그 밖에 설문조사를 통해 피험자들의 삶의 만족도 및 이들이 스스로 행복하다고 느끼는지 여부를 알아보고자 했다. 조사 대상은 런던 전역 219개 우편번호 구역에 거주하는 5만 6,000명의 런던 시민들이었다.

조사 결과 '새로운 경험에 대해 열린 자세'를 지닌 사람들은 대체로 시내 중심가에 거주하는 것으로 나타났다. 창의력과 혁신에 대한 애호, 지식욕을 갖추었다는 점이 이들의 특징이며, 인구밀도가 높고 다양한 인종이 혼합된 중심가에 거주하는 한 이들은 높은 삶의 만족도를 누렸다. 연구가들은 또한 도시의 중심가에 사는 주민들이 전형적으로 '외향적 유형'에 속한다는 사실을 확인했다. 외향적인 사람들은 사교적이고 대화를 좋아하며, 사람들을 만나는 것을 즐기고 대체로 명랑하며 긍정적인 성향을 가졌다. 이런 사람들은 복잡한 런던 한복판에서도 삶의 만족도 측면에서 두드러지게 높은 점수를 받았다. 동시에 평균 이상으로 행복하다는 결과도 나왔다. 반면에 '온화'하고 '양심적인' 성향을 가진 사람들은 대체로 도시의 외곽 지역에 거주하며 도심보다는 이곳에서 좀 더 만족스러워했다.

이상적인 도시를 찾아라

런던에 거주하는 사람들의 성향에 관한 연구는 수십 년에 걸친 연구 결과를 토대로 1980년대에 고안되어 오늘날까지도 전 세계 수많은 연구에 적용되는 '빅 파이브Big Five' 모델 (또는 5요소 모델)에 기초한다. 이에 따르면 모든 성격유형은 문화권과 상관없이 5개 영역, 즉 '빅 파이브'로 구성된 하나의 체계를 기준으로 분류할 수 있다. 첫 번째 유형은 신경성으로, 이 성격을 가진 사람은 불안정, 유약함, 신경증적, 긴장감 등의 정서적 불안정성이 특징이다. 두 번째 유형은 외향성이다. 외향적인 사람은 사교성이 좋으며 친절하고 호의적인 태도로 타인을 대하는 경향이 있다. 세 번째는 경험에 대한 개방성이다. 이 유형에 속하는 사람은 창의적이고 호기심이 강하며 상상력이 뛰어나다. 네 번째 유형은 성실성으로, 사물을 대할 때 신중한 태도를 보이며 책임의식이 강하고 믿음직스러운 사람이 이에 속한다. 마지막 유형은 친화성이다. 친화력이 좋은 사람은 타인에 대한 이해심이 깊고 이타적으로 행동하며, 주위 사람들을 대할 때 협조적이고 양보하는 태도를 보인다. 유전적 요인이 이 성격유형에 미치는 영향은 최소한 50퍼센트로 적잖은 비율을 차지한다. 즉, 입양아 연구나 분리되어 자란 쌍둥이 연구를 통해 알려져 있다시피 성향을 유전의 결과물로 볼 수 있는 것이다. 나머지 부분은 개인적 환경 요인에 의해 형성된다.

어떤 사람들은 복잡한 심리테스트 등을 거치지 않고도 스스로를 이 중 하나의 유형으로 분류할 수 있을 것이다. 이들은 자신이 도심형과 도시외곽형 중 어느 쪽에 속하는지도 비교적 쉽게 가늠할 수 있다. 그러나 이런 심리학적 자기 판별이 누구에게나 쉬운 것은 아니다. 게다가 어떤 도시가 개개인에게 적합한지, 도시의 규모는 어느 정도여야 하는지, 어떤 사람에게는 시골 생활이 적합하지 않은지도 고려할 문제다.

다양한 여론 연구소나 라이프스타일 잡지에서 발표하는 도시 순위를 참고하는 것도 이상적인 도시를 찾는 데 도움이 될지 모른다. 행복이나 삶의 만족도를 기준으로 작성된 순위목록이 꾸준히 발표되고 있기 때문이다. 인기도시 순위를 훑어보며 자신이 살고 있는 도시가 어디쯤 위치하는지 알아보는 것도 흥미로운 일이다. 그러나 조금만 자세히 들여다보면 평가기준에 그리 설득력이 없다는 사실을 금세 알게 될 것이다.

가령 제네바와 취리히는 이런 순위에서 주기적으로 최상위를 차지하는 도시들임에도[2] 한번쯤 제네바에서 살아보고 싶다고 말하는 사람을 찾기는 힘들다. 직접적으로 말해 제네바는 거주 희망 도시 목록에서 중위권에도 들지 못한다. 취리히의 경우는 조금 다르다. 이곳에서는 여름이면 호숫가나 강가에 있는 '바디Badi(취리히에서는 야외 수영장을 이렇게 부른다)'에서 일광욕을 즐기거나 크로넨할레 레스토랑에서 바비큐 소시지를 먹을 수도 있다. 이런 일들은 모두 시민들에게 큰 즐거움을 준다. 그러나 취리히에서 밤늦게 샤워를 하거나 정원의 잔디를 제때 깎지 않을 경우 시 당국의 엄격한 규율에 의해 제재 당하고 개인의 자유가 제약된다는 느낌을 받게 될 것이다.

부유한 도시는 이런 순위에서 상위권을 차지하며, 빈곤한 도시는 하위권으로 밀려난다. 그러나 모든 사람이 항상 부유한 도시가 가장 박진감 넘치고 흥미로우며 살기 좋은 곳이라고 여기는 것은 아니잖은가? 독일의 경제지《비르트샤프트보헤Wirtschaftswoche》와 부동산 포털 '이모빌리엔스카우트24ImmobilienScout24'가 2015년에 공동으로 발표한 독일의 도시 순위목록은 뜻밖의 결과를 보여준다. 1위는 뮌헨, 2위는 잉골슈타트, 6위는 볼프스부르크가 차지했으며, 담슈타트는 12위, 라이프치히는 40위, 베를린은 43위에 올랐다. 꼴찌(69위)를 차지한 곳은 겔젠키르헨이었다. 이때 경제발달과 생산성, 범죄율, 보육시설, 그 밖의 몇 가지가 평가기준이 되었다.[3]

이런 결과가 나왔다는 것은 매우 뜻밖이다. 여기에 과연 주민들의 의견이 반영되었을까? 각자 살고 있는 도시에서 편안하고 행복하다고 느끼는지 주민들에게 직접 물어본 것일까? 이런 순위가 나오기까지 과연 독립성이 보장되는가? 특정한 도시가 상위를 차지하기 위해 영향력을 발휘하는 것은 아닐까? 때로는 이런 순위 뒤에 경제적 이해가 작용하고 있다는 느낌을 지울 수 없다. 어쨌거나 2위를 차지한 잉골슈타트나 8위에 오른 울름에서 고작 43위에 오른 베를린으로 이사하고 싶어 하는 사람들은 분명 있을 것이다.

영국의 라이프스타일 매거진《모노클Monocle》은 여타의 것에 비해 고심한 흔적이 보이는 순위목록을 내놓았다. 여기에서는 여러 가지 요소들을 종합한 결과를 인구 수로 나누었다. 돈과 녹지 면적뿐 아니라 공공도서관의 수와 자전거로 출퇴근하는 시민의 수, 합리적인 가격으로 양질의 점심식사를 할 수 있는지 여부도 고려되었다. 결과는 놀라웠다. 1위를 차지한 도시는 도쿄였으며, 빈이 2위, 베를린이 3위로 그 뒤를 이었다. 3위에라도 오른 게 어디인가. 개인적으로는 몇 가지 평가요소를 추가로 반영했더라면 더 좋았을 것이라고 생각된다. 가령 시민들이 저녁시간을 보낼 수 있는 분수대, 계단, 카페가 있거나 앉아서 쉴 의자가 마련된 공공광장의 수도 말이다. 이런 곳에서는 외지인과 현지인들이 만나 가볍게 대화의 물꼬를 트거나 문화축제를 열 수도 있다.

사회자본: 모두를 위한 규범, 신뢰, 네트워크

이런 도시 순위를 정할 때 우선시되는 평가요소들이 보편적으로 적용될 수 있는 경우는 드물다. 게다가 이런 요소가 시민들이 일상에서 느끼는 바와 직접적으로 연계되는 일은 아예 없다. 사람들은 흔히 자기 자신과 자신이 사는 도시가 순위에 제대로 반영되어 있지 않다고 느낀다. 다시 말해 하나의 도시가 우리에게 고유하고 소중한 생활공간이며 우리가 그 도시와 내적으로 맺어져 있다고 느낄 수 있으려면, 높은 생산성이나 낮은 범죄율 외의 다른 측면들도 고려되어야 한다. 이런 매개변수는 통계에는 거의 반영되지 않지만, 그 의미는 다른 요소들에 비해 결코 적지 않다. 오히려 한 도시의 삶의 질이 결정되는 데는 이런 요소가 중요하게 작용한다.

이런 영향요인을 좀 더 정확히 파악하는 데 '사회자본'이라는 개념이 도움이 될 수 있다. 사회학에서 쓰이는 이 개념은 인간이 공동체와 맺는 관계의 품질을 정의하는 데 쓰인다.[4] 사회자본은 사람들 사이에 형성된 신뢰를 바탕으로 한다. 특히 개인적으로 서로 알지 못하는 사람들 간의 신뢰가 이에 해당된다. 신뢰는 서로 협조하고 의지하는 태도를 낳는다. 말하자면 '사회자본'이란 인간의 상호 지지 기능 및 신뢰도를 정의하는 개념이다.

이러한 지지는 대개 비형식적인 특성을 갖는다. 봉사활동에 기꺼이 참여하는 자세, 기본적인 상호 원조, 혹은 주위 사람들의 상태와 필요를 포착하는 특별한 민감성 등이 그 예다. 이웃이 병들거나 혼자 힘으로 살아갈 수 없을 때, 고민이 있는 동료가 자신의 이야기를 들어줄 대화 상대를 필요로 할 때, 이런 시스템이 개입하는 것이다. 도시 내의 서비스 조직은 물론 보험업계도 바로 이러한 사회적 지지가 결핍된 틈새를 메움으로써 유지되며, 개인과 사회는 이를 위해 비용을 지불한다.

사회적 연결망은 인간의 진화 과정에서 뇌의 구조 및 용량에 결정적인 영향을 미쳤다. 이에 관해서는 앞서 이미 설명했다.[5] 안정적이고 신뢰할 만한 사회적 연결망이 갖춰진 곳에서 사람은 저절로 편안함을 느낀다.[6] 이를 도시에 대입하자면, 큰 규모의 사회자본을 갖춘 도시에서는 시민들의 안녕이 좀 더 잘 보장된다고 말할 수 있다. 사람들 간의 조우가 귀한 가치로 간주되며 상호 지지 구조가 순조롭게 기능하는 도시의 시민들은 대도시 생활이 야기하는 압박감도 잘 견뎌낼 수 있다. 도시 스트레스를 덜 겪는 셈이다. 사회자본 및 그와 맞물린 상호 지지는 그 자체로 스트레스 해소 효과를 낸다. 개개인이 어려운 상황에 처했을 때 공동체의 지원이 있을 것이라는 확신이 들기 때문이다.

이따금 도시를 벗어나 시골에 가보면 사람들 간의 조우가 그곳에서 별안간 새로운 가치를 획득하는 것을 느낄 수 있다. 인적이 드문 들판 한가운데서 다른 산책객을 만나면 자연스럽게 인사를 나누게 된다. 그런 곳에서는 눈도 마주치지 않고 말없이 스쳐 지나간다는 게 무척이나 어색하기 때문이다. 장소가 한적할수록 인사는 더 친밀해진다. 인적 없는 곳에서 다른 사람을 만나는 일에는 뭔가 특별한 것이 있다. 끈끈함이 그것이다.

반면에 북적이는 보행자 전용 거리에서 모든 사람에게 열심히 인사를 건넬 경우 이상한 사람으로 간주되어 말썽이 생길지도 모른다. 시골에서라면 자전거 바퀴에 바람이 빠졌을 때도 신속히 도움을 받을 수 있다. 상대방이 어떤 반응을 보일까 걱정할 필요 없이 누구에게나 말을 걸 수 있기 때문이다. 그러나 사람들로 가득한 도심의 보행자 전용 거리에서도 과연 똑같이 할 수 있을까? 나는 프로방스의 외진 지역에 사는 어느 예술가와 친분이 있는데, 한번은 그가 이런 말을 했다. 사람 한 명 없는 외진 시골에서 산책할 때는 느껴본 적 없는 극한의 고독감이 도심의 보행자 거리를 거닐 때 밀려든다는 것이었다. 그 원인은 과연 무엇일까?

도시에서는 마주치는 사람이 너무나 많은 나머지 서로 알지 못하는 두 사람의 만남이 갖는 가치가 시골에서처럼 크게 다가오지 않는다. 도시에서 우리는 많은 사람들에게 둘러싸여 있지만 개인적으로 아는 사이가 아닌 이상 거리낌 없이 말을 건넬 만한 근거가 없다. 극단적인 경우 군중 속에 혼자 내팽개쳐져 있다는 거북하기 그지없는 감정도 든다. 시골에서는 개인적인 만남이 좀 더 큰 가치를 가지며, 소수의 주변 사람들에게 의지할 수 있다는 확신이 생존에 절대적으로 중요하게 작용하기도 한다.

누가 날 좀 도와주세요!

시골에서는 공동체에 의존할 수 있다는 점이 개개인에게 좀 더 중요한 의미를 갖는다. 그래서 시골 마을에서는 대문을 열어두는 집이 많다. 도둑이 들까 두려워하는 사람도 드물다. 시골 지역에서 보편적으로 공동체에 대한 신뢰가 지배적이라는 사실은 사회학자이자 하버드 대학교의 교수인 로버트 퍼트넘의 연구를 통해서도 입증되었다. 그는 '사회자본'이라는 개념을 집중적으로 연구한 학자다. 2000년에 출간한 『나 홀로 볼링 Bowling Alone: The Collapse and Revival of American Community』에서 퍼트넘은 점점 도시화되는 미국 사회에서 사회자본이 감소하는 현상에 대해 탄식했다. 그리고 사람들이 서로를 대하는 방식, 참여와 공동체의식의 쇠퇴를 상세하게 묘사하며 다소 비관적인 어조로 '사회적 환경재앙'에 대해 경고한다. 동시에 도시화, 특히 외곽 지역의 확장에 따른 교외화 외에 다른 수많은 요소들도 그 원인으로 지목하고 있다. 여가활용의 디지털화도 이에 포함된다. 점점 더 많은 사람이 타인들과 어울리기보다는 홀로 컴퓨터 앞에 앉아 여가시간을 보내는 풍조가 그것이다.

연구에서 퍼트넘은 타인들이 위기에 처했을 때 도움을 주거나 헌혈을 하는 등의 자율적 연대 및 봉사활동에 시골 사람들이 더 적극적으로 참여할 준비가 되어 있다는 결론을 내렸다.[7] 사회적 의미, 관대함, 참여는 시골이나 작은 마을에서 더 잘 학습된다고 퍼트넘은 이야기한다. 2015년 권위 있는 과학 저널《플로스원PLoS One》에 발표된 중국의 한 연구도 이러한 견해를 뒷받침해준다.

이에 따르면, 시골에 거주하는 중국 아동들은 도시의 아동들에 비해 관대하다고 한다.[8] 시골에서 유년기를 보낸 사람은 타인과 이익을 나누고자 하는 마음가짐이 좀 더 잘 갖추어져 있다는 것이다. 다시 말해 이 연구에서는 사람 사이의 지리적 거리가 멀어질수록 관용, 기부, 원조 등과 같은 행동방식이 증가하는 것으로 해석하고 있다. 흥미롭게도 도시와 시골 간의 차이는 이방인이나 잘 알지 못하는 사람들을 대하는 관대함과 관련해 특히 두드러졌다. 도시보다는 시골에서 성장한 사람이 이 점에서 훨씬 뛰어난 사회성을 보였다. 중국 학자들은 중국의 시골 주민들이 공동체를 중시하며, 또 그렇게 해야만 한다는 데 근거해서 이를 설명했다. 그에 반해 중국 도시민들은 훨씬 더 개인성 및 개인의 발전에 치중한다.

위기 상황에서 시골 주민들이 도시민보다 신속하게 원조에 나선다는 사실은 하이델베르크 대학교의 심리학도들이 시행한 실험에서도 증명되었다.[9] 이들은 9세 소녀의 무릎에서 피가 흐르는 것처럼 꾸미고 도로 가장자리에서 우는 시늉을 하게 한 뒤, 대도시와 시골 마을의 행인들이 각각 어떤 반응을 보이는지 비교했다. 시골에서는 행인의 30퍼센트가 걸음을 멈추고 도움을 준 반면, 도시에서는 그렇게 한 사람이 고작 7퍼센트였다. 북적이는 도시에서 사람들은 바삐 지나쳐버리거나 개입하지 않고 지켜보기만 하는 경우가 많았다. 심지어 이런 현상을 가리키는 '관찰자 효과'라는 용어도 있다. 현장에 구경꾼이나 목격자의 수가 많을수록 개개인이 군중 속에서 앞장서서 도움을 줄 가능성은 낮아진다는 것이다. 딱히 사명감을 느끼는 사람이 아무도 없는 탓이다. 일부는 비웃음을 사게 될 것을 두려워하고, 다른 일부는 자신이 남을 도울 만큼 훌륭하지 못하다고 여기며, 좀 더 적절한 도움을 줄 사람이 군중 속에서 나오기를 기대한다. 시골에서는 상황이 다르다. 이곳에서는 협동이 절대적으로 중요하기 때문이다. 몇 명 되지 않는 행인들 중 한 사람으로서 도움이 필요한 사람을 지나칠 때면 행동 본능이 훨씬 더 빨리 활성화되며 '도와주자!'라는 신호를 보내는 것이다.

흥미로운 점은 시골 사람들에게서 볼 수 있는 관용이 스트레스를 통해 자극되기도 한다는 사실이다. 다만 이는 단시간 동안만 지속된다. 이는 뒤셀도르프 대학교에서 시행한 연구에서 밝혀졌다. 실험에서 인위적으로 감정적 스트레스에 노출된 남성들은 스트레스를 경험한 직후 20분 동안 스트레스에 노출되지 않은 피험자보다 훨씬 관대한 태도를 보였다. 심지어 측정이 가능할 정도였다. 실험의 일환으로 행해진 한 게임에서, 스트레스에 노출되었던 남성들은 자신에게 주어진 초기자본 중 더 많은 부분을 사회적으로 가까운 사람에게 기꺼이 양보했다. 스트레스를 받지 않은 통제집단에게서는 그런 관대함이 관찰되지 않았다. 다만 그처럼 우월한 사회적 태도는 스트레스를 경험한 후 90분 이내에 다시금 감소했다.[10]

이러한 현상을 어떻게 설명할 수 있는가? 피험자들이 스트레스에 노출되자 코르티솔과 노아드레날린 같은 스트레스 호르몬이 (특히 해마체나 편도체에서) 급작스럽게 다량 분비되었다. 그러면서 그것들이 스트레스 경험 직후의 행동을 더 감정적으로 만든 것이었다. 이들은 사회성 레지스터를 최대한 활용함으로써 상황에 대한 통제력을 되찾으려 애썼다. 얼마 뒤 유기체가 기력을 되찾고 나면 레지스터는 평상시의 상태로 되돌아가고 새로 기록된다. 약 한 시간이 지나면 전전두엽피질이 재차 통제권을 잡으면서 전략적이며 목적에 초점을 맞춘 사고를 하게 만든다. 이렇게 되면 결국에는 관대함의 흔적을 별로 찾아볼 수 없게 된다.

말하자면 사람은 일시적으로 어려운 상황에 처했을 때 자동적으로 사회적 행동거지와 자비심을 더욱 발휘하는 것으로 보인다. 그러나 스트레스 상황에서 관대함을 발휘하는 일은 대상이 친숙한 인물일 경우에 한해 적용된다. 낯선 사람이 대상일 경우에는 스트레스에 의한 행동 변화가 유발되지 않는다. 여기에도 진화론적 의미가 있다. 곤경에 처했을 때 사람은 원조와 지지를 받을 가능성이 큰 곳에 계획적으로 사회적 투자를 하게 마련이다. 이때 가장 선호되는 대상은 잘 아는 사람, 자신을 어느 정도 의미 있게 여길 만한 사람이다. 달리 표현하면 사회적 스트레스는 일시적으로 친구와 이방인을 집중적으로 구분하게 만든다.

사회자본의 부정적 측면

사회자본과 관련해 도시 간에 차이가 있는가? 미국 잡지《리더스 다이제스트Reader's Digest》는 전 세계 메트로폴리스의 사회자본을 측정하고 비교하기 위해 다소 엉뚱하고도 기발한 연구를 진행했다.[11] 조사 담당자들이 선택한 것은 지갑 실험이었다. 이들은 17개 도시의 공원, 보도, 쇼핑센터 등지에 누가 흘리고 간 것처럼 각각 12개의 지갑을 떨어뜨려 두었다. 모든 지갑에는 현금 50달러와 명함, 주인의 것으로 추측할 만한 가족사진이 들어 있었다. 이후 지갑 중 몇 개가 주인에게 되돌아오는지 관찰했는데, 결과는 놀라웠다. 1위와 2위는 각각 헬싱키(되돌아온 지갑의 개수: 11개)와 뭄바이(9개)였으며, 꼴찌를 차지한 도시는 마드리드(2개)와 리스본(1개)이었다. 중간 순위에 오른 도시들은 뉴욕(8개), 모스크바(7개), 베를린(6개), 런던과 바르샤바(각 5개), 부카레스트와 리우데자네이루(각각 4개)였다.

지갑 실험은 이른바 '연결Bridging 사회자본', 다시 말해 지갑을 잃어버린 누군가를 향한 연민과 그를 돕고자 하는 마음가짐을 측정할 수 있게 해준다. 대도시에서 지갑을 주인에게 돌려보내거나 분실물센터에 맡기는 사람은 풍부한 연결 사회자본을 갖추고 있다. 타인의 문제를 보살피는 이타주의적인 행동이 바로 그것이다.

한 도시의 시민들이 서로 아주 좋은 관계를 맺고 있을 경우 이 도시는 '결합Bonding 사회자본'으로 특징 지을 수 있다. 다만 이들이 이방인을 대할 때는 대체로 폐쇄적이거나 심할 경우 적대적인 태도를 취하기도 한다. 이는 베를린이 기대보다 저조한 성적을 얻은 이유를 부분적으로 설명해준다. 사실 베를린 시민들은 이곳 시장이었던 클라우스 보베라이트Klaus Wowereit가 평한 대로 자신들이 '가난하지만 섹시하다'고 여긴다. 더불어 사회자본 측면에서 평균 이상으로 좋은 성적을 거둔다. 재정적으로는 어렵지만 우수한 도시공동체를 갖추고 있는 것이다. 사람들은 베를린이 편안하고 안전하다고 느끼며 서로를 신뢰한다. 단, 베를린 시민들이 느끼는 자부심은 연결 사회자본보다는 결합 사회자본에 대한 것이라고 해야 옳다. 베를린 시민은 이방인보다는 같은 베를린 사람을 대할 때 '섹시'하다.

이 부분에서 시골 지역이 더 나은 양상을 보이는 것은 아니다. 시골에서도 전통적으로 원주민들 간의 결속을 강화시키는 결합 사회자본이 지배적이기 때문이다. 한 마을에 오랫동안 거주해온 주민에게는 그곳에 고도로 형성되어 있는 결합 사회자본이 편안하게 느껴진다. 그러나 아직 공동체의 구성원으로 자리 잡지 못한 상태에서 원조를 필요로 하는 새 이주민에게는 그렇지 못할 수도 있다. 시골에서는 전통적으로 신뢰와 비공식 거래가 커다란 역할을 한다. 대개 드러내놓고 입 밖에 내뱉지는 않지만 고도의 영향력을 발휘하는 '오는 정이 있어야 가는 정이 있다'라는 불문율도 이에 해당된다. 서로에게 좋은 일을 해주고 타인의 책임까지도 기꺼이 떠맡으며, 주고받는 일이 결국에는 균형을 이룰 것이라고 믿는 것이다. 시골에서는 오늘날에도 대가를 받고 어떤 일을 해주는 경우가 도시에 비해 그다지 흔치 않다. 반면에 도시에는 이미 구석구석까지 서비스업이 파고들어 있다.

그러나 아무런 통제도 받지 않는 교환거래와 주고받기 시스템으로 인해 예의 비공식적 주요 입지를 점한 사람이 권력을 남용하는 일이 발생할 수도 있다. 예를 들어 시골 의사나 약사, 행정공무원 등이 전문지식을 혼자만 알고 있거나 자신만이 아는 정보를 다른 이들과 공유하지 않을 경우에 마을의 다른 모든 구성원들은 부족한 정보에 접근할 기회를 거의 얻지 못한다. 이에 반해 입에서 입으로의 정보전달이 거의 아무런 역할도 하지 않게 된 도시에서는 그로 인한 폐해가 발생할 가능성도 적다. 사회자본에 기반을 둔 시골 공동체는 도시 공동체에 비해 조절이나 통제가 어렵다. 이로써 사회자본의 어두운 면이 백일하에 드러날 수 있다. 사회학에서는 실제로도 '사회자본'이라는 개념과 맞물린 부정적인 측면을 둘러싸고 논쟁이 벌어지고 있다. 이에 비판적인 견해를 가진 사람들은 비형식적인 사회조직 내에서 마피아성 구조가 형성될 수 있다고 경고한다.[12]

자신만의 사회자본을 쌓아라

요컨대 '사회자본'은 단순히 사회학자들이 쓰는 용어가 아니라 실생활에서 비롯된 개념이다. 누구나 이 용어를 자신에게 적용할 수 있다. 우리 모두는 각자가 속한 공동체의 사회자본에서 지극히 개인적인 부분을 담당하고 있기 때문이다. 그러나 이 개인적인 부분은 매우 불균형하게 분포되어 있으며, 이것이 얼마나 견고하게 형성되는가는 수많은 요인들에 의해 좌우된다. 일차적으로는 친구나 이웃, 가족 구성원 같은 주변 사람들이 공동체를 얼마나 기준점으로 삼는가가 영향을 미친다. 앞서 살펴보았듯이 어느 개인이 대도시에 사는가, 작은 마을에 사는가, 늘 그곳에서 살았는가, 아니면 최근에 이사를 왔는가도 영향을 미치는 요인이다. 개인의 성격도 물론 한 역할을 한다. 개방적이고 사람들과의 접촉을 즐기는가, 타인에게 얼마나 감정이입을 할 수 있는가 등이다. 공감능력은 결합 사회자본과 연결 사회자본 모두에서 중요한 전제조건이다.

그래서 도시에서 고독감에 시달리는 사람에게는 단계적으로 자신만의 사회자본을 쌓아 나아가라고 조언해주는 것이 좋다. 쉽게 말해 신뢰할 수 있는 친밀한 사람과 친구 세 명, 주소록, 취미가 바로 개인의 사회자본이다. 신뢰할 수 있는 사람은 가족 밖에서 찾는 것이 좋다. 언제든 도움을 청할 수 있는 사람, 문제 또는 고민거리를 상담하거나 그저 좋은 소식을 전하기 위해 전화를 걸 수 있는 사람이어야 한다. 그의 전화번호도 외우고 있어야 한다.

그 밖에도 이따금 만나 함께 시간을 보내며 요리를 하거나 공원 또는 카페에 마주앉아 잡담을 나누며 서로를 고무시킬 수 있는 친구가 최소한 세 명은 필요하다. 주소록은 디지털 형태도 좋고 종이책도 상관없다. 이전에 만났던 사람들, 긍정적인 기억이나 감정을 남긴 사람들의 이름과 주소, 전화번호를 기록해둘 수만 있으면 된다.

간간이 이 주소록을 훑어보는 것이 좋다. 딱히 필요해서가 아니라 그들과의 만남을 잊지 않고 그와 관련된 기억을 보존하기 위해서다. 이런 기억들은 우리에게 유익하며, 나를 둘러싼 공동체, 내가 속한 공동체의 일부분이라는 느낌을 심어준다.

마지막으로 직업 이외의 관심사도 개인적 사회자본의 기본 구성요소에 속한다. 취미도 좋고, 그저 우리를 집 밖으로 이끌며 활력이나 지적 호기심을 깨우는 활동도 좋다. 합창단 활동, 축구, 영화에 대한 관심사 등의 여가활동은 사회적 네트워크를 넓히고 견고하게 다지는 데 효과적인 방법이다.

시민교양: 도시를 도시답게 만드는 힘

시민들에 의해 사회자본이 크게 확보되어 있는 도시에서는 이들이 책임의식과 성실한 태도를 갖추고 자신의 도시와 다른 구성원들을 대할 가능성도 크다. 리처드 세넷은 이런 태도를 '시민교양'이라 칭한다. 이는 한 도시에 사는 주민들 간에 형성되어 있는, 의미 있고 평화로운 공존에 초점을 맞춘 기초적인 시민적 합의를 뜻한다. 시민교양은 법과 규칙을 뛰어넘어 공동의 합의 영역을 만들어낸다. 이것은 앞서도 언급한 세넷의 '열린 도시', 즉 시민들로 하여금 다양성과 미숙함, 일정 정도의 불명확성을 경험하게 만드는 도시에서 탄생한다(8장 참고).

다만 여기에는 모든 개개인이 자신의 도시 및 거주 구역과의 결합을 통해 소속감을 느낄 수 있어야 한다는 전제가 따른다. 어째서 특정한 지역의 주민들에게는 자신이 정확히 어떤 곳에 살고 있는가가 그토록 큰 의미를 갖는가? 베를린의 크로이츠베르크나 뉴욕의 로어 이스트사이드가 바로 그런 곳이다. 이곳에서는 마치 주민들이 자신의 거주지와 하나가 된 것처럼 보인다. 거주지를 '작은 고향'으로 여긴다고 해도 과언이 아니다.

개인적 정체성의 어느 부분이 해당 도시와 특별히 맞물려 있다고 느끼는가는 사람마다 천차만별이다. 크로이츠베르크에 사는 고등교사에게는 아마도 다문화적인 분위기가 이 구역과 그를 맺어주는 요소일 것이다. 이곳에서는 자신이 넓은 세계와 끊임없이 접촉하고 있음을 날마다 확인할 수 있기 때문이다. 어느 경찰관은 직업을 통해 자신이 사는 도시와 맺어져 있다고 느낄지도 모른다. 도시의 안전이나 교통의 원활한 흐름을 책임진다는 점에서 그렇다. 아마추어 축구선수는 지역 축구클럽을 통해 소속감을 경험할 것이다. 자신이 태어난 지역에 그대로 살고 있는 사람이라면 출생지라는 점으로 인해 그곳에 소속감을 느낀다.

다른 한편으로, 누군가 대규모 공동체에 살면서 소속감을 느끼지 못한다면 해당 공동체의 시민교양이 제대로 형성되어 있지 않다는 의미다. 그래서 시민교양이라는 의미에서의 한 도시에 대한 소속감은 아주 작은 집단들도 나름대로 시민공동체의 일부로 존재하며 '다수'와 구별되는 '소수'로 간주되지 않음을 뜻하기도 한다.

시민교양은 사람들이 스스로 도시의 일부분을 이루고 있다고 느낄 때 달성된다. 이런 맥락에서 브라질 대도시의 삶을 일별해보는 것도 도움이 된다. 다만 이때는 주로 폐쇄적인 도시주택단지(빗장공동체) 내에서 이루어지는 중산층의 도시적 삶이 아니라 브라질 거대도시의 빈민촌인 파벨라Favela에서의 삶을 살펴보아야 한다. 파벨라는 시민들이 나름의 방식을 통해 도시적 삶의 공간을 자기 것으로 만드는 과정을 단적으로 보여준다.

극도로 한정된 물질적 자원만을 가진 사람은 이곳에서 미완성의 도시구조와 맞닥뜨리게 된다. 그리고 능동적으로 움직이며 거주환경을 스스로 개척해 나아가야 한다. 상파울루의 파벨라 중에서도 인구 4만 명으로 가장 규모가 큰 파라이소폴리스Paraisópolis에 입성한 유럽인이라면 이곳에서 소도시가 산재한 이탈리아나 남프랑스의 정경을 연상하게 된다. 협소한 구역에 사람들이 밀집되어 산다는 점에서 중부유럽의 중세도시도 그와 유사했을 것이다. 파벨라의 주택들은 지붕이 낮고 3~4층 이상의 건물도 거의 찾아볼 수 없으며, 소매상과 소기업이 들어찬 거리와 광장 등 공공장소에는 생기가 넘치고 어디든 걸어서 갈 수 있다. 파라이소폴리스 같은 구역에서는 소속감이 삶의 질에 얼마나 큰 의미를 갖는지 피부로 느낄 수 있다.

물론 각 구역마다 상황은 천차만별이다. 범죄율이 높고 공격적인 청소년들이 거리를 점령하고 있어 긴장된 분위기가 감도는 파벨라도 수없이 많다. 그러나 사회적 결속력이 표출되고 주민들은 친절하며 방문객에게도 편안한 느낌을 주는 파벨라 역시 존재한다. '파벨라도스Favelados'라 불리는 주민들은 초기에는 단순하고 엉성하게 지어진 오두막에서 거주했으나, 이후 이들의 필요에 맞춘 주택들이 들어섰다.

파벨라는 불법적으로 형성되었기 때문에 이 점에서는 물론 모범 사례로 간주하기 어렵다. 그러나 이런 거주공동체의 비형식적인 성격은 특별한 방식으로 주체적인 행동을 이끌어낸다. 이곳에서 사람들은 고유의 무언가를 창출하고 자신의 필요를 의식하며 스스로 창조자이자 건축가가 될 뿐 정해진 표준에 따르지 않는다. 이렇게 거주지와의 일체감이 탄생하고 안락함, 신뢰 넘치는 분위기, 그리고 소속감도 점차 형성되어간다.

이는 놀랍게도 최근 북미와 유럽 지역에서 일어나고 있는 추세와 맞물린다. 브라질의 빈민촌 주민들이 나름의 주거환경을 만들어내는 방식이, 주민들에 의해 자율적으로 조직되는 도시를 추구하는 서구 메트로폴리스의 신풍조와 대체로 유사하기 때문이다. 물론 서구는 브라질보다 훨씬 양호한 조건을 갖추고 있지만, 지역공동체로 회귀하여 거주지 주변의 국소지역을 강화하고 그곳의 거주환경을 형성하는 데 주민들이 보다 적극적으로 참여한다는 점에서는 두 지역이 공통적이다. 이웃에게서 조언을 구하거나 서로 도움을 주고받을 수 있는 인터넷 지역 네트워크의 형성도 한 예다.

한 도시 내에 시민교양을 형성하고 보존하는 일은 우선적으로 시민의 참여를 통해 이루어져야 한다. 물론 정치권에서 이를 장려할 수도 있다. 그러나 정치가 도리어 이를 방해하는 일은 결코 일어나서는 안 된다. 도시 행정기관들은 안전 및 공공질서와 관련된 부문에서 해당 도시의 시민교양을 형성해야 한다. 도시 내에서의 안전감은 이런 방식을 통해서만 탄생하기 때문이다. 헤아릴 수 없이 많은 규칙을 통해 공존이 조직되고 지나친 통제가 지배하는 곳에서는 결국 스스로 책임지는 사람이 아무도 없게 된다. 앞서 우리는 히로키 코타베의 '통제 확신' 연구를 통해 이를 확인했다. 지나친 규칙이 지배하는 곳에는 개개인의 행동이 사회적 분위기나 공존에 기여한다는 인식이 결여되어 있고, 사람들은 책임을 외부로 전가한다. 다시 말해 규칙들에 떠넘기는 것인데, 규칙에 의문이 들 경우에는 아무도 제대로 이에 따르지 않게 된다.

혼란에 대한 두려움은 흔히 공공행정이나 주택관리에서 '질서 유지'를 구실로 과도한 주의사항이나 규칙을 설정하게 되는 원인이다. 그 결과 시민들은 녹지에서 마음대로 돗자리를 깔고 소풍을 즐길 수 없게 된다. 이때 자기효능감을 고취할 수 있는 조건을 마련하기 위해 군중들 사이에서는 심리학자들이 '심리적 반발'이라 부르는 현상이 나타나는 경우가 많다. 이는 외부로부터 가해지는 제약에 대한 저항을 탄생시키고 사람들은 규칙과는 상충되는 행동을 하게 된다. 금지된 것의 매력이란 이런 것을 두고 하는 말이다.

시민교양을 높이기 위한 도시 건축의 특징

가시적인 공공의 삶, 다시 말해 공공장소에 사람들이 모습을 드러내는 것은 한 도시에 시민교양이 형성되는 데 중요 전제조건이다. 거리의 풍경이 시민교양을 만들어내는 것이다. 5장에서 언급했던 건축비평가 제인 제이콥스의 '거리의 눈' 원칙도 이에 바탕을 두고 있다. 한 도시 또는 거주구역 인근의 건축 풍경은 사람들이 공공장소에서 어울려 보내는 시간에 절대적인 영향력을 발휘하기 때문에 도시에서 공공장소는 절대적인 의미를 갖는다.

사람들이 즐겨 머무를 뿐 아니라 타인들과 대화의 물꼬를 틀 수 있는 곳에서 도시적 사회자본도 성장한다. 도심의 공원이나 재래시장이 서는 광장이 바로 그런 장소다. 그러나 빈의 시청 광장이나 프랑크푸르트의 뢰머 광장에서는 누군가에게 말을 걸 구실을 찾기가 쉽지 않을 것이다. 그래서 그런 곳에는 더 많은 것이 있어야 한다. 우리에게는 대화거리를 제공하는 장소, 바쁜 걸음으로 지나치기보다는 걸음을 멈추게 만드는 장소가 필요하다.

스페인 남부 세비야에 있는 '메트로폴 파라솔Espacio Metropol Parasol'도 그런 장소 중 하나다. 베를린의 건축가 위르겐 마이어가 설계한 이 거대한 목재구조물은 엔카르나시온 광장에 파라솔 형태를 한 여섯 개의 지붕을 드리우고 있다. 이전까지만 해도 이 광장은 작열하는 정오의 햇볕에 직접적으로 노출되어 있는 탓에 그리 인기 있는 장소가 아니었다. 이곳에 지붕을 씌움으로써 광장은 비로소 생기를 되찾을 수 있었다. 상점과 카페, 레스토랑이 생기고 저녁이면 공연이 열렸다. 또 구조물의 옥상으로 올라가 광장에서 벌어지는 일들을 내려다볼 수도 있다. 메트로폴 파라솔은 건축가의 손이 광장을 재생하고 군중이 공공장소에 머물도록 유도함으로써 한 도시의 사회자본이 확대될 수 있었던 좋은 사례다.

시민교양을 가능하게 하는 도시건축의 특징이라는 것이 존재하는가? 리처드 세넷은 역사적 도시구조를 탐구하고 그 특성에 초점을 맞춤으로써 이 물음에 답하고자 했다. 그리고 눈에 띄는 점 세 가지를 발견했다.

첫 번째 특징은 도시의 불완전한 형태였다. 도시의 형태에 나타나는 불완전성과 미완성은 파벨라의 사례에서 볼 수 있듯이 사람들을 고무시킨다. 브라질의 모든 파벨라는 영원히 완성되지 않고 지속적으로 형성되며 매번 새로운 상상력을 자극한다. 중세 도시가 그랬듯 파벨라도 사람들의 필요에 따라 이루어지고 그와 더불어 성장하며, 무언가가 더해질 수 있도록 정의되지 않은 공간을 남겨둔다. 세넷의 표현을 빌리면 완성되지 않은 도시에서 사람들은 '둥지를 틀고', 그로써 도시를 자기 것으로 만들 수 있다.

로마의 '판테온'은 미완성의 매력을 보여주는 또 다른 사례다. 도시의 주택가 한가운데 서 있는 거의 2,000년이나 된 이 건축물이 그토록 매혹적인 이유는 두 가지 요소의 극명한 대비 때문이다. 완벽한 건축물인 판테온은 오늘날까지도 로마 중심가의 미로같이 얽힌 골목들 위로 우뚝 솟아오른 채 불완전하고 임의적인 인상을 만들어낸다. 이러한 임의성은 수세기 동안 로마인들을 난관에 맞닥뜨리게 했으며, 그 결과 건물 주변의 도시구조에 매혹적인 밀집성이 부여되었다. 사람들로 하여금 도시를 자신의 것으로 만들 수 있게 한 것은 바로 이 미완의 것, 도시의 모순이었다. 하나의 도시는 결코 완성된 시스템이어서는 안 되며, 끊임없이 자신의 적응력을 증명할 수 있어야 한다.

시민들의 교양 의식을 특징짓는 두 번째 도시건축적 특성으로 세넷은 도시의 경계를 꼽는다. 얼핏 이상하게 들릴 수도 있지만 세넷은 이를 경계선과 분명히 구별한다. 경계선은 한 영역이 끝나는 지점을 가리킨다. 베를린이 한때 베를린 장벽에 가로막혔듯, 도시는 그곳에서 끝이 난다. 베를린 장벽은 이 도시의 동서 지역 사이를 빈틈없이 막아버리는 경계선이었다. 반면에 제대로 기능하는 경계는 생기 넘치는 전환점 역할을 한다. 경계에서는 상호작용이 일어나고 새로운 것이 탄생할 수 있다. 중세 도시의 성벽도 세넷이 말한 도시의 경계를 보여주는 사례다. 이 성벽은 위기 상황에서 도시를 철저히 폐쇄하되 평소에는 통행이 가능하도록 했다. 이를 위해 여러 군데 마련된 성문에서는 상거래가 이루어지고 암시장이 호황을 누렸다. 사람들은 성벽의 이쪽과 저쪽에 터를 잡고 도시 안과 밖의 물물교환을 주도했다. 제 기능을 다하는 도시의 성벽은 특정한 물질만 투과시키고 내·외부 세계가 필요로 하는 것에 역동적으로 적응하는 반半침투성 막에 비교할 만하다.

세 번째 도시건축적 특징은 도시의 가시적인 발전사다. 자신의 과거에 관해 이야기할 수 있는 도시는 주민들을 그 안에 포용할 뿐 아니라 방문객들의 관심을 깨운다. 이런 도시의 성장은 도시의 상에서도 읽힌다. 건축술, 건물의 배치, 정치적·종교적·개인적 공간의 비율로부터 우리는 그 도시가 다양한 세력 간의 균형 유지를 위해 끝없는 투쟁을 치르는 과정에서 어떻게 발전해왔는지 파악할 수 있다. 이런 점에서 도시는 진화를 거치는 생물학적 유기체와 유사하다. 도시 발전에 관한 진화생물학적 관념의 핵심도 바로 여기에 있다. 시대별 발전상을 되돌아보고 그 역사의 흔적을 발견할 수 있는 도시는 자신의 정체성은 물론 주민들의 정체성까지도 강화시켜준다. 또한 스스로를 자신이 사는 도시와 동일시할 수 있는 시민에게서는 시민교양이 빛을 발한다.

· INTERVIEW ·

"더 좋은 도시를 만들기 위해서는 시민 개개인의 참여와 고민이 필요합니다."

라이너 헬 Rainer Hehl

건축가 겸 도시계획가로 베를린 공과대학과 일본 요코하마 국립대학교에서 학생들을 가르치고 있다. 아헨, 베를린, 파리를 두루 오가며 건축학을 공부했다. 한동안 브라질에 거주하며 그곳 도시에 있는 비형식적 주거지역들의 도시화 전략을 연구했다.

교수님, 어떤 동기 때문에 브라질 상파울루에 가게 되셨는지요? 그곳의 무엇이 교수님의 관심을 끌었습니까?

:

건축가이자 도시계획가로서 저는 수년 전부터 브라질의 도시발전에 관해 연구해왔습니다. 빈곤과 도시발전에 관한 제 전문 분야의 업무 덕분에 관심을 갖게 되었지요. 건축사무소에서 오랫동안 일을 했는데 별안간 의문이 들었습니다. 급속도로 변하는 세계에서 도시는 어떻게 변화하는가? 그에 대한 답을 구해보는 것도 흥미롭겠다는 생각이 들더군요. 그리고 얼마 지나지 않아 비형식적 도시, 다시 말해 건축가들에 의해 계획되지 않은 도시를 연구하기 시작했습니다. 남반구에 있는 도시들은 미처 도시계획을 할 새도 없이 급속도로 성장하고 있습니다.

그 비형식적인 도시들에서는 어떤 일이 일어나고 있습니까?

:

그곳 사람들은 스스로 모든 것을 만들어냅니다. 집도 스스로 짓는데, 불법적인 경우도 있고, 일부는 그저 땅만 마련한 다음 그 위에 단순한 오두막을 짓습니다. 이 비형식적인 도시들이 세월의 흐름과 더불어 주목할 만한 구역으로 성장할 수도 있습니다. 그 규모에 관해 간단히 설명하자면, 현재 전 세계 도시 인구의 3분의 1이 비형식적인 주거구역에 살고 있습니다. 향후 20년 이내에는 도시민의 절반이 비형식적인 조건 또는 상황 아래에 살 것으로 예상됩니다.

20년 이내라고요?

:

예. 추측하기로는 그렇습니다. 최근에는 인구 증가 속도가 생각보다 빠르다는 사실도 밝혀졌고요. 더 이를 수도 있다는 뜻이지요. 비계획 도시에는 가장 기본적인 것들이 결핍되어 있습니다. 상 · 하수도 시설은 물론이고, 부분적으로는 전기시설도 마련되어 있지 않으며, 도로도 마찬가지입니다. 한마디로 기반시설이 없는 주거지역이 형성되는 것입니다. 이를 개선하려면 이 주거촌을 사후에라도 도시화해야 합니다. 제 박사학위 논문의 주제도 바로 이것이었습니다. 저는 비형식적인 도시의 도시화를 연구하며 리우데자네이루를 중점적으로 다루었습니다. 그 뒤에는 곧바로 실전에 돌입했습니다. 특히 상파울루에서 시 정부의 고문으로 활동하며 이른바 파벨라로 불리는 빈민촌 프로젝트를 여럿 추진했지요.

파벨라도 결국에는 메가시티의 하나인데, 이처럼 거대한 도시의 상황이 어떤지 설명해 주시겠습니까?

:

남반구의 도시들은 굉장히 많은 변화를 겪고 있습니다. 제가 의도적으로 '남반구의 도시'라는 표현을 사용하는 이유는 도시학자들에게 '메가시티'라는 용어가 어느덧 관례적인 표현이 되었기 때문입니다. 이런 곳에서는 더 이상 파악조차 할 수 없을 정도의 인구 밀집 현상이 나타나는 경우가 적지 않습니다. 이것이 도시예요.

상파울루 같은 도시들은 이동성과 교통에 매우 강하게 좌우됩니다. 마구잡이로 거대화된 집합체 내에서 사람들은 고군분투할 수밖에 없습니다. 열악한 대중교통 수단에 의존하는 빈곤층은 특히 그렇습니다. 자가용이 있는 사람은 또 교통정체에 시달리고요. 상파울루 같은 도시에서는 이런 시스템이 기능하는 데 극도의 장애가 발생합니다. 시민들은 하루 평균 한두 시간을 교통정체 때문에 허비하지요. 그러나 인도의 도시에 관해 이야기한다면 상황이 또 달라집니다. 이곳 상황은 부분적으로 더 열악하거든요.

뭄바이도 그중 하나지요?
:

예, 뭄바이는 더 복잡하고 지저분합니다. 그에 비하면 우리가 사는 도시는 환상적인 조건을 자랑하는 셈입니다만, 도시에서의 풍요로운 생활에 관해 이야기하는 일이 흥미로운 이유도 여기에 있습니다. 환경이 그토록 열악하다고 해서 그곳 사람들이 반드시 덜 행복한 것은 아니거든요. 물론 중대한 건강상의 문제도 많을 뿐더러 통계를 보면 정신질환 발생률도 더 높은 것으로 추측됩니다. 그러나 이런 도시에는 스트레스로 인한 부담을 상쇄할 다른 방법과 기회도 있습니다. 무엇보다도 비형식적인 지역에서는 사람들이 사회적 조건을 초월해 열악한 생활환경을 어떻게 극복하는지 관찰할 수 있습니다. 그들이 이런 스트레스를 어떻게 감당하는지 우리는 상상도 할 수 없을 정도지요.

비형식적 주거촌에 사는 사람들에게 스트레스에 대처하는 특별한 비결이라도 있다는 말씀인가요?
:

그렇습니다. 물론 일반화하기는 어렵기 때문에 신중하게 이에 접근할 필요가 있습니다. 그럼에도 저는 비형식적 주거촌의 주민들이 반드시 고소득층보다 스트레스를 더 받는다고는 생각지 않습니다. 물론 이를 통계적으로 증명할 수 있는 것은 아니지만요.

게다가 그곳 사람들이 더 여유롭지 않을까요?

:

그건 상황에 따라 크게 달라집니다. 비형식 주거촌은 전통적인 도시처럼 기능하며, 수많은 주민들이 바로 이 도시에 소득원을 두고 있습니다. 중산층, 심지어 고소득층을 그와 비교하자면, 이들은 끊임없이 도시를 누비며 이동해야 하고 날마다 어딘가에 있는 학교로 아이들을 데려다 주어야 합니다. 그래서 중산층이나 상류층 주민들은 어마어마한 부담에 짓눌립니다. 상파울루에 사는 제 동료를 보면 그처럼 복잡한 도시에서 버티고 있는 것이 신기할 정도예요.

그에 반해 비형식 주거촌에서는 지역적인 것, 거주지 근처, 사회적 연결망으로 모든 게 집중화되는 경향이 있습니다. 이런 사회적 환경은 스트레스를 해소하는 데 도움이 됩니다. 물론 다른 특수한 해소법도 있습니다. 가령 삼바 같은 춤과 음악이 그렇습니다. 주민들에게 커다란 즐거움을 주고 삶을 수많은 내용물로 채워주는 활동은 헤아릴 수 없이 많습니다.

이곳에서는 공동체 의식과 소속감이 중요한데, 이는 물론 쉴 틈 없이 돌아가며 많은 것을 이루어야 하는 현대적인 삶과 대비되는 부분이기도 합니다.

우리가 사는 환경이 어떤 역할을 하는지가 그곳에서는 명확히 드러나는군요. 교수님은 '(사회적) 환경'이 유용한 개념이라고 보시는지요?

:

예. 이 개념은 도시사회학에서 비롯되었습니다. '환경'이 정확히 무엇인지를 파악하는 것도 결코 쉽지는 않습니다. 제게는 도시사회학자 한스 바트Hans Bahrdt가 내린 정의가 특히 흥미롭습니다. 바트는 "도시의 특수성은 사적인 것과 공적인 것 사이의 양극화에 있다."고 말했습니다. 사적인 것과 공적인 것, 익명성과 노출 간의 양극화가 존재한다는 점이 도시와 시골 마을을 구별짓는 요소이기도 합니다. 시골에서는 사적인 영역과 공적인 영역이 좀 더 긴밀하게 서로에게 엮여 있거든요.

그러면 공적인 것과 사적인 것 사이의 좌표상에서 파벨라의 위치가 시골 마을에 더 가깝다는 말씀인가요?

:

시골 마을과 매우 유사한 특정 요소들이 있기는 합니다. 시골의 인구 이탈은 여전히 커다란 화두인데, 이곳 사람들은 시골의 문화를 아예 도시로 가져옵니다. 심지어 동물을 데려오는 사람도 있어요. 닭 우는 소리도 들리기 때문에 소리만 들으면 시골로 착각할 정도입니다. 그러나 도시는 도시이므로 도시에서만 관찰되는 사회화 과정도 일어나게 마련입니다. 예를 들면 이곳에는 독신이나 홀로 자녀를 키우는 여성들이 많은데, 이것도 전형적인 도시의 특징입니다. 시골의 공간은 물론이고 일부 조직구조까지 가져오면서 이것이 도시적 사회화와 일종의 혼합을 이루게 됩니다. 그러나 이런 지역들도 천차만별의 양상을 보인다는 점은 언급하고 넘어가야겠군요. 익명성이 더 두드러지는 곳이 있는가 하면, 공동체적 특징이 훨씬 강하게 나타나는 곳도 있으니까요. 비형식 도시 자체가 워낙 우리가 알고 있는 보통 도시보다 다층적이고 복잡합니다. 계획된 도시가 아니기 때문이지요.

파벨라 주민들은 지역 환경에 집중하며 불가피하게 발생하는 각자의 문제를 스스로 해결합니다. 우리가 사는 도시에도 이러한 개개인의 자발성이 더 많이 필요하지 않을까요?
:

당연히 그렇습니다. 우리는 복지국가가 모든 것을 책임지는 풍요롭고 사치스러운 삶을 더 이상 누릴 수 없게 되었습니다. 경제적인 이유에서도 그렇지만, 그 밖에도 시 정부를 약화시키는 요인들은 수없이 많습니다. 시민들이 좀 더 많은 것을 자발적으로 해결해야 한다는 의미입니다.

가령 베를린에서도 이제 시민사회가 나서서 우리 스스로 관심을 보이며 자발적으로 조직에 참여해야 한다고 목소리를 높이고 있습니다. 베를린에는 자신이 살 주택단지를 스스로 설계하고 짓는 건축모임도 있습니다. 주민들 스스로 도시를 조직하는 일이 새로운 유행이 되고 있는 겁니다. 물론 비형식 주거촌에서는 이것이 전혀 다른 차원에서 이루어졌지만요. 이제는 별안간 지역적인 것이 기준이 되고, 위에서 일방적으로 모든 결정을 내리는 대신 거주 지역의 특성에 맞는 조직이 이루어지고 있습니다. 메가시티를 다시금 상기해보세요. 모든 것이 분명해질 겁니다. 메가시티야말로 포괄적인 통제와 조직이 불가능한 곳이거든요. 그래서 이런 일을 직접 담당할 각 주거구역을 강화해야 합니다.

파벨라의 풍경을 들여다보면 공간적 구조나 생활 면에서 옛 유럽 도시들이 연상됩니다.

:

그렇습니다. 그래서 해당 도시의 다른 구역들과도 아주 강하게 대비되는 것이고요. 다른 주민들은 주로 임대 아파트나 분양 아파트에 거주합니다. 유럽에서는 찾아보기 힘든 형태지요. 그러나 브라질에서는 민영화가 여전히 맹위를 떨치고 있습니다. 이렇게 해서 극단적인 공간적 대비가 탄생합니다.

부동산업자들은 이렇게 생각하지요. '자, 이곳에는 아직 저렴한 부지가 있지 않은가? 당장 여기에 아파트 단지를 지어야겠다. 그렇게 하면 파벨라가 분열되고 단지 입구도 파벨라를 통과하게 되겠지만, 그래도 최대한의 이익은 보장되니 말이야. 그리고 주변을 장벽으로 둘러싸야지. 단지 내의 주민에게 테니스장을 지어주면 그런대로 혜택도 주는 셈이고.' 이것이 단편화 · 민영화된 도시의 모습입니다. 유럽에서는 이런 현상이 아직까지 그렇게 극단적으로 진행되지는 않았습니다.

생활공간을 자기 것으로 만드는 과정을 배우는 데 파벨라가 좋은 본보기가 될

수 있을까요? 우리가 파벨라로부터 배울 점이 있다고 생각하십니까?

:

당연히 그렇습니다. 불법성에 관한 문제는 일단 차치하더라도 말입니다. 파벨라 주민들은 자기 땅이 아닌 곳을 점하는 일이 빈번한데, 이건 사실 범죄행위거든요! 여기에서는 먼저 일을 벌인 뒤 협상을 합니다. 그러나 이곳 사람들은 능동적으로 공간을 자기 것으로 만듭니다. 저는 바로 이 점으로부터 우리가 무언가를 배울 수 있다고 생각합니다.

시민이 도시를 그저 잘 꾸며진 거실 정도로 여기기보다는 스스로를 행동의 주체로 간주할 때 도시에는 생기가 부여됩니다. 자신이 바깥세상에 노출된 채 외부에 의해 조종되고 있으며, 도시에서의 삶이 원래 그런 거라고 여기는 태도를 버리는 거지요. 더불어 도시를 만들어 나아가는 일에 자신이 어떻게 참여할 수 있을지 고민해야 합니다.

: Chapter 12 :

도시의 활용

어떻게 해야 도시형 인간이 될 수 있을까?

환자들과 지인, 친구들은 종종 내게 도시민을 특징짓는 특별한 성격이나 특성, 혹은 재능이 따로 있는지 묻곤 한다. 도시에서 남달리 잘 살아가며 그곳이 자신에게 이상적인 장소라고 느끼게 만드는 능력이 과연 존재하는가? 내 관점에서 볼 때 이는 무척 대답하기 쉬운 질문이다. 그렇다! 대도시 맞춤형 기술은 분명히 존재한다. 이 기술을 갖추었다고 곧바로 도시인이나 도시적인 팔방미인이 되는 것은 아니지만, 적어도 개개인을 도시형 인간으로 만들어줄 수는 있을 것이다. 나아가 북적이는 메트로폴리스에서의 삶이 한결 매력적이고 수월하게 다가올지도 모른다.

먼저 내 개인적 경험을 사례로 들어보겠다. 특정한 연극을 관람하고 싶을 때 내 안에서는 이륙하는 대형 항공기에 비유할 만한 단호함이 솟구친다. 표가 아직 남아 있는지 다 팔렸는지도 이때는 문제가 되지 않는다. 무작정 가는 것이다. 대부분의 경우에는 입장에 성공한다. 그 비결은 바로 '나는 반드시 공연장 안에 있어야 한다'는 사실을 나 자신과 타인들에게 확신시키는 것이다. 그런 다음 매표소 근처에서 어슬렁거리고 있으면 취소표가 나왔을 때 매표소 직원이 나를 부를 수 있다. 시도하기 나름이다. 중요한 것은 내가 원하는 것에 대해 충분한 확신을 품는 일이다.

문화에 관한 한 사람에게는 일종의 사냥 본능이 필요하다. 문화가 사람을 찾는 것이 아니라 사람이 문화를 찾고 갈구해야 하는 것이다. 이를 깨달은 사람에게 도시는 좋은 곳이 된다. 그러나 이런 사냥 본능이 결여된 사람은 바깥에서의 삶이 다채롭고 흥미진진하기는 하되 모든 일에 자신은 소외되어 있다는 느낌을 받는다.

1990년대에 아리안 므누슈킨Ariane Mnouchkine의 유명한 태양극단Théâtre du Soleil이 빈에서 아트리덴 연작Atriden-Zyklus 공연을 한 적이 있다. 관람표는 순식간에 매진되었고, 나 역시 표를 구하지 못했다. 그래서 나는 첫 공연이 예정되어 있던 날 저녁에 극장으로 가서 남는 표가 있는지 물었다. 당연히 허탕이었다. 그러나 연극을 꼭 보고 싶었던 나는 건물 안쪽으로 조금 더 들어가 여러 개의 문들 중 하나로 다가갔다. 그리고 텅 빈 극장 안을 조심스럽게 살펴보았다. 관객석 한쪽에 나무로 된 소품상자 여러 개가 놓여 있었다. 아무도 없는 것을 확인한 나는 그중 한 상자의 뒤쪽에 무릎을 꿇고 몸을 숨겼다. 오후 3시였다. 공연까지는 아직 4시간이나 남아 있었다.

두 시간이 지나자 무대 위에서 목소리가 들렸다. 배우들이 공연장으로 들어온 것이다. 나는 아리안 므누슈킨이 공연 전에 배우들과 리허설을 진행한다는 사실을 알고 있었다. 이때는 기자도 관객도 출입금지였다. 그런데 별안간 바로 뒤쪽에서 프랑스어가 들렸다. "이 신사 분은 여기서 뭘 하는 거죠?" 공연장을 둘러보던 아리안 므누슈킨이었다. "저는 그냥…… 공연이 시작되기를 기다리고 있습니다." 그는 잠깐 동안 나를 훑어보더니 미소를 지었다. "좋아요. 그럼 잠시 뒤에 봅죠." 그는 내가 무대 쪽을 보지 않았다는 사실을 확인한 뒤 이렇게 말했다.

관객 입장이 시작된 뒤에야 나는 숨어 있던 곳에서 벗어날 수 있었다. 마침 빈자리를 하나 발견했고 연극도 시작되었다. 휴식시간이 되었을 때, 공연안내서를 훑어보는 나를 본 아리안 므누슈킨은 내게 다가와 내 손에서 안내서를 빼앗더니 사인을 해주었다. '숨어 있던 페르시아 신사에게.'

도시 공간을 내 것으로 받아들이기

이 일화를 사례로 든 이유는 이것이 도시에서 발휘되는 일종의 '참여욕구'와 관련이 있기 때문이다. 도시 자체는 물론이고 도시가 제공하는 것까지 활용할 수 있게 만드는 능력도 이런 욕구에 포함된다. 나아가 이를 자산화한다는 것은 자신이 사는 도시를 일정 정도 자신의 전유물로 만듦을 의미한다. 물질적인 의미에서의 토지 소유를 말하는 것이 아니라 도시가 자신의 것이기도 함을 의식하는 것이다. 도시에 사는 사람들, 문화, 주점, 체육시설, 나무, 보도까지도 그에 포함된다. 다시 말해 도시를 두려워하지 않고 당당한 태도로 집 밖으로 나가 필요한 것, 원하는 것을 구할 수 있어야 한다는 뜻이다.

자산화는 집 앞에서 시작하는 것이 가장 쉽다. 먼저 거주지 주변지역에 익숙해지는 것이다. 이곳에는 누가 사는가? 누가 여기에서 일을 하는가? 어떤 장소, 어떤 상점에 들어갔을 때 마음이 편한가? 나는 판매원과 대화를 나누어본 적이 있는가? 어떤 이웃에게 호기심이 생기며, 누구에게 한번쯤 말을 걸어볼 것인가? 이 근처에 산 지 오래된 이웃에게 이전에 이곳이 어땠는지 들어보는 것은 어떨까?

내 환자들 중 자신이 사는 도시를 낯설어하는 사람들에게 나는, 어느 부분에서든 사소한 사회적 경계나 개인적 관례를 뛰어넘음으로써 도시를 자산화한다는 게 무엇인지 느껴보라고 조언한다. 오늘날 나는 예전처럼 연극을 보기 위해 공연장에 숨어 몇 시간 동안 기다리는 일은 하지 않는다. 불법적으로 극장에 잠입하라고 권하고 싶지도 않다. 그러나 도시를 정복하고 일탈을 감행하는 다른 방법은 수없이 많다. 인라인스케이트를 타고 출근하거나 지루한 퇴근길에서 벗어나 야외수영장에 뛰어들거나 전시회를 찾는 것도 좋고, 평소 익숙지 않던 노래, 춤, 요리, 조정, 스텝댄스 등을 배울 수 있는 협회에 잠시 동안 가입하는 방법도 있다. 물론 도시를 자산화하고 그에 참여한다는 것은 '내' 도시에 책임을 진다는 의미이기도 하다. 우리에게 제공된 도시 자산을 사려 깊게 다룰 줄 알아야 함은 물론이다.

고독하지 않은 혼자만의 시간 즐기기

혼자 있는 것과 고독이 서로 다른 것임은 앞서도 이야기했다. 사람에게는 이따금 혼자만의 시간이 필요하다. 대다수 사람들이 때로 혼자 있기를 즐긴다. 이때 우리는 자기 자신을 돌보고 생각을 가다듬으며, 경험한 것을 소화하고, 기억을 정리하고, 사회적 삶으로부터 잠시 한숨을 돌린다. 분노나 짜증이 밀려들 때 감정을 차분히 가라앉히는 데도 혼자만의 시간이 필요하다.

이따금 문을 닫고 아무 소리도 들리지 않는 공간에서 자유로운 생각의 흐름을 느껴보고 싶어질 때가 있다. 이런 유의 혼자 있기는 자발적인 선택이며 원할 때 언제든 끝낼 수 있다. 혼자만의 시간이 누구든 누릴 수 있어야 하는 호사이자 선물이 될 수도 있다는 점만은 분명하다. 그러나 혼자 있고자 할 때 동반자나 가족이 항상 이를 이해해주는 것은 아니다. 게다가 문을 닫고 혼자 있을 공간조차 갖지 못하는 사람도 수없이 많다. 어린 자녀가 있는 부모들은 저녁 늦게 퇴근해서도 가족을 돌보아야 하므로 혼자 있을 기회가 전혀 없는 경우도 흔하다.

어떤 도시에서는 혼자만의 시간이 철저히 지켜진다. 예를 들면 빈의 카페에서는 요즘에도 이를 경험할 수 있다. 이곳에 앉아 있는 손님들 중 3분의 1가량은 혼자서 신문과 책을 읽거나 무언가를 쓰기도 한다. 이곳에서는 혼자 있기가 누구나 누릴 수 있는 일종의 문화적 행위다. 1873년 빈에서 태어나 20대까지 이곳에 머문 오스트리아의 작가 겸 수필가 알프레드 폴가Alfred Polgar는 "사람들 틈에 섞여 혼자만의 시간을 갖고자 하는 사람들은 카페에 간다."라고 말했다.

폴가는 1구의 헤렌가세에 있는 카페 첸트랄Café Central을 즐겨 찾았다. 그 밖에도 수많은 문학가들이 하벨카Hawelka, 슈페를Sperl, 란트만Landtmann, 브로이너호프Bräunerhof 등 여러 카페를 서재 겸 거실로 삼았다. 심지어 우편물을 카페에서 받아보는 사람들도 있었다.

빈에서 대학을 다니던 수년 동안 나는 빈의 시인과 시인 지망생, 온갖 사상을 가진 철학자들이 카페에서 누리는 고독을 체험해보고자 이곳에서 독서나 공부, 집필을 하며 많은 시간을 보냈다. 아무것도 하지 않을 때도 있었다. 내가 가장 좋아하는 카페는 주말 오후마다 현악기 3중주가 왈츠를 연주하고 과묵한 종업원이 있는 카페 브로이너호프였다. 한쪽에는 한때 철학자 루트비히 비트겐슈타인Ludwig Wittgenstein이 살았던 아파트로 향하는 계단이 있었다. 그 역시 자주 이곳에 앉아 있었고, 오스트리아 작가인 토마스 베른하르트Thomas Bernhard도 단골손님 중 한 명이었다. 전통을 귀하게 여기는 종업원들은 오늘날에도 혼자서 몇 시간씩 이곳에 죽치고 있는 퇴직자들을 존중해준다. 커다란 브라우너Brauner(우유나 크림을 넣은 커피 –옮긴이) 한 잔을 시켜놓고 오후 내내 앉아 있어도 몇 번이고 주문을 새로 하는 손님들보다 나쁜 대접을 받지 않는다. 커피와 함께 제공되는 유리잔에는 끊임없이 물을 새로 채워준다.

시골에서는 고독감 없이 혼자 시간을 보내는 식으로 여유를 누리기가 어렵다. 하지만 도시민들은 혼자 있는 상태를 언제든 끝낼 수 있다. 문 앞에만 나서면 그만이기 때문이다. 사방에 사람들이 있다는 사실을 자각하면 혼자 있는 일이 훨씬 쉽게 느껴지기도 한다. 혼자 있기가 문제 되는 경우는 그 안에 갇혀 꼼짝할 수 없다고 느낄 때, 그 상황을 혼자 힘으로는 끝낼 수 없다고 느낄 때다. 자기 자신을 조절하는 것이 어렵게 느껴지거나 자신이 빠진 채 세상이 돌아간다는 두려움이 엄습할 때도 그렇다.

혼자 있는 일을 어려워하는 사람에게 나는 자신에게 알맞은 주거 형태를 고를 때 이 두려움을 고려하라고 조언한다. 이런 경우에는 시내 중심가에 있는 작은 집이 외곽의 단독주택보다 낫다. 아는 사람 하나 없는 부유한 지역에 혼자 살 집을 구하는 것보다 사회적으로 문제가 되는 지역의 주거공동체에 방을 하나 얻는 편이 낫다는 의미다. 혼자 있기에 능숙해지고자 하는 사람은 집 앞으로 한 발짝 나가거나 창밖을 내다보는 것만으로도 혼자인 상태를 끝낼 수 있는 환경을 만들어야 한다.

도시의 익명성 활용하기

대도시와 시골 마을의 외적인 차이 중 하나는 익명성이다. 많은 이들이 익명성을 찾아 대도시로 이주하지만, 아이러니하게도 도시에 사는 사람들 중 다수가 두려워하는 것 역시 익명성이다. 많은 사람들에게 대도시의 익명성은 얼굴을 감추고 눈에 띄지 않게 해주는 베일과도 같다. 익명성 속에서 사람은 사회적 통제로부터 벗어날 수 있다. 어떤 이에게는 이것이 하고 싶은 것을 마음껏 할 수 있게 해주는 자유를 의미하기도 한다. 그래서 익명성은 도시의 관용과도 동일시된다. 도시에서는 다른 생활방식에 대한 관용, 다른 성적 취향에 대한 관용, 별난 옷차림에 대한 관용, 그 밖에도 수많은 것에 대해 관용이 베풀어진다.

문학작품에는 대도시에서 남의 시선을 의식하지 않고 개인적 재능을 발휘하기 위해 시골의 도덕적 엄격함이나 전통적인 행동방식을 등지는 주인공들이 넘쳐난다. "이곳에 살면서 반드시 조심해야 하고 알아야 할 뭔가가 있는가? 가령 절대로 실수해서는 안 되는 일이라든지, 그런 게 있는가?" 스벤 레게너Sven Regener가 쓴 '레만Lehmann' 3부작의 주인공 프랑크 레만은 1980년대 초반 베를린에 도착해 크로이츠베르크구에 정착한 뒤 이렇게 묻는다. "아니." 친구 볼리의 대답이다. "그게 바로 이곳의 장점이지. 여기서는 뭘 해도 틀리지 않는다네. 뭐가 어찌 되든 상관없으니!"[1]

프랑크 레만 같은 사람에게는 베를린 장벽 붕괴 10여 년 전 크로이츠베르크의 키츠Kiez(고유의 문화를 가진 베를린 내 비공식 지역공동체를 지칭 – 옮긴이) 문화가 그야말로 완벽하게 맞아떨어졌을 것이다. 이곳에서는 원할 경우 눈에 띄지 않게 도시 안으로 숨어들 수 있다. 그러나 이런 삶이 누구에게나 적합한 것은 물론 아니다. 소심하거나 내성적인 사람에게는 도시에서 익명의 삶이 낯섦과 고독을 초래할 수도 있다. 익명성을 극복하는 일, 낯선 이에게 말을 거는 일이 버거운 사람은 그로 인해 쉽게 무력감과 무방비한 느낌을 받는다. 겁이 많은 사람에게는 거리에서 낯선 사람에게 무언가를 청하는 일이 커다란 난관이다. 시간이나 길을 묻는 사소한 일에서도 마찬가지다.

경쟁력 있는 이동수단 확보하기

도시에서 어떤 수단으로, 얼마나 원활히 움직일 수 있는가는 개개인의 삶에 결정적인 영향을 미친다. 도시에서 가장 큰 스트레스원이 무엇인가, 어떤 점이 가장 부담이 되는가라는 내 질문에 거의 모든 사람들이 '이동성'과 관련된 대답을 했다. 대부분은 그중에서도 교통체증을 꼽았다. 도심 운전 자체가 워낙 많은 사람들이 꺼리는 일이기도 하다. 도시에서 삶의 질은 각 도시가 시민들에게 제공하는 이동수단과 밀접하게 엮여 있다. 이와 관련된 내용은 앞서 4장에서 이미 구체적으로 다루었다.

실제로도 유럽의 많은 대도시들은 이동수단을 확대하는 데 큰 투자를 하고 있다. 이때 핵심이 되는 것은 이동수단의 혼합이다. 그 폭도 넓어지고 있다. 앞으로는 어떤 시간대든, 이동인구 수와 짐의 양이 얼마나 많든, 옷걸이가 얼마나 필요하든, 승객의 기분상태가 어떻든, 이 모든 변수에 대비한 수단이 모든 이동수단에 구비되어 있을 것이다. 이를 영리하게 활용하는 사람은 도시에서 커다란 혜택을 누리는 셈이다.

베를린에 사는 내 지인들 중에는 운전면허증은 있지만 자가용 없이 산 지 꽤 오래된 경우가 많다. 그러나 자전거는 누구나 갖고 있다. 반경 5킬로미터 이내에서는 자전거로 어디든 편하게 다닐 수 있기 때문이다. 날씨가 좋을 때는 두말할 것도 없다. 그보다 먼 거리는 택시와 시가전차, 지하철, 경전철, 카셰어링 Car Sharing 등의 수단을 혼합해 사용한다. 이들 중 대부분은 이런 이동수단 사용에 대체로 크게 만족하고 있다. 거의 모든 거리를 예측 가능한 시간 내에 무리 없이 이동할 수 있다는 느낌은 도시를 자산화할 수 있게 해주며, 도시에 대해 '소유권'을 지녔다는 특별한 느낌도 부여해준다. 시민들에게 이런 혜택을 (가능한 한 재정 상황에 구애받지 않고) 부여할 수 있는 도시는 시민의 삶의 질에 어마어마한 기여를 하는 셈이다.

도시의 복합성 속에서 자신만의 방향 찾기

도시는 복합적인 구조물이다. 이곳에는 다양한 사회적 배경을 가진 사람들이 있으며, 온갖 종류의 지식과 기술, 아이디어, 관심사가 만나 상호 영향을 주고받는다. 이로부터 '사회적' 복합성이 탄생한다. 그 밖에 '공간적' 복합성도 존재한다. 한정된 공간 내에 사무실,

주거 공간, 체육시설, 학교, 카페, 공공기관이 뒤섞여 있으며, 도로와 길, 녹지, 놀이터, 자전거 도로까지 더해진다. 어느 도시에서나 온갖 세부요소들이 뒤섞인 숨은 그림찾기 같은 풍경을 볼 수 있다. 도시와 관계를 맺고 있는 모든 사람들이 서로의 다양한 관심사를 이해하고 배려하며 더불어 살아가는 한, 이 모든 것도 다채로운 방식으로 엮이고 긴밀히 공존하며 기능할 수 있다. 이러한 복합성은 한 도시의 경제적 · 창의적 강점을 결정짓기도 하고 이를 민감하게 만들기도 한다. 모든 요소 하나하나는 연쇄반응이나 상호작용을 통해 시스템 전체에 변화를 일으킬 수 있다.

복합적인 시스템으로서의 도시가 지닌 무한한 응집상태를 나는 '기능적' 복합성이라 부른다. 모든 세부요소, 이를테면 도로교통 상태 같은 요소를 특징짓는 방식도 헤아릴 수 없이 많다. '교통량이 많은', '차분한', '정체된', '폐쇄된' 등은 모두 특정한 교통 상황을 묘사하는 표현들이다. 헤아릴 수 없이 많은 개별적 특성들이 모여 도시의 모습을 결정짓는다. 도시민들은 이처럼 어마어마한 복합성 속에서 방향을 잡을 수 있어야 한다. 이런 점에서 도시는 복잡한 인간의 뇌와도 같다. 그 자체만으로도 고도의 복잡성을 지닌 세포들이 헤아릴 수 없이 존재하며 서로 얽히고 연결망을 형성한다는 점, 고도로 복합적이고 조화로운 작용을 통해서만 잠재력을 십분 발휘할 수 있다는 점에서 그렇다.

도시에서 성장하는 사람은 보통 복잡한 환경에 대처하는 법을 배운다. 도시에서는 똑같은 장소나 상황이 지극히 다양한 성질('위험하다'거나 '해롭지 않다'는 식으로)을 띠기도 하며, 주변을 둘러싼 대부분의 사물에는 장점과 단점이 동시에 내포되어 있다. 예컨대 자동차는 빠르고 편한 이동수단인 동시에 우리에게 중상을 입힐 수도 있다.

네덜란드의 건축가 알도 판 아이크Aldo van Eyck는 1940년대 후반부터 약 30년간 암스테르담에 놀이터를 지었는데, 그가 설계한 700개 이상의 놀이터 중 오늘날까지 남아 있는 것은 소수에 불과하다. 그 이유는 무엇보다도 다수의 놀이터가 도심의 공터에 지어진 탓이었다. 교통량이 많은 도로 옆이나 교통섬 한가운데 담장도 없이 지어진 경우도 일부 있었다. 암스테르담이 워낙 자전거를 많이 이용하는 도시라서 자동차 운전자들이 습관적으로 안전운전을 해왔기 때문에 그에 대한 신뢰가 깊었을 수도 있다. 그러나 판 아이크의 놀이터 건축에는 그런 신뢰를 넘어선 교육학적 아이디어가 내포되어 있었다. 모든 것에는 양면성과 더불어 복합성이 존재함을 아이들에게 일깨워주는 것이 그의 목표였다. 놀이는 재미있지만 주의해야 할 위험 요소도 있음을 건축을 통해 자연 스럽게 보여준 것이다.

도시의 모호함 너그럽게 받아들이기

유연성을 갖추고 끊임없이 변화하는 환경에 잘 적응할 수 있는 사람은 도시에서 어려움을 덜 겪는다. 도시는 변화한다. 쉼 없이 무언가가 새로 지어지고, 보수되고, 이동되고, 뭔가가 열렸다가 폐쇄되기도 한다. 계획이 수정될 때도 많고 번번이 새로운 결정이 내려진다. 규모가 큰 도시일수록 그 횟수도 잦은 것처럼 보인다. 여가시간 같은 사생활에서는 물론이고 공공영역에서도 마찬가지다.

최근 몇 년 사이에 내 거주지 인근의 도로들만큼이나 큰 변화를 보인 곳은 독일의 어느 도시에서도 찾아보기 힘들 것이다. 약속이 취소되거나 계획이 수정되는 경우도 잦았던 것 같다. 시간을 보낼 방법이 워낙 무궁무진하기도 하고 교통체증이 유발될 위험도 큰 탓이었다. 끊임없이 변하는 상황에 능숙하게 대처하는 것, 그 와중에 불확실성에 빠지지 않는 것, 전체적인 그림을 미리 보지 못하더라도 결정력을 발휘하는 것이 바로 정신적 유연성이다. 여기에는 행동하고 결정하는 데 어느 정도 위험을 감수할 것이 요구된다. 이는 곧 대도시에서의 삶에 내포된 위험요소에 창의력과 재기를 발휘해 대응할 수 있다는 의미이기도 하다.

다양하고 모순적이기도 한 해석과 결과가 나올 수도 있는 불확실한 상황을 두고 '모호하다'는 표현을 쓰기도 한다. 이는 도시에서의 삶의 조건을 가리켜 쓸 수도 있는 표현이다. 모호하다는 것은 도시 생활에서 일상적으로 겪는 장애에 유연하게 대처하고 예측 불가능성을 받아들여야 함을 뜻한다. 뜻밖에 마주친 군중 때문에 길이 막힐 때, 정전이 발생했을 때, 운전 중에 폐쇄되거나 공사 중인 구간이 끊임없이 나타날 때가 그런 경우다. 이런 상황에서는 짜증낸다고 달라질 것이 없다. 그보다는 상황을 수용한 뒤 좋은 해결책을 찾는 편이 낫다. 이때는 풍부한 착상이 요구되는데, 착상이란 짜증이 난 상태에서보다는 머릿속이 자유로울 때 잘 떠오르는 법이다.

모호한 상황을 너그럽게 받아들이는 사람은 말이나 해석에 있어 다의성은 물론 모순까지도 받아들일 수 있다. 분노하거나 신경이 날카로워지지도 않는다. 이 능력에는 변증법적 사고가 전제된다. 이런 사람은 분명 상황 전체에 의구심을 품지 않고, 다양한 '진리'가 동시에 적용될 수 있다는 사실을 이해하며, 감정적으로도 납득할 것이다. 자신이 당면한 모든 것에 영향력을 행사할 수는 없지만, 상황이 통제 불능으로 치닫지는 않을 것임을 아는 것이다. 공사로 인해 도로가 통제되는 바람에 어떤 약속에 늦는다고 해서 업무 계획이나 나아가 직업적 이력이 위험 상황에 빠지지는 않는다.

모호함을 수용하는 능력의 심각한 부재는 때로 심리적 문제 및 질병과도 맞물린다. 이른바 '경계선 성격장애Borderline Personality Disorder' 라 불리는 정서불안장애를 앓는 사람들에게서 이런 결점이 발견된다. 이들은 '흑백사고'를 하는 경향이 있다. 그래서 사람에게 다양한 감정이 동시에 들 수 있다는 사실, 예컨대 기쁨과 분노의 동시적 존재가 가능하다는 사실도 잘 이해하지 못한다. 부정적인 상황이 장점으로 작용할 수 있다는 것도(예를 들면 어떤 일정이 갑자기 취소될 경우 끝마치지 못한 일을 할 시간을 벌었다고 생각하는 것) 결코 이해하지 못한다. 모호한 상황을 너그럽게 받아들이는 태도는 욕구 충족을 미루는 능력에서 나오는 것이기도 하다. 면접을 보는 도중에 허기가 든다고 곧장 음식을 먹으러 가는 사람은 없다. 그러나 모호함을 수용하는 능력이 결핍된 사람에게는 이런 상황에서 조금 후면 식사를 하러 갈 수 있다는 사실을 자각하며 침착함을 유지하는 것이 고되게만 느껴진다.

이런 맥락에서 볼 때, 불투명함과 불확실함은 도시 생활의 결정적인 장점이 될 수도 있다. 불확실성을 견디고 이방인들의 낯섦에 대처하는 일, 100퍼센트 통제할 수 없는 조건에 대처하는 일은 정신적 유연성을 키우고 좌절감을 극복하는 능력을 드높인다. 이 두 가지 요소는 모두 모호함을 수용하는 능력에 포함된다. 그로써 사회적 경쟁력을 기를 수 있으며, 이는 도시 생활에서 마주치는 장애물 및 예측 불가능성에 대처하는 과정에서 강화된다.

미국의 사회심리학자 레온 페스팅거Leon Festinger가 1950년대에 내놓은 '인지부조화' 이론도 이와 유사한 내용을 담고 있다. 이 이론은 사람이 모순된 감정이나 소망과 맞닥뜨릴 때 어떻게 반응하는지 설명한다. 모순된 사고는 긴장감과 더불어 그것을 해소하고자 하는 소망을 촉발시킨다. 예를 들어 저녁 약속이라는 하나의 결정을 내리며 그에 못지않게 매력적인 다른 대안들을 포기해야 할 경우 인지부조화가 탄생한다. 인지부조화는 3장에서 이야기했던 '너무 많은 선택권' 효과가 발생하는 데 결정적으로 작용하는 심리적 원인이다.

인지부조화는 한 가지 일을 하는 데 드는 수고를 잘못 (보통은 지나치게 낮게) 어림하고 그 결과에 대해 분노할 때도 일어난다. 자신이 어떤 일을 제대로 해내지 못해 비웃음을 샀다고 느낄 때도 마찬가지다. 인지부조화는 이처럼 사회적 지위와 체면에 손상이 가는 것을 두려워하게 만듦으로써 사회적 스트레스를 초래할 수 있다.

나는 인간에게 호기심을 유발하고 심리적 유연성을 드높인다는 점을 모호함의 중요한 단면으로 꼽는다. 모호함은 무료함과는 다르다. 오히려 모호함은 인간을 자극한다. 많은 사람들은 다의적인 상황이 가하는 자극을 긍정적인 것으로 간주하며, 어떤 이에게는 이것이 심지어 짜릿한 전율을 선사하기도 한다. 얀 겔 같은 건축가들은 가능한 한 많은 문을 만들어 도로 쪽 외벽에 냄으로써 이런 효과를 냈다. 100미터마다 최소한 10개의 문이 나 있도록 만든 것이다. 수많은 문은 관찰자에게 호기심을 끌고 그것의 의미에 관해 수많은 해석과 설명을 이끌어내며, 문 뒤에 무엇이 숨어 있는지 궁금해지게 만든다.

온라인 친화도 높이기

오늘날 인터넷과 스마트폰은 일상의 디지털화를 주도할 뿐 아니라 끊임없는 접근성과 스트레스를 불러일으키기도 한다. 이 때문에 내가 일하는 병원에서는 환자들에게 엄격한 온라인 정책을 적용한다. 스마트폰은 치료 시간 외에 특정한 공간에서만 사용할 수 있다. 우리 삶에 스마트폰이 도입된 이래, 직업생활과 사생활 간의 경계를 명확히 구분할 수 없게 되는 일이 종종 벌어진다. 그 때문에 이 작은 기계가 골칫거리가 되는 일도 많다.

다른 한편으로 스마트폰은 우리가 세상에 잘 적응할 수 있도록 도와주기도 한다. 구글맵은 물론, 철도나 버스의 시간표 및 목적지까지 걸리는 시간을 검색할 수 있는 편리한 앱 등이 그렇다. 이전까지 우리는 막 들어오는 지하철을 놓치지 않으려 매표기 앞에서 허둥지둥 돈을 집어넣고는, 느려터진 발매 과정 끝에 기계가 뱉어낸 표를 들고 또다시 한참 동안 거스름돈이 나오기를 기다리다가 결국에는 지하철을 놓치기 일쑤였다. 그런 시대가 마침내 막을 내린 것이다. 이제는 택시 앱을 이용할 수도 있고 전자기기를 이용해 연극이나 영화를 검색하고 그 자리에서 표까지 끊을 수 있는 방법도 많아졌다. '틴더 Tinder'나 '그라인더 Grindr'처럼 근처에서 뜻이 맞는 상대를 검색해 욕구불만을 해소하게 만들어주는 데이팅 앱도 있다. 주차할 장소를 찾아 헤매는 대신 스마트폰을 이용해 카셰어링 자동차를 검색하고, 차 문을 여는 것까지 스마트폰으로 해결한다. 스마트폰 기술을 이용해 가장 가까운 주차공간을 찾는 일도 조만간 가능해질 것이다. 개인 오디오 가이드 기능을 하는 여행안내 앱은 도시 관광객들에게는 축복과도 같다. 예를 들자면 한도 끝도 없다.

도시에서는 모든 것이 빠르고 복잡하게 돌아간다. 우리는 매 시간 어마어마한 정보를 소비한다. 도시에서 성공하는 사람은 온라인의 세계를 누빈다. 도시는 '스마트 시티 Smart Cities'가 된다. 이런 까닭에 최근 학자들 사이에서는 도시와 시골 간의 '디지털 간극'이라는 말이 회자되곤 한다. 오늘날 '온라인 친화도'는 연령대가 낮을수록, 교육수준이 높을수록 크게 나타난다. 두 가지 요소는 모두 시골에서 도시로의 이주를 쉽게 만든다.

신속하고 주체적으로 스마트폰을 활용해 멀티태스킹할 수 있는 사람은 길을 묻기 위해 행인들을 붙잡아 세우거나 근처의 상점에 들어가야 하는 사람보다 도시 생활에 능숙하게 대처할 수 있다. 최대 1분 이내에 인터넷 검색으로 근무지에서 우체국과 도서관, 세탁소를 거쳐 귀가하는 길을 계획할 수 있다면, 도시에서 제공되는 서비스의 밀집도와 쇼핑 기회의 혜택을 누리는 것도 어렵지 않다. 가상공간에서 마음껏 활동할 줄 아는 사람은 또한 소셜 네트워크와 데이팅 앱을 이용해 현실과 동시에 존재하는 자신만의 가상 생활공간을 도시에 투영함으로써 온라인 및 가상의 삶을 추가로 얻을 수 있다.

그러나 온라인 친화도란 일상에서 인터넷과 스마트폰을 진정 현명하게 이용하는 능력을 의미한다. 외부적 자극이 약화되는 즉시 반사적으로 스마트폰을 꺼내 드는 습관 같은 것과는 거리가 멀다는 뜻이다. 대화가 잦아드는 순간, 지하철을 타고 몇 정거장을 가야 하는 상황이 그런 경우다. 이는 우리의 주의력을 파괴하고 우리를 둘러싼 환경으로부터 멀어지게 만든다. 이때 도시는 자산이 아니라 생경한 존재로 전락한다.

· INTERVIEW ·

"사람들 얼굴에 미소가 번지게 하는 일, 그게 바로 문화의 역할이지요."

베리 코스키 Barrie Kosky

베를린 희극 오페라의 극장장이자 총감독이다. 멜버른 출신으로 이후에도 그곳에서 음악과 연극을 공부했다. 대표적인 경력으로는 베를린, 뮌헨, 빈의 시립 오페라와 로스앤젤레스 오페라, 런던 코벤트 가든 로열 오페라, 글라인드본 페스티벌에서의 활동을 꼽을 수 있다. 2017년 여름에는 바이로이트 축제에도 참가했다.

감독님은 현재 베를린 희극 오페라의 극장장 겸 총감독으로 일하고 계십니다. 지금까지 빈과 멜버른, 시드니 등 대도시를 무대로 활약하셨고요. 자신을 도시인이라고 생각하십니까?

:

물론입니다. 심지어는 도시인의 전형이라고 말해도 과언이 아니지요. 오스트레일리아에서 유년기를 보냈음에도 말입니다. 오스트레일리아라고 하면 흔히들 바다와 백사장, 끝없이 펼쳐진 풍경을 떠올리지만, 사실 대부분의 그곳 사람들은 도시에 거주합니다.

제 조모님은 부다페스트에서, 어머니는 런던에서 태어나셨습니다. 제가 멜버른에 살던 시절 그곳의 인구는 300만에서 350만 명 사이였어요. 제 피에 흐르고 있는 도시의 리듬과 에너지, 그리고 다양성은 제 예술적 삶의 일부분이기도 합니다. 그렇다고 제가 자연을 애호하지 않는 것은 아닙니다. 그저 도시의 거리를 거닐고 그 에너지와 소리, 냄새, 온갖 다양한 요소들을 느끼는 일을 사랑하는 것뿐이지요.

그렇지만 때로는 도시 생활이 힘들게 느껴질 때도 있지 않나요?

:

예. 그래서 사람들이 주말이면 스파나 숲을 찾는 것이겠지요. 그럼에도 저는 항상 도시에 살았습니다. 도시를 벗어나고 싶을 때면 문을 닫는 것으로 충분합니다. 머릿속의 문도 마찬가지고요.

오페라는 사실 대도시의 전유물이지요. 극장과는 달리 오페라는 주로 규모가 큰 도시에서 찾아볼 수 있거든요. 대도시의 삶에서 오페라가 수행하는 역할을 어떻게 설명할 수 있을까요?

:

오페라는 이탈리아의 도시국가에서 탄생해 유럽의 대도시로 전파되었습니다. 지난 500년간 유럽 도시의 역사는 오페라의 역사와 더불어 흘러왔습니다. 오페라하우스의 규모도 도시의 규모에 비례합니다. 오페라하우스가 클수록 오페라의 규모도 커지고 음향은 높아지며 시간도 길어지지요.

도시 및 그곳에 사는 사람들의 역사가 오페라에 반영된다고 할 수도 있겠군요?
:

맞습니다. 시골과 도시 간의 대비를 보여주는 오페라도 수없이 많고요. 그런 오페라를 보면 1막에서는 평화로운 시골이 배경으로 펼쳐집니다. 2막에서는 도시로 간 주인공이 온갖 실패를 맛보다가 종국에는 시골로 돌아오지요. 시골은 피난처와도 같습니다. 예컨대 〈라 트라비아타La Traviata〉의 2막에서 주인공은 파리를 떠나 진실이 지배하는 시골로 갑니다. 프로코피에프Prokofiev, 쇼스타코비치Shostakovich, 알반 베르크Alban Berg의 작품들을 떠올려보면 20세기에도 도시는 동력이었습니다. 이런 오페라는 오로지 도시에서만 쓰일 수 있었지요.

문화는 도시민의 안위를 유지하는 중요한 원천입니다만, 오페라는 상류층의 전유물로 간주됩니다. 그러나 감독님께서는 베를린 희극 오페라에서 일하며 광범위한 일반 대중을 오페라로 끌어들이는 데 성공하셨습니다. 이 성과를 어떻게 이끌어내셨습니까?
:

저희 오페라는 매우 광범위한 레퍼토리를 갖추고 있습니다. 가령 대규모 아동 오페라는 물론이고 오페레타Operetta(오페라에 대중성을 가미한 무대공연의 한 장르 – 옮긴이)와 뮤지컬도 대중을 끌어들이는 데 도움이 됩니다. 최근 몇 년 사이에는 오페레타도 크게 유행하고 있습니다. 여기서 할머니가 듣던 촌스러운 1950년대 레코드판 음악을 떠올린다면 오산이에요. 수많은 오페라하우스 관객들의 평균 연령은 60대를 훨씬 웃돌지만 우리를 찾는 관객들은 거의 평균 50대 이하입니다. 아주 좋은 현상이지요.

독일에는 오페라 지원금 시스템이 마련되어 있습니다. 독일 외에 이런 체계를 갖춘 곳은 러시아와 프랑스뿐이지요. 우리가 저렴한 관람료를 유지할 수 있는 비결도 바로 여기에 있습니다. 12~15유로만 내고도 오페라를 관람할 수 있거든요. 이는 록 콘서트 입장료보다 싼 가격입니다. 다른 나라들에서는 그럴 수 없지요. 마드리드 같은 곳에서는 오페라를 보려면 300~400유로를 내야 합니다. 그야말로 엘리트의 전유물입니다. 독일의 시스템은 반드시 엘리트가 아니어도 문화를 즐길 수 있도록 만들어줍니다.

그러나 관객들이 반드시 높은 교육수준을 갖추고 있어야 한다는 관념에서 벗어나 다른 잠재적 관객층을 끌어들이는 일은 여전히 커다란 도전과제입니다. 하룻저녁 시간을 내어 저희 오페라하우스를 방문해보십시오. 아마 1,200명에 이르는 관객들의 다양한 사회적 배경을 보고 놀라게 될 것입니다. 저희 관객들은 중산층에 국한되어 있지 않습니다. 물론 오페라하우스 건물이 일정 정도 계층의 차이를 반영하고 있기는 합니다. 관객들은 1층석, 박스석, 계단석 등에 나누어 앉게 되지요. 그러나 대학생과 아동, 중 · 고생들을 끌어들이는 일이 그토록 중요한 이유도 여기에 있습니다. 젊은이들의 마음을 얻지 못한다면 극장의 미래는 없거든요.

그토록 광범위한 관객층을 베를린의 희극 오페라로 끌어들일 수 있었던 비결은 무엇입니까? 관객에게 특별히 감정적으로 접근하시는 게 그 비결인지요?
:

그렇습니다. 제게 있어 음악은 곧 감정입니다. 저희는 사랑과 죽음, 질투에 관한 이야기를 만들어냅니다. 추상적인 작품에도 이런 요소를 많이 삽입하고요. 전후 시대의 음악 및 연극 연출가들에게는 감정적 요소를 작품에서 제거하는 것이 관례였습니다. 감정은 싸구려로 인식되었는데, 아마도 당대 사람들이 이를 불신했던 모양입니다. 대신에 사고가 끝없이 강조되었지요.

물론 예술이 사고를 유도해야 하는 것은 맞습니다만, 오페라에서는 감정이 사고로 가는 길을 열어줍니다. 이것이 역으로 이루어지는 법은 없어요. 바그너나 모차르트의 오페라 작품 또는 교향곡 연주회를 찾는 목적이 일차적으로 깊은 상념이나 사색에 잠기는 데 있지는 않습니다. 먼저 감정적으로 느끼고 난 뒤 사고의 반향, 즉 인식적 메아리가 돌아오는 거지요. 제 과제는 배우와 관객 사이에 교감을 일으키는 일입니다.

오페라는 영혼에 유익하게 작용함으로써 뇌에도 좋은 영향을 미칩니다. 오페라와 무대예술이 사실 건강에 중요한 기능을 하지 않습니까? 공중보건에 기여한다고 말할 수도 있을 듯합니다.
:

예술가가 하는 일은 건강과는 관련이 없습니다만, 저는 관객의 반

웅이 즐거운 저녁시간과 닮아 있다는 사실을 매번 확인합니다. 오페라 약이라도 복용한 것처럼 사람들의 표정에 미소가 가득하거든요. 오페라를 관람한 사람들의 기분이 관람 전보다 한결 좋아졌으면 하는 것이 제 바람입니다. 그 작품이 〈예브게니 오네긴 Eugene Onegin 〉이든, 오페레타나 뮤지컬이든 마찬가지입니다.

많은 사람에게 긍정적인 감정을 불러일으킨다는 것만으로도 문화가 건강에 미치는 영향을 설명하기에는 충분할 것 같습니다. 긍정적인 감정은 질병을 예방하거나 약화하는 데 도움이 되거든요.
:

맞습니다. 그렇게 따지면 의료보험사에서 우리에게 비용을 지불해야 하는 셈이군요.

도시의 문화적 자산은 아이들에게도 중요한 자원이 됩니다. 아이들이 오페라를 좋아하도록 만드는 방법은 무엇인가요?
:

첫째로 규모가 커야 합니다. 저는 작은 공간에서 아동 오페라 공연하는 것을 탐탁잖게 여깁니다. 어린아이들에게 작은 공간이라니요. 아니죠, 커다란 무대와 오케스트라 피트Orchestra Pit(오케스트라를 위해 무대와 객석 사이에 낮게 마련된 공간 – 옮긴이), 가수, 합창단, 그리고 관객석의 수많은 아이들이 어우러져야 합니다! 부모가 동반하지 않을 경우 아이들은 법석을 떨고 소리를 질러댑니다. 저는 이런 것을 아주 좋아해요. 오페라 관람이 아이들에게 특별한 체험이라는 것을 알 수 있거든요. 둘째, 아이들에게 다소 어렵다 싶을 정도로 음악의 난이도가 높은 것도 괜찮습니다. 아이들은 익숙지 않은 소리의 세계도 열린 태도로 받아들이니까요. 셋째, 시각적인 요소가 음악과 조합을 이루며 특별히 감각적인 경험을 선사하는 꿈의 세계가 무대 위에 펼쳐져야 합니다. 넷째, 무대와 관객의 관계도 중요합니다. 저희 아동 오페라 작품에서는 배우와 관객이 서로 소통하지요. 가수들은 질문을 던지고, 아이들은 목청껏 이에 답합니다. 극장의 무대와 객석 사이에는 보통 보이지 않는 벽이 존재하는데, 아동 오페라에서는 이 벽을 깨뜨려야 합니다.

감독님도 어린 시절에 오페라를 관람한 적이 있으신가요?

:

저는 서너 살 무렵에 처음으로 부모님과 함께 극장을 찾았습니다. 만 일곱 살에는 헝가리 출신의 조모님과 함께 생애 첫 오페라를 관람했고요. 조모님께서는 멜버른에서 저를 〈나비부인 Madama Butterfly〉 공연에 데려가셨습니다. 제 예술적 멘토를 자처하셨지요. 그때부터 학교를 졸업할 때까지 200편이 넘는 오페라를 관람했습니다.

감독님이 가장 편하게 느끼는 도시는 어디인가요?

:

베를린입니다. 비단 현재 이곳에 살고 있기 때문만은 아닙니다.

제가 좋아하는 도시는 아주 많아요. 런던은 비록 살고 싶지는 않지만 무척 사랑하는 도시예요. 파리와 로마도 마찬가지로 멋진 도시지만, 베를린은 제가 살고 일하기에 가장 적합한 조건을 갖춘 곳입니다. 인구 300만 명 이상으로 지나치게 크지도 작지도 않은 적당한 규모를 갖추었다는 점도 중요합니다. 이 도시는 어마어마한 문화적 다양성과 국제성을 자랑하며, 단일성보다는 커다란 문화적 · 사회적 다양성이 지배적입니다. 단일성이 지배적인 도시는 제 관심을 끌지 못합니다.

고도의 다양성에 이끌린다는 말씀이신가요?

:

그렇습니다. 정치적 구호로서의 다양성만을 말하는 게 아니라 일상적인 문제에서도 마찬가지입니다. 모든 사람은 언어나 기호, 생활 방식 등에 의해 서로 구별되는 한편, 바로 이러한 특성에 의해 (말하자면 다양성이 특징인 베를린의 영혼에 의해) 서로와 관계를 맺고 있습니다. 예컨대 베를린은 매우 개방적입니다. 이는 이 도시의 역사는 물론 지리적 위치와도 관련이 있습니다. 길게 뻗은 멋진 대로들 역시 제가 무척이나 좋아하는 요소입니다. 이곳 사람들은 넓은 공간을 누립니다. 베를린에는 다른 도시들의 모든 장점이 집결되어 있습니다. 이런저런 장점을 조금씩 갖추고 있는 셈입니다. 없는 것을 꼽자면 해변뿐이지요.

거의 10여 년째 이곳 베를린에 살고 계신데, 가장 좋아하는 장소가 어디인지 말씀해주시겠습니까?

:

현재로서는 베를린 희극 오페라 극장이 가장 좋아하는 장소입니다. 극장장이니 그렇게 말하는 게 당연하겠지요. 물론 좋아하는 곳이 몇 군데 더 있기는 합니다. 동물원은 특히 가을과 봄에 좋아하는 장소입니다. 베를린에서 우리는 날마다 새로운 것을 발견하며, 이처럼 넘쳐나는 단편적인 에너지는 더할 나위 없이 저를 매혹시킵니다.

모든 것이 적절히 혼합되어 있는 쇠네베르크 역시 제가 좋아하는 장소입니다. 이곳에는 예술가와 힙스터들이 거주할 뿐 아니라 젠트리피케이션이 아직 진행되지 않은 키츠도 있습니다. 대부분의 거리에 사는 사람들은 상이한 문화적 · 경제적 배경을 갖고 있습니다. 쇠네베르크의 역사도 매력적인 그 이유는 이곳이 1920년대 및 1930년대에 중요한 중산층 유대인 지구였기 때문입니다. 저는 쇠네베르크에 있으면 마음이 편안해집니다.

에필로그

사람들은 그저 도시에 사는 것을 넘어 도시를 이루는 중요한 일부가 되어야 합니다

초반에 던졌던 질문으로 되돌아가 보자. 어떤 도시가 이상적인 도시인가? 정서에 유익하며, 부담을 주지 않으면서도 우리를 자극하는 도시는 과연 어떤 모습을 하고 있을까? 이 책에서 나는 자극이 적고 스트레스로부터 완전히 자유로운 도시가 결코 모두에게 이상적인 도시는 아니라는 사실을 보여주고자 했다. 그렇다면 질문을 다시 던져야 한다. 당신에게 이상적인 도시란 어떤 곳인가? 당신은 과연 모든 면에서 유익한 도시가 있다고 상상할 수 있는가? 만약 그렇다 해도 그곳이 당신의 이웃에게도 이상적일까?

물론 이런 질문을 던지면 문제는 한층 더 복잡해진다. 도시의 미래 문제에 심취하는 사람, 도시를 가능한 한 훌륭하게 설계하고 건설하고자 하는 사람, 그로써 최대한 많은 사람들에게 적절한 공간을 마련해주고자 하는 사람에게는 특히 더 그럴 것이다. 아무리 완벽한 도시를 설계하려는 포부를 품고 있다 해도 무궁무진하게 다양한 도시적 삶의 형태와 기능을 모두 다 고려하는 것은 근본적으로 불가능하기 때문이다.

그럼에도 언제나 '이상적인 도시'를 구상하려는 시도는 있었다. 먼 옛날부터 철학자와 건축가, 도시계획가, 예술가들은 유토피아의 모습을 갖춘 도시 공간을 구상했다. 이는 당대 사회 문제에 대한 대안적 구상안이자 대답이기도 했다. 이런 구상안의 기원은 고대까지 거슬러 올라가며, 완벽한 도시에 대한 상상과 구상, 구체적인 계획은 그때부터 철학적 논의의 고정적인 구성요소로 자리 잡았다. 그러나 플라톤이 『국가 Politeia』에서 구상한 이상국가이자 이상도시였던 아틀란티스부터 20세기 초반부의 파격적인 건축 · 도시계획 실험들에 이르기까지, 이 '이상적인 도시'가 실현된 경우는 극히 드물었다. 다행스럽게도 말이다.

수세기가 흐르는 동안 고안된 수많은 아이디어와 이상상은 기껏해야 단편적으로 창조된 현실에 불과했으나, 그렇다고 이것이 마냥 헛된 것은 아니었다. 그중 다수는 도시건축 및 아이디어의 역사를 거치며 이상도시에 관한 당대의 논의에 필수적인 착상과 영감을 주었기 때문이다. 수많은 도시건설 구상안은 현대가 필요로 하는 것에는 충분한 답을 줄 수 없었을지 몰라도, 동기와 자극을 부여하고 미래 도시에 대한 상상력을 불러일으키는 데에는 일정하게 기여했다.

20세기 건축가와 도시계획가들은 이 부분에서 특히 왕성하게 활동하고 있다. 예를 들어 영국의 건축가 모임인 아키그램Archigram은 1960년대 및 1970년대에 '인스턴트 시티Instant City' 구상안을 내어놓음으로써 현대 대도시의 이벤트 문화를 예측했다. 그들은 하룻밤 사이에 열기구로 배달되고 즉각 건설이 가능한 세트 도시를 구상했다. 또한 건축가 벅민스터 풀러Buckminster Fuller는 1960년에 맨해튼 전체를 덮을 수 있는 거대한 기후 돔을 고안했는데, 이는 도시민들이 불가피하게 마주할 수밖에 없는 전 지구적 환경오염의 상징물이라 할 수 있다. 이탈리아의 슈퍼스튜디오Superstudio 그룹은 1960년대 말에 오늘날 전 세계 대도시의 비즈니스 구역을 차지하며 거의 똑같은 모양을 한 유리건물의 미학을 우리 머릿속에 심어주고 있는 투자용 건축물이 탄생하기에 앞서 '끊임없는 기념물 Continous Monument'을 구상한 장본인이다. 이 외에도 사례는 무궁무진하다.

이상도시 계획은 사회의 문제점들을 끊임없이 반영하고 계획적인 미래 설계에 활기를 불어넣는다는 점에서 매우 가치 있다. 이때는 고정된 공간과 특정한 시간에 얽매이지 않는 태도와 더 나은 미래를 향한 낙관적인 시각뿐 아니라 미래에 대한 부정적 관념에 의해 탄생한 구상안들도 마찬가지로 이에 기여한다.

이상적인 도시는 이상적인 인간을 전제로 한다

공중에 붕 떠 있는 거대한 도시, 높이가 수킬로미터에 이를 정도로 높이 치솟은 도시, 지붕이 덮여 있거나 물 위에 떠 있는 도시, 돔 모양을 하고 있는 도시 등 무엇을 상상해도 결국 모두에게 완벽한 도시를 찾는 것은 과연 불가능한 일일까? 누구나 편안하게 느낄 수 있는 도시란 존재하지 않는가? 문제는 이상적인 도시에 대한 관념에는 이상적인 인간에 대한 상상이 바탕을 이루고 있다는 점이다. 그러나 이상적인 인간이 존재하지 않듯이 이상적인 도시 역시 있을 수 없다.

도시는 복잡한 창조물이며, 복잡한 시스템이 늘 그렇듯 그 안에서 모두를 만족시킬 만한 질서를 마련하는 것은 불가능하다. 이상적인 도시를 구상하려는 모든 노력들로부터 오직 단순한 한 가지 진리만을 도출할 수 있다. 극도로 다양한 도시들만큼이나 그곳에 사는 인간들도 다양하다는 사실이다. 휴식과 안전감, 동요와 주의, 자극과 유혹, 익명성과 익숙함을 향한 욕구도 마찬가지로 다양하다. 심지어 하나의 도시 공간도 시대에 따라 완전히 다른 성격을 띨 수 있다.

그러므로 도시에서 사람이 받는 스트레스를 파헤치는 과정에서 우리는 각 장소의 형태에 관해 건축적 혹은 도시계획적 질문보다는 그 장소의 '이용성'에 관한 질문을 던져야 할 것이다. 모든 장소는 놀라울 만큼 유익할 수 있다. 첫눈에 별로 매력적으로 보이지 않는 장소도 마찬가지다. 이곳을 매력적인 장소로 만들려면 우리가 그곳을 활용하고 그곳에 스스로를 노출시키며, 맑게 깬 감각으로 환경을 인지하고, 선입견을 내려놓은 채 적극적으로 관계를 맺어야 한다.

이 책의 집필을 위한 검색 작업이 한창이던 어느 날 저녁의 일이었다. 나는 바람이 세차게 부는 영하의 날씨에 베를린의 알렉산더 광장을 가로질러 걷고 있었다. 보통은 화창한 날에도 발걸음을 멈추기는커녕 빠른 걸음으로 지나쳐버리는 장소였다. 그런데 이날은 지하철역을 나서는 순간, 기타의 선율과 함께 귀에 익은 팝송을 독특하면서도 아름답게 부르는 거칠고 구슬픈 목소리가 들려왔다. 나는 추위와 세찬 바람에도 무언가에 홀린 듯 평온하게 거리의 음악가를 둘러싸고 있는 군중들 사이를 비집고 들어갔다. 몇 분 동안 음악에 귀를 기울이고 있노라니 그토록 황량하던 장소가 별안간 친근하고 아름답게 느껴졌다. 평소에 알렉산더 광장에 대해 품고 있던 근본적인 거부감에 의문을 품게 되는 순간이었다. 이런 순간을 가능하게 만드는 환경을 어찌 좋은 장소라 하지 않을 수 있을까?

이런 경험 뒤에는 도시가 필수적으로 갖추어야 하는 특성이 감춰져 있다. 평소 우리가 품고 있던 확신과 근본적인 관념에 의문을 품게 만든다는 점, 우리에게 변신과 변화의 잠재력을 상기시킨다는 점이 그것이다. 이는 스트레스와 도시라는 관점에도 적용할 수 있다. 우리의 스트레스 민감도는 공간적 · 상황적 · 시대적으로 끊임없이 변화할 수 있는 수많은 다양한 요소들에 의해 결정된다. 스트레스가 언제 유발되고 활성화되는지, 도시 환경에서 사회적 스트레스가 우리를 짓누르고 제약을 가하며 통제력을 상실했다는 느낌을 불러일으키는 순간이 언제인지는 같은 사람에게서도 매 순간 다르게 나타난다.

북적이는 거리에도 암묵적 합의와 질서는 존재한다

언제, 어디에서 도시가 스트레스를 주는지 도시민들에게 무작위로 물어본다면 아마도 고대 후기 철학자 아우구스티누스가 한 말을 약간 변형한 것 같은 대답이 돌아올 것이다. "좋은 장소가 어떤 곳인지 내게 묻는다면 나는 그 답을 알고 있다. 그러나 그것을 당신에게 말해야 한다면 나는 그 답이 무엇인지 모른다." 이상적인 장소는 계획해서 만들어낼 수 없으나 누구나 한번쯤은 특정한 순간에 적절한 장소에 와 있다는 느낌을 받아본 적은 있을 것이다.

우리는 우연히 이상적인 장소를 만나게 된다. 이튿날 그 장소를 다시 찾으면 전날 느꼈던 편안함이 다시 느껴지지 않을 수도 있다. 이는 우리의 정신적 상태와 기분, 긴장도, 함께 있던 사람 등 여러 가지 조건이 쉼 없이 변하기 때문이다. 물론 하루 중 언제였는지, 날씨는 어떠했는지에 따라서도 달라진다. 많은 사람들이 바쁘게 오가는 장소, 활기와 자극이라는 긍정적인 의미의 스트레스를 촉발한다는 점에서 어제까지만 해도 편안하게 느껴졌던 장소가 오늘은 지나친 부담으로 다가올 수도 있다. 오늘은 그곳에 사람이 너무 많다고 느끼고 도시의 일상에서 벗어나 휴식과 성찰의 시간을 부여해주는 한적한 장소를 갈구하게 될지도 모른다. 이처럼 어제는 편안했던 장소가 오늘은 부담스러운 곳, 부정적인 스트레스를 유발하는 곳이 되기도 한다. 이는 도시 생활 특유의 역설적인 기본구조와 관련이 있다. 도시에서 우리는 높은 사회적 밀집도를 체험하는 동시에 사회적으로 완전히 고립되어 있다는 느낌을 받기도 한다는 점이 그것이다.

따라서 도시 사회의 구성원인 우리가 할 수 있는 것은 결속과 고립의 감정 사이에서 타협하고 적절한 균형을 찾는 일이다. 주체적인 삶을 향한 갈망(이는 도시인들의 핵심 동력이자 발전의 원동력이기도 하다)을 품는 동시에 얼마나 많은 공동체적 요소를 허용할 것인가? 자유로우면서도 고독하지 않기 위해 얼마나 많은 교류와 소속감을 허용할 것인가? 이런 생각들을 고려할 때 우리가 항상 각자의 필요에 적절히 반응할 수 있도록 만들어주는 도시, 구역, 거리야말로 이상적인 것으로 볼 수 있다.

도시 풍경을 담은 어린이 그림책을 보듯 도시 생활에서 동시적으로 일어나는 장면들을 포착할 수 있는 거리를 상상해보라. 이곳에는 왕복 2차선 도로와 주차구역, 보도, 그리고 상점과 카페가 들어선 4층짜리 건물이 있다. 배달 차량의 운전기사가 이중주차를 한 채 배달한 물품이 실린 손수레를 밀며 상점으로 향하고, 그 바람에 유모차를 밀며 지나가던 젊은 아이 엄마가 통행에 방해를 받는다. 상점을 막 나서려던 한 손님은 손수레를 피해 옆으로 비켜서다 상점과 이웃한 카페 손님이 읽고 있던 신문을 코트 깃으로 건드린다. 카페 손님은 맞은편 건물 지붕 위로 비스듬히 쏟아져 내려와 벽면을 비추는 저녁의 마지막 햇살을 즐기기 위해 보도 쪽으로 의자를 조금 당겨 앉아 있던 참이다. 한쪽에서는 자동차 한 대가 배달 차량을 피하려고 빙 둘러가는 자전거를 보고 급히 브레이크를 밟는다. 반대편 길가에서 이제나저제나 길을 건널 틈을 찾던 노부인이 그 짧은 순간을 이용해 도로를 횡단한다. 유모차를 밀던 아이 엄마는 아이가 손수레를 미는 트럭 운전사에게 정신이 팔려 있는 동안 바쁜 걸음을 멈추고 숨을 고른다. 신문을 건드린 상점 손님은 돌아서서 사과하려다 상대가 한동안 만나지 못했던 옛 지인임을 알아차린다.

도시에서는 이처럼 쉼 없는 분주함이 늘 똑같이 이어진다. 서로 아무런 관련도 없어 보이는 움직임과 관심, 동인들이 겹치고 엮여 공공의 공간에서 도시의 군무가 만들어지고 등장과 퇴장이 반복된다. 이는 공간의 끊임없는 협의다. 이 공간은 어떤 형태로든 모든 이에게 부여되어 있되 누구에게도 완벽하지 않다. 그렇게 하는 것만이 모두에게 공평하고 적합하기 때문이다. 이런 뒤섞임과 어울림은 도시적인 순간, 즉 소소한 공간의 협의를 만들어낸다. 이를 도시 공간에서의 해방이라 부를 수도 있을 것이다. 이 협의의 가치를 의식하며 도시에서 벌어지는 소소한 일들에 주의를 기울이는 사람은 도시가 예부터 약속해온 자유를 발견하게 된다.

그렇다면 모든 것을 지금 이대로 유지해도 좋다는 의미일까? 그렇지는 않다. 거리의 북적임을 긍정적으로 받아들이려면 열린 시선과 마음으로 도시를 누벼야 한다. 혼잡함에서 벗어나보겠다고 허둥대서는 안 된다. 알렉산더 광장에서 겪은 상황을 다시 예로 들어보자. 그날 만약 내가 힘든 하루를 보낸 끝에 약속시간에 늦어 서두르는 중이었더라면, 음악과 군중도 귀찮게만 느껴졌을 것이다. 오히려 내 진로를 방해한다며 '꼭 늦었을 때 이런 일이 벌어진다니까!'라고 생각했을지도 모른다. 순간의 행복을 보지 못한 채 사람들을 헤치고 갈 길을 재촉하며, 저 유명한 바이올리니스트 조슈아 벨의 실험에서 행인들이 취한 것과 비슷한 행동을 보였을 것이다. 벨은 거리의 악사로 변장한 채 워싱턴 D. C.의 어느 지하철 역 입구에서 멘델스존과 바흐의 곡을 연주한 적이 있지만, 이 세계적인 음악가의 연주에 귀를 기울이며 보속을 줄이는 사람은 거의 없었다. 바쁘게 벨을 스쳐 지나간 행인 중에는 분명 그의 연주를 '라이브'로 듣기 위해 기꺼이 큰돈을 지불할 사람도 여럿이었을 것이다.

강요된 공존보다는 평안한 병존으로

이로써 우리는 다음 질문과 마주하게 된다. 도시에서 공공의 공간이 휴식을 유도하는 동시에 원활하게 통행할 수도 있는 장소가 되려면 이를 어떻게 꾸며야 할까? 이때는 억지스럽게 공존을 강요하기보다는 편안한 병존이 가능한 장소라는 관념을 기본 전제로 삼아야 한다. 가능한 한 유연한 공공장소의 활용을 허용하는 구상안은 어느 정도의 병존이 가능한지를 가늠할 수 있게 해준다. 다양한 활용이 가능해질수록 더 많은 사람들이 긍정적인 공간감을 품게 되는 것으로 추측할 수 있다.

이를 부정형으로 표현하면, 하나의 장소가 특정한 기능에 맞추어지고 고착될수록 그 장소가 유발하는 스트레스는 커진다. 예컨대 오늘날의 뉴욕 지하철은 좀비들이 진을 치고 있는 지하세계에 비유할 만하다. 이곳에서 사람들은 외부세계로부터 자신을 격리시켜주는 커다란 헤드폰을 덮어쓴 채 스마트폰 화면의 빛을 받아 창백해진 얼굴로 러시아워대의 지하철역 통로를 누빈다. 평소의 보속을 유지하는 것이 불가능한 출입구에서 사람들은 군중의 불규칙한 움직임에

섞여 비틀거리며 전진한다. 빨리 가야 한다. 병존을 허락하지 않는 이 낯설고 숨 막히는 공존 상태로부터 빨리 벗어나야 한다. 공존은 필수적이며 기능적이되 사회적이지는 못하다. 뉴욕 지하철에도 조슈아 벨의 연주에 귀를 기울일 사람은 없을 것이다.

뉴욕 공립도서관 뒤편에 있는 브라이언트 파크Bryant Park 는 점심시간이면 러시아워대의 지하철 못지않게 많은 사람들이 모여드는 장소다. 그러나 이곳의 정경은 사뭇 다르다. 화창한 날의 브라이언트 파크는 세계에서 가장 붐비는 공원 중 하나임에도 놀라우리만치 여유로운 분위기를 자랑한다. 이곳에서는 병존이 순조롭게 기능하는 것을 관찰할 수 있다. 커다란 헤드폰도 거의 보이지 않으며 스마트폰 사용률도 대중교통 수단에 비해 현저히 낮다. 사람들은 혼자서, 혹은 무리를 이루고 잔디밭과 도서관 건물 계단에 앉거나 서거나 누워 있다. 이들은 특히 공원 관리소에서 방문객을 위해 마련해 둔 2천 개 남짓의 의자와 작은 탁자들을 즐겨 사용한다. 초록색으로 칠한 단순한 철제의자는 공원 내에서 자유롭게 사용할 수 있다.

어디에, 어떻게 자리를 잡을지도 방문객들의 마음이기 때문에 이곳에서는 누구나 공간의 협의 과정에 참여하고 공간을 꾸미는 데 약간의 결정권을 행사할 수 있다. 강요된 공존에 얽매일 필요도 없다. 의자에는 아무런 도난 방지 장치도 되어 있지 않으며 품질도 좋지만, 공식적인 기록에 따르면 분실되는 의자 수는 매년 6~8개에 불과하다고 한다.

이러한 사전 신뢰 구축은 밀도 높고 혼잡한 도심의 상황에서도 쾌

적한 병존을 이끌어내는 데 대체로 효과적인 모델인 것으로 보인다. 흥미로운 점은 생산적인 병존이 긍정적인 공존 역시 강화한다는 점이다. 이 공원에서는 요가와 야외극장, 유명한 디네앙블랑Dîner en blanc(흰 옷을 입은 사람들이 각자 가져온 음식과 음료를 나누어 먹는 공개 여름 연회)에 이르기까지 수많은 단체 행사가 점점 더 자주 열리고 있다. 공원의 방문객들이 누리는 참여의 자유가 교류와 공동체를 향한 갈망을 자극한다고도 할 수 있다.

내가 원하는 도시 공간은 내 스스로 만든다

그러면 '사전 신뢰'도 부여하지 않고, 시민들을 '공간 형성 과정에 초대'하지도 않는 장소는 우리에게 어떻게 다가오는가? 높은 담장과 육중한 문, 금속이나 타일처럼 거부감을 주는 표면, 창살, 금지 표지판, 감시 카메라 등의 보안장치가 마련된 건축물은 일종의 안전감을 부여해주지만, 그와 동시에 오히려 현재 자신이 안전하지 못한 장소에 있다는 인상을 주기도 한다. 문제는 사람들에게 안정감을 주고 사회적 스트레스를 줄이기 위해서는 어느 정도의 보안과 감시가 필수적인가, 그리고 안전의 지나친 강조가 긍정적인 도시감각을 저해하게 되는 시점이 어디부터인가다.

어느덧 상황은 역변하고 있다. 몇 년 전까지만 해도 런던 동부에서는 그래피티와 쓰레기가 가득한 어두컴컴한 골목에서 분위기 좋은 바를 찾아다니다가 길을 잃고 두려움에 떨며 헤매는 일이 보통

이었다. 오늘날에는 (과장하자면) 분위기 좋은 바를 찾기 위해 일부러 어두운 골목으로 들어가야 할 정도다. 게다가 중심가에는 우후죽순으로 들어선 새 고층아파트 건물과 더불어 '반半공공' 영역도 확대되는 중이다. 예를 들면, 유명한 건축가 리처드 로저스Richard Rodgers가 지은 리든홀 빌딩에는 일반 대중의 출입이 가능하고 수목과 작은 잔디밭, 공용 벤치로 꾸민 널찍한 입구가 마련되어 있다. 그러나 잔디밭에 너무 가까이 다가가려고 하면 즉시 사설 경비원이 나타나 친절하지만 단호한 어조로 들어가지 말라고 경고한다.

이곳에서 우리는 브라이언트 파크와는 대비되는 사회적 기능방식을 발견하게 된다. 이른바 안전한 공공장소라는 곳에 개인 소유자의 제재가 가해지며 시민들이 그 장소를 조성하는 데 참여하는 것을 저지하는 것이다. 이로써 시민은 도시 활용자에서 단순한 도시 사용자로 전락한다. 또한 공공장소에서 범죄의 발생이 억제되는 대신 행동의 자유는 제한되고 교류와 휴식의 공간이라는 기능도 잃게 된다.

이런 점에서 건축가 · 예술가 집단인 어셈블Assemble이 런던에서 수립되고, 공공성에 초점을 맞춘 프로젝트로 2015년에 권위 있는 터너 상을 받은 것도 놀라운 일은 아니다. 이 단체의 회원들은 도시공간에 개입하는 활동으로 이름을 알렸다. 이들은 오래된 런던의 주유소를 극장으로 탈바꿈시키기도 했으며, 사회적으로 낙후되어 '발도 들여 놓아서는 안 될 곳'으로 간주되던 리버풀의 그랜비 지역을 주민들과 함께 새로이 단장했다. 어셈블의 건축 및 도시계획은 그 공간의 사용자들과 더불어 이루어진다. 이것은 현대 도시발전의 새로운 징후인 것처럼 보이기도 한다.

오늘날 사람들은 자유공간을 쟁취하고 결정 과정에 참여하며 사용자와 동떨어진 도시 공간보다는 스스로 원하는 모습의 도시 공간을 조성하기 위해 집중적으로 투쟁한다. 수많은 도시의 정원들, 공공장소에서 벌어지는 단기 사회운동은 사람들이 도시의 조성에 적극적으로 참여하고자 한다는 증거이다.

진정한 '도시인'으로서의 삶

도시 환경의 복합성과 우연성, 통제 불능성은 오로지 직접 체험할 수 있을 뿐 과학 실험실에서 실험을 하듯 연출할 수 없다. 그런데 이 책에서도 묘사했듯이 감시와 규제를 통해 점점 더 통제가 강화되는 도시 환경에서 바로 이런 일이 벌어지고 있다. 도시적인 것이 단순히 '연출'되고 있는 것이다. 이런 '통제된 공간'은 얼핏 스트레스를 줄여주는 것처럼 보이지만, 사실 경직된 환경에서는 우리가 그토록 애착을 품는 도시다운 특성이 사라진다. 오직 '통제되지 않은' 도시에서만 도시 생활이 써 나아가는 특별한 역사를 체험할 수 있으며, 도시 역시 이런 조건에서만 우리에게 놀라운 존재가 된다. 도시를 완벽히 꿰뚫고 있지 못할 때 놀라움을 경험할 수 있기 때문이다.

우리 주위의 모든 것은 변화하며 그와 더불어 우리도 변화한다. 찰스 다윈은 "변화보다 확실한 것은 없다"라고 했다. 이 명언의 가장 확실한 증거가 바로 '도시인'이다. 우리가 도시의 일부가 되어 그것이 제공하는 공간을 제대로 활용한다면 말이다. 이미 나 있는 길에서 벗어나보는 것도 유익하다. 틀에 박힌 일상을 타파하고 돌아가는 길을 택하며, 어떤 장소에 머물거나 잠시 멈춰 서는 것도 좋다. 자동차를 세워 두고 자전거를 이용하거나 산책자처럼 걸어서 도심을 누비며, 각자의 인생이 펼쳐지는 무대장치로서 도시를 바라보라. 주변에서 벌어지는 광경 역시 자신이 적극적으로 관여할 수 있는 것으로 받아들여라. 양보하는 태도, 유화되고 유연한 태도를 견지하라. 우리가 '이상적인 도시'로부터 기대하는 바를 우리 스스로 수용하고 내 것으로 만들어야 한다.

도시 스트레스에 대처하는 법을 찾기 위해서는 주변 사람들 및 도시환경에 대한 관용이 필요하다. 각양각색의 사용자 및 이용방식을 허용하는 장소가 우리를 경탄하게 만드는 장소와 일치하는 것도 우연은 아니다. 도시 생활의 다양성이 특히 명확하게 드러나는 지점에서 도시는 우리에게 영감을 준다. 뉴욕과 베를린이 이 책에서 특히 자주 거론된 것 역시 우연이 아니다. 이 두 도시의 다양한 인종과 종교, 성적 성향, 인생계획들은 많은 사람에게 보금자리를 제공하기 위해 도시가 필요로 하는 다양성을 낳는다. 이른바 공동체라 불리는 것은 오로지 이러한 배경 아래에서만 탄생하며, 우리 역시 이를 통해 끊임없이 주위 사람들과 타협할 수 있게 된다.

이상적인 도시란 우리를 늘 똑같은 존재로 머물게 만드는 빗장공동체가 아니다. 다양한 사람들과 공유하며 한 걸음 내디딜 때마다 타인과 타협하도록 우리를 자극하고 독려하는 모든 구역, 블록, 거리가 바로 이상도시의 모습이다. 날마다 새로이 도시의 번잡함 속으로 뛰어들어 불완전한 모든 것을 끊임없이 너그러운 시선으로 바라보는 일에는 분명 에너지가 요구된다. 하지만 그렇게 할 때만이 도시는 비로소 스트레스를 덜 주고 덜 서두르며 도시의 일부가 되도록 우리를 받아줄 것이다.

‖ 참고문헌 ‖

Adelman, S., Blanchard, M., Rait, G., et al. "Prevalence of dementia in African-Caribbean compared with UKborn white older people. Two-stage cross-sectional study," in: *British Journal of Psychiatry,* 199 (2), pp.119–125, 2011.

Adli, M., Berger, M., Brakemeier, E.-L., et al. "Neurourbanism. Towards a new discipline," in: *The Lancet Psychiatry,* 4 (3), pp.183–185, 2017.

Adli, M., Berger, M., Brakemeier, E.-L., et al. "Neurourbanistik – einmethodischer Schulterschluss zwischen Stadtplanung und Neurowissenschaften," in: *Die Psychiatrie,* 13 (2), pp.70–78, 2016.

Akdeniz, C., Tost, H., Streit, F., et al. "Neuroimaging evidence for a role of neural social stress processing in ethnic minority-associated environmental risk," in: *JAMA Psychiatry,* 71 (6), pp.672–680, 2014.

Asbrock, F. and Fritsche, I. "Authoritarian reactions to terrorist threat. Who is being threatened, the Me or the We?," in: *International Journal of Psychology,* 48 (1), pp.35–49, 2013.

Barnett, E. and Halverson, J. "Disparities in premature coronary heart disease mortality by region and urbanicity among black and white adults ages 35–64, 1985–1995," in: *Public Health Report,* 115 (1), pp.52–64, 2000.

Basner, M., Babisch, W., Davis, A., et al. "Auditory and non-auditory effects of noise on health," in: *The Lancet,* 383 (9925), pp.1325–1332, 2014.

Bertelsmann Stiftung, ed. *Zuwanderer in Deutschland. Ergebnisse einer repräsentativen Befragung von Menschen mit Migrationshintergrund.* Durchgeführt durch das Institut für Demoskopie Allensbach im Auftrag der Bertelsmann Stiftung, 2009 (www. bertelsmannstiftung.de/cps/rde/xbcr/SID-63F39F6D-8B698679/bst/xcms_bst_dms_28825_28831_2.pdf).

Bertelsmann Stiftung, ed. "Ärztedichte. Neue Bedarfsplanung geht am Bedarf vorbei," in: *Spotlight Gesundheit. Daten, Analysen, Perspektiven,* 3, 2015.

Bettencourt, L. M. A., Lobo, J., Helbing, D., ed. "Growth, innovation, scaling, and the pace of life in cities," in: *Proceedings of the National Academy of Sciences,* 104 (17), pp.7301–7306, 2007.

Bickart, K. C., Wright, C. I., Dautoff, R. J., ed. "Amygdala volume and social network size in humans," in: *Nature Neuroscience,* 14, pp.163–164, 2011.

Blasio, B. de. "Healthier neighbourhoods through healthier parks," in: *The Lancet,* 388 (10062), pp.2850–2851, 2016.

Bornstein, M. H. and Bornstein, H. G. "The pace of life," in: *Nature,* 259, pp.557–559, 1976.

Boydell, J., van Os, J., McKenzie, K., et al. "Incidence of schizophrenia in ethnic minorities in London. Ecological study into interactions with environment," in: *The British Journal of Psychiatry,* 323 (7325), pp.1336–1338, 2001.

Bureau of Health Professions: *Area resource file, 2009–2010*. Technical documentation, Rockville 2010.

Cacioppo, J. T., Cacioppo, S. and Boomsma, D. I. “Evolutionary mechanisms for loneliness”, in: *Cognition & Emotion,* 28, pp.3–21, 2014.

Cacioppo, J. T., Hawkley, L. C., Crawford, L. E., et al. “Loneliness and health. Potential mechanisms”, in: *Psychosomatic Medicine,* 64, pp.407–417, 2002.

Cacioppo, J. T. and Patrick, W. *Loneliness. Human Nature and the Need for Social Connection,* New York, London 2008.

Cantor-Graae, E. and Selten, J. P. “Schizophrenia and migration. A meta-analysis and review,” in: *American Journal of Psychiatry,* 162 (1), pp.12–24, 2005.

Capitanio, J. P., Mendoza, S. P., Lerche, N. W., et al. “Social stress results in altered glucocorticoid regulation and shorter survival in simian acquired immune deficiency syndrome”, in: *Proceedings of the National Academy of Sciences,* 95 (8), pp.4714–4719, 1998.

Carvalho, F. G., Hidalgo, M. P., Levandovski, R. “Differences in circadian patterns between rural and urban populations. An epidemiological study in countryside,” in: *Chronobiology International,* 31 (3), pp.442–449, 2014.

Caspi, A., Sugden, K., Moffitt, T. E., et al. “Influence of life stress on depression. Moderation by a polymorphism in the 5-HTT gene,” in: *Science,* 18, pp.386–389, 2003.

Cheshire, J. “Featured graphic. Lives on the line. Mapping life expectancy along the London Tube network,” in: *Environment and Planning,* 44 (7), pp.1525–1528, 2012.

Clark, C., Martin, R., van Kempen, E., et al. “Exposure-effect relations between aircraft and road traffic noise exposure at school and reading comprehension. The RANCH project", in: *American Journal of Epidemiology,* 163 (1), pp.27–37, 2006.

Close, C., Kouvonen, A., Bosqui, T., et al. "The mental health and wellbeing of first generation migrants. A systematic-narrative review of reviews," in: *Global Health,* 12 (1), p.47, 2016.

Cohen, S., Frank, E., Doyle, W. J., et al. "Types of stressors that increase susceptibility to the common cold in healthy adults," in: *Health Psychology,* 17 (3), pp.214–223, 1998.

Cohen, S., Janicki-Deverts, D., Miller, G. E. "Psychological stress and disease," in: *Journal of the American Medical Association,* 298, pp.1685–1687, 2007.

Cohen-Cline, H., Turkheimer, E., Duncan, G. E. "Research report. Access to green space, physical activity and mental health. A twin study," in: *Journal of Epidemiology and Community Health,* 69, pp.523–529, 2015.

Coleman, J. S. "Social capital in creation of human capital," in: *American Journal of Sociology,* 94 (Supplement), pp.95–120, 1988.

Congdon, P. "Suicide and parasuicide in London. A small-area study," in: *Urban Studies,* 33 (1), pp.137–158, 1996.

Congdon, P. "Assessing the impact of socioeconomic variables on small area variations in suicide outcomes in England," in: *International Journal of Environmental Research and Public Health,* 10 (1), pp.158–177, 2012.

Conrad, Cheryl D. "Chronic stress-induced hippocampal vulnerability. The glucocorticoid vulnerability hypothesis," in: *Reviews in the Neurosciences,* 19 (6), pp.395–411, 2008.

Curry, J. M., Hanke, M. L., Piper, M. G., et al. "Social disruption induces lung inflammation," in: *Brain Behavior and Immunity,* 24 (3), pp.394–402, 2009.

Dunbar, R. I. How many friends does one person need? Dunbar's number and other evolutionary quirks, Cambridge 2010.

Dunbar, R. I. and Shultz, S. "Evolution in the social brain," in: *Science,* 317 (5843), pp.1344–1347, 2007.

Edelstein, E. A. and Macagno, E. "Form Follows Function. Bridging Neuroscience and Architecture," in: Stamatina, R. and Pardalos, P. M. (ed.): *Sustainable Environmental Design in Architecture,* New York 2012, pp.27–41.

Eisenberger, N. I. "An empirical review of the neural underpinnings of receiving and giving social support. Implications for health," in: *Psychosomatic Medicine,* 75 (6), pp.545–556, 2013.

Epel, E. S., Blackburn, E. H., Lin, J., et al. "Accelerated telomere shortening in response to life stress," in: *Proceedings of the National Academy of Sciences,* 101 (49), pp.17312–17315, 2004.

Flade, A., Greiff, R., Dauwe, E. et al. *Die sichere Stadt,* Darmstadt 1995.

Fogelholm, M., Valve, R., Absetz, P., et al. "Rural-urban differences in health and health behaviour. A baseline description of a community healthpromotion programme for the elderly," in: *Scandinavian Journal of Public Health,* 34 (6), pp.632–640, 2006.

Fontanella, C. A., Hiance-Steelesmith, D. L., Phillips, G. S., et al. "Widening ruralurban disparities in youth suicides, United States, 1996–2010," in: *JAMA Pediatrics,* 169 (5), pp.466–473, 2015.

Galea, S., Ahern J., Nandi A., et al.: "Urban neighborhood poverty and the incidence of depression in a population-based cohort study," in: *Annals of Epidemiology,* 17 (3), pp.171–179, 2007.

Ganten, D., Spahl, T., Deichmann, T. *Die Steinzeit steckt uns in den Knochen. Gesundheit als Erbe der Evolution,* München 2009.

Gehl, J. *Städte für Menschen,* Berlin 2015.

Geißler, W. *Kanalisation und Abwasserreinigung, Handbibliothek für Bauingenieure,* 3. Teil, Bd. 6, Berlin 1933.

Gianaros, P. J., Horenstein, J. A., Cohen, S., et al. "Perigenual anterior cingulate morphology covaries with perceived social standing," in: *Social Cognitive and Affective Neuro science,* 2 (3), pp.161–173, 2007.

Greier, K., Brunner, F., Riechelmann, H. "Wohnortgröße und motorische Leistungsfähigkeit von Kindergartenkindern," in: *Deutsche Zeitschrift für Sportmedizin,* 64 (10), pp.301–306, 2013.

Gruebner, O., Rapp, M. A., Adli, M., et al. "Risiko für psychische Erkrankungen in Städten," in: *Deutsches Ärzteblatt,* 114 (8), pp.121-127, 2017.

Haddad, L., Schäfer, A., Streit, F., et al. "Brain structure correlates of urban upbringing. An environmental risk factor for schizophrenia," in: *Schizophrenia Bulletin,* 41 (1): pp.115–122, 2015.

Hancock, T. and Duhl, L. *WHC Healthy Cities Project. A guide to assessing Healthy Cities,* Kopenhagen 1988.

Hanel, A. "Schutzgebiete für den Sternenhimmel," in: *Nationalpark,* 4, pp.12–16, 2007.

Hanson, J. L., Chung, M. K., Avants, B. B., et al. "Early stress is associated with alterations in the orbitofrontal cortex. A tensor-based morphometry investigation of brain structure and behavioral risk," in: The *Journal of Neuroscience,* 30, pp.7466–7472, 2010.

Hardesty, L. "Quantifying cities' emotional effects. A new Web tool could help measure subjective impressions of urban environments, which may have consequences for social behaviors," 2013 (http://news.mit.edu/2013/quantifying-urban-perceptions-0724).

Hasse, J. Übersehene Räume. *Zur Kulturgeschichte und Heterotopologie des Parkhauses,* Bielefeld 2007.

Hawkley, L. C. and Cacioppo, J. T. "Loneliness matters. A theoretical and empirical review of consequences and mechanisms," in: *Annals of Behavioral Medicine,* 40, pp.218–227, 2010.

von der Heide, R., Vyas, G., Olson, I. R. "The social network-network. Size is predicted by brain structure and function in the amygdala and paralimbic regions," in: *Social Cognitive and Affective Neuroscience,* 9 (12), pp.1962–1972, 2014.

Heim, C. and Binder, E. B. "Current research trends in early life stress and depression. Review of human studies on sensitive periods, gene-environment interactions, and pigenetic," in: *Experimental Neurology,* 233 (1), pp.102–111, 2012.

Heinonen-Guzejev, M., Vuorinen, H.S., Mussalo-Rauhamaa, H., et al. "Genetic component of noise sensitivity," in: *Twin Research and Human Genetics,* 8, pp.245–249, 2005.

Helliwell, J. F. and Putnam, R. D. "The social context of well-being," in: *Philosophical Transactions of the Royal Society B,* 359 (1449), pp.1435–1446, 2004.

Henriksen, R. E. and Thuen, F. "Marital quality and stress in pregnancy predict the risk of infectious disease in the offspring. The norwegian mother and child cohort study," in: *PLoS One,* 10(9), 2015.

Hoch, I. "City Size Effects, Trends, and Policies," in: *Science,* 193(4256), pp.856–863, 1976.

Hoel, L. A. "Pedestrian travel rates in central business districts," in: *Traffic Engineering,* 38, pp.10–13, 1968.

Holtan, M. T., Dieterlen, S. L., Sullivan, W. C. "Social life under cover. Tree canopy and social capital in Baltimore, Maryland," in: *Environment and Behavior,* 47 (5), pp.502–525, 2015.

Holt-Lunstad, J., Smith, T. B., Layton, J. B.: "Social relationships and mortality risk. A meta-analytic review," in: *PLoS Medicine,* 7 (7), 2010.

Holt-Lunstad, J., Smith, T. B., Baker, M., et al. "Loneliness and social isolation as risk factors for mortality. A meta-analytic review," in: *Perspectives on Psychological Science,* 10 (2), pp.227–237, 2015.

Howes, O. D., McCutcheon, R., Owen, M. J. et al. "The role of genes, stress, and dopamine in the development of schizophrenia," in: *Biological Psychiatry,* 81 (1), pp.9–20, 2017.

Isgor, C., Kabbaj, M., Akil, H., et al. "Delayed effects of chronic variable stress during peripubertal-juvenile period on hippocampal morphology and on cognitive and stress axis functions in rats," in: *Hippocampus,* 14, S. 636–648, 2004.

Iyengar, S. S. and Lepper, M. R. "When choice is demotivating. Can one desire too much of a good thing?," in: *Journal of Personality and Social Psychology,* 79 (6), pp.995–1006, 2000.

Jackson, J. E., Doescher, M. P., Jerant, A. F., et al. "A national study of obesity prevalence and trends by type of rural county," in: *Journal of Rural Health,* 21, pp.140–148, 2005.

Jeyaratnam, J. "Acute pesticide poisoning: A major global health problem," in: *World Health Statistics Quarterly,* 43, pp.139–144, 1990.

Joëls, M., Karst, H., Alfarez, D., et al. "Effects of chronic stress on structure and cell function in rat hippocampus and hypothalamus," in: *Stress,* 7 (4), pp.221–231, 2004.

Jokela, M., Bleidorn, W., Lamb, M. E., et a. "Geographically varying associations between personality and life satisfaction in the London metropolitan area," in: *Proceedings of the National Academy of Sciences,* 112 (3), pp.725–730, 2015.

Jokela, M., Kivimäki, M., Elovainio, M., et al. "Urban/rural differences in body weight. Evidence for social selection and causation hypotheses in Finland," in: *Social Science & Medicine,* 68 (5), pp.867–875, 2009.

Kanai, R., Bahrami, B., Roylance, R., et al. "Online social network size is reflected in human brain structure," in: *Proceedings of the Royal Society B,* 279 (1732), pp.1327–1334, 2012.

Kasperzak, T. *Stadtstruktur, Kriminalitätsbelastung und Verbrechensfurcht. Darstellung, Analyse und Kritik verbrechensvorbeugender Maßnahmen im Spannungsfeld kriminalgeographischer Erkenntnisse und bauplanerischer Praxis. Empirische Polizeiforschung,* Bd. 14, Holzkirchen 2000.

Kegler, S. R., Stone, D. M., Holland, K. M. "Trends in suicide by level of urbanization – United States, 1999–2015," in: *Morbidity and Mortality Weekly Report,* 66 (10), pp.270–273, 2017.

Keller, A., Hempstead, M., Gomez, I. A., et al. "An olfactory demography of a diverse metropolitan population," in: *BMC Neuroscience,* 13, p.122, 2012.

Kennedy, D. P., Gläscher, J., Tyszka, J. M. et al. "Personal space regulation by the human amygdala," in: *Nature Neuro science,* 12, pp.1226–1227, 2009.

Kotabe, H. P. "The world is random. A cognitive perspective on perceived disorder," in: *Frontiers in Psychology,* 5, p.606, 2014.

Kriminalistisch-Kriminologische Forschungsstelle. *Individuelle und sozialraumliche Determinanten der Kriminalitätsfurcht. Sekundäranalyse der Allgemeinen Bürgerbefragungen der Polizei in Nordrhein-Westfalen,* Forschungsberichte Nr. 4/2006, 2006.

Lazarus, R. S. "Psychological stress and coping in adaptation and illness," in: *The International Journal of Psychiatry in Medicine,* 5 (4), pp.321–333, 1974.

Le Goix, R. and Webster, C. "Gated Communities," in: *Geography Compass,* 4, pp.1189–1214, 2008.

Lederbogen, F., Kirsch, P., Haddad, L., et al. "City living and urban upbringing affect neural social stress processing in humans," in: *Nature,* 474 (7352), pp.498–501, 2011.

Lee, A. C. K. and Maheswaran, R. "The health benefits of urban green spaces. A review of the evidence," in: *Journal of Public Health,* 33 (2), pp.212–222, 2011.

Lelieveld, J., Evans, J. S., Fnais, M., et al. "The contribution of outdoor air pollution sources to premature mortality on a global scale," in: *Nature,* 525, pp.367–371, 2015.

Levandovski, R., Dantas, G., Fernandes L. C., et al.: "Depression scores associate with chronotype and social jetlag in a rural population," in: *Chronobiology International,* 28, pp.771–778, 2011.

Levine, R. and Norenzayan, A. "The Pace of Life in 31 Different Countries," in: *Cross-Cultural Psychology,* 30, pp.178–205, 1995.

Lindroth, M., Lundqvist, R., Lilja, M., et al. "Cardiovascular risk factors differ between rural and urban Sweden. The 2009 Northern Sweden MONICA cohort," in: *BMC Public Health,* 14, p.825, 2014.

Linehan, T., Bottery, S., Kaye, A., et al. *2030 vision. The best and worst futures for older people in the UK,* London 2014.

London School of Economics, Urban Age. *New York is almost alright?* Conference Newspaper, 2006.

Ma, Q., Pei, G. and Jin, J. "What Makes You Generous? The Influence of Rural and Urban Rearing on Social Discounting in China," in: *PLoS One,* 10 (7), 2015.

Maercker, A., Michael, T., Fehm, L., et al. "Age of traumatisation as a predictor of post-traumatic stress disorder or major depression in young women," in: *British Journal of Psychiatry,* 184, pp.482–487, 2004.

Maguire, E. A., Gadian, D. G., Johnsrude, I. S., et al. "Navigation-related structural change in the hippocampi of taxi drivers," in: *Proceedings of the National Academy of Sciences,* 97 (8), pp.4398–4403, 2000.

Maguire, E. A., Woollett, K., Spiers, H. J. "London taxi drivers and bus drivers. A structural MRI and neuropsychological analysis," in: *Hippocampus,* 16 (12), pp.1091–1101, 2006.

Mallgrave, H. "'Know thyself.' Or what designers can learn from the contemporary biological sciences," in: Robinson, S. and Pallasmaa, J. (ed.): *Mind in architecture. Neuroscience, embodiment, and the future of design,* Cambridge 2015, pp.9–32.

Margittai, Z., Strombach, T., van Wingerden, M., et al. "A friend in need. Time-dependent effects of stress on social discounting in men," in: *Hormones & Behavior,* 73(Supplement C), pp.75–82, 2015.

Martin, A., Goryakin, Y., Suhrcke, M. "Does active commuting improve psychological wellbeing? Longitudinal evidence from eighteen waves of the british household panel survey," in: *Preventive Medicine,* 69, pp.296–303, 2014.

McEwen, B. S. "Physiology and neurobiology of stress and adaptation. Central role of the brain," in: *Physiological Reviews,* 87 (3), pp.873–904, 2007.

McEwen, B. S. "Brain on stress. How the social environment gets under the skin," in: *Proceedings of the National Academy of Sciences,* 109 (Supplement 2), pp.17180–17185, 2012.

McGuirk, J. "Understanding the numbers," in: Burdett, R. and Sudjic, D. (ed.): *Living in the Endless City,* London 2011.

Melinder, K. *Stress in the cities and overweight in rural areas?,* Swedish National Institute of Public Health, 2007.

Meyer, W. B. *The Environmental Advantages of Cities. Countering Commonsense Antiurbanism,* Cambridge 2013.

Milgram, S. "The experience of living in cities," in: *Science,* 167 (3924), pp.1461–1468, 1970.

Milgram, S. "Cities as social representations," in: Farr, R. M. and Moscovici, S.

(ed): *Social representations,* London 1982, pp.289–309.

Milgram, S. and Jodelet, D. "Psychological maps of Paris," in: Proshansky, H. M., Ittelson, W. H., Rivlin, L. G. (ed.): *Environmental psychology. People and their physical settings,* New York 1976, pp.104–124.

Mitchell, R. and Pohpham, F. "Effect of exposure to natural environment on health inequalites. An observational population study," in: *The Lancet,* 372, pp.1655–1660, 2008.

Mitchell, R. J., Richardson, E. A., Shortt, N. K., et al. "Neighborhood environments and socioeconomic inequalities in mental well-being," in: *American Journal of Preventive Medicine,* 49 (1), pp.80–84, 2015.

Morat, D. "Zwischen Lärmpest und Lustbarkeit. Die Klanglandschaft der Großstadt in umwelt- und kulturhistorischer Perspektive," in: Bernd Herrmann (ed.): *Beiträge zum Gottinger Umwelthistorischen Kolloquium* 2009, 2010.

Mueller, U., Nauck, B., Diekmann, A. Handbuch der Demographie, Bd. 2: *Anwendungen,* Berlin, Heidelberg 2013.

Müller, G. *Garagen in ihrer Bedeutung für Kraftverkehr und Stadtebau,* Berlin 1937.

Newman, O. *Creating Defensible Space,* New York 1972.

Nordin, S., Körning Ljungberg, J., Claeson, A. S., et al. "Stress and odor sensitivity in persons with noise sensitivity," in: *Noise Health,* 15, pp.173–177, 2013.

van Os, J. "Does the urban environment cause psychosis?," in: *British Journal of Psychiatry,* 184 (4), pp.287–288, 2004.

van Os, J., Kenis, G., Rutten, B. P. F. "The environment and schizophrenia," in: *Nature,* 468 (7321), pp.203–212, 2010.

Osterhammel, J. *Die Verwandlung der Welt. Eine Geschichte des 19. Jahrhunderts,* München 2009.

Paccoud, A. "Measuring metropolitan wellbeing," in: London School of Economics (ed.): *Cities Health and Wellbeing,* Urban Age Conference, 2011.

Payer, Peter. "Signum des Urbanen. Geräusch und Larm der Großstadt um 1900"(http://www.bpb.de/gesellschaft/kultur/sound-des-jahrhunderts/209557/grossstadt-um-1900).

Pedersen, C. B. and Mortensen, P. B. "Evidence of a dose–response relationship between urbanicity during upbringing and schizophrenia risk," in: *Archives of General Psychiatry,* 58 (11), pp.1039–1046, 2001.

Pedersen, C. B. and Mortensen, P. B. "Are the cause(s) responsible for urban-rural differences in schizophrenia risk rooted in families or in individuals?," in: *American Journal of Epidemiology,* 163 (11), pp.971–978, 2006.

Pedersen, E. "City dweller responses to multiple stressors intruding into their homes. Noise, light, odour, and vibration," in: *International Journal of Environmental Research and Public Health,* 12, pp.3246–3263, 2015.

Peen, J., Schoevers, R. A., Beekman, A. T., et al. "The current status of urban-rural differences in psychiatric disorders," in: *Acta Psychiatrica Scandinavica,* 121 (2), pp.84–93, 2010.

Persson, R., Björk, J., Ardö, J., et al. "Trait anxiety and modelled exposure as determinants of self-reported annoyance to sound, air pollution and other environmental factors in the home," in: *International Archives of*

Occupational and Environmental Health, 81, pp.79–91, 2007.

Peucker, M. *Racism and Ethnic Discrimination in Germany*. Update Report, 2010 (www.efms.uni-bamberg.de/CDC_Germany_2010).

Pope, D., Tisdall, R., Middleton, J., et al. "Quality of and access to green space in relation to psychological distress. Results from a populationbased cross-sectional study as part of the EURO- URHIS 2 project," in: *European Journal of Public Health,* 2015 (Epub ahead of print).

Putnam, R. D. *Making Democracy Work. Civic Traditions in Modern Italy,* Princeton 1993.

Putnam, R. D. *Bowling alone. The collapse and revival of American community,* New York 2001.

Rapp, M. A., Kluge, U., Penka, S., et al. "When local poverty is more important than your income: Mental health in minorities in inner cities," in: *World Psychiatry,* 14, pp.249–250, 2015.

Rasmussen, F., Johansson, M., Hansen, H. O. "Trends in overweight and obesity among 18-year-old males in Sweden between 1971 and 1995," in: *Acta Paediatrica,* 88, pp.431–437, 1999.

Regener, S. *Der kleine Bruder,* Frankfurt am Main 2008.

Reutskaja, E. and Hogarth, R. M. "Satisfaction in choice as a function of the number of alternatives. 'When goods satiate'", in: *Psychology & Marketing,* 26 (3), pp.197–203, 2009.

Risen, J. *Pay any Prize. Greed, Power and Endless War,* Boston 2014.

Rocha, L. E., Thorson, A. E., Lambiotte, R. "The non-linear health consequences of living in larger cities," in: *Journal of Urban Health,* 92 (5), pp.785–799, 2015.

Röder, U.-R. "Selbstkonstruktion und interpersonale Distanz" (Dissertation Freie Universität Berlin, 2003), http://www.diss.fu-berlin.de/diss/receive/FUDISS_thesis_000000001119.

Rodin, J. "Density, perceived choice and response to controllable and uncontrollable outcomes," in: *Journal of Experimental Social Psychology,* 12, pp.564–578, 1976.

Roenneberg, T. and Merrow, M. "Entrainment of the human circadian clock," in: *Cold Spring Harbor Symposia on Quantitative Biology,* 72, pp.293–299, 2007.

Roenneberg, T., Kumar, C. J., Merrow, M. "The human circadian clock entrains to sun time," in: *Current Biology,* 17 (2), pp.44–45, 2007.

Rotton, J. "Pedestrian movement in warm and cool settings. Three quasi-experiments," Paper presented at the annual meeting of the American Psychological Association, Los Angeles 1985.

Ruhne, R. *Raum Macht Geschlecht. Zur Soziologie eines Wirkungsgefuges am Beispiel von (Un)Sicherheiten im öffentlichen Raum,* Wiesbaden 2011.

Rydin, Y., et al. "Shaping cities for health. Complexity and the planning of urban environments in the 21st century," in: *The Lancet,* 379 (9831), pp.2079–2108, 2012.

Sachs, J., Becchetti, L., Annett, A. *World Happiness Report 2016,* Special Rome Edition (Vol. II), New York 2016.

Schiller, J. S., Lucas, J. W., Ward, B. W., et al. "Summary health statistics for U.S. adults: National Health Interview Survey, 2010," in: *Vital and Health Statistics,* 10 (252), pp.1–207, 2012.

Schlaffer, H. *Die City. Straßenleben in der geplanten Stadt,* Springe 2013.

Schläpfer, M., Bettencourt, L. M., Grauwin, S., et al. "The scaling of human interactions with city size," in: *Journal of the Royal Society Interface,* 11 (98), p.20130789, 2014.

Schnur, O. "Gute Beziehungen, schlechte Beziehungen. Lokales Sozialkapital und soziale Integration von Migranten im Quartier," vhw, FW 3, Juni–Juli 2008 (https://www.researchgate.net/publication/282247144_Gute_Beziehungen_schlechte_Beziehungen_Lokales_Sozialkapital_und_soziale_Integration_von_Migranten_im_Quartier).

Schreyögg, F. "Tatorte. Orte der Gewalt im öffentlichen Raum," in: *Bauwelt,* 6, pp.196–209, 1989.

Schwartz, B. "Self-determination. The tyranny of freedom," in: *American Psychologist,* 55 (1), pp.79–88, 2000.

Seligman, M. E. P. *Erlernte Hilflosigkeit,* München, Wien, Baltimore 1979.

Selten, J. P., Booij, J., Buwalda, B. et al. "Biological mechanisms whereby social exclusion may contribute to the etiology of psychosi. A narrative review," in: *Schizophrenia Bulletin,* pii: sbw180, 2017.

Selye, H. *The physiology and pathology of exposure to stress, a trea tise based on the concepts of the general-adaptation-syndrome and the diseases of adaptation,* Montreal 1936.

Selye, H. *The physiology and pathology of exposure to stress, a treatise based on the concepts of the general-adaptation-syndrome and the diseases of adaptation,* Montreal 1950.

Senat von Berlin, Bezirksamt Neukölln, ed. *Sozialbericht Neukölln. Zur sozialen Lage der Bevölkerung,* 2016.

Senatsverwaltung für Gesundheit und Soziales. *Berlin. 80plus. Gesundheitliche und pflegerische Versorung hochaltriger Menschen* (http://www.berlin.de/sen/gessoz/_assets/80plus/80plus_netz.pdf).

Sennett, R. Civitas. *Die Großstadt und die Kultur des Unterschieds*, Berlin 2011 (a).

Sennett, R. "Why complexity improves the quality of city life," in: *Hong Kong. Cities Health and Wellbeing*, Urban Age Conference Readings, 2011 (b).

Sennett, R. *Zusammenarbeit. Was unsere Gesellschaft zusammenhält*, Berlin 2012.

Sergeev, A. V. "Racial and rural–urban disparities in stroke mortality outside the Stroke Belt," in: *Ethnicity & Disease*, 21 (3), pp.307–313, 2011.

Simmel, G. "Die Großstädte und das Geistesleben," in: Petermann, T.: Die Großstadt. *Vorträge und Aufsätze zur Städteausstellung* (Jahrbuch der Gehe-Stiftung, Bd. 9), pp.185–206, Dresden 1903.

Singh, G. K. and Siahpush, M.: "Widening rural-urban disparities in all-cause mortality and mortality from major causes of death in the USA, 1969–2009," in: *Urban Health*, 91 (2), pp.272–292, 2014.

Slavich, G. M., Way, B. M., Eisenberger, N. I., et al. "Neural sensitivity to social rejection is associated with inflamma tory responses to social stress," in: *Proceedings of the National Academy of Sciences of the United States of America*, 107 (33), pp.14817–14822, 2010.

Sotiropoulos, I., Catania, C., Pinto, L. G., et al. "Stress acts cumulatively to precipitate Alzheimer's disease-like tau pathology and cognitive deficits," in: *Journal of Neuroscience*, 31 (21), pp.7840–7847, 2011.

Stansfeld, S. A., Berglund, B., Clark, C., et al. "Aircraft and road traffic noise and children's cognition and health. A cross-national study," in: *The Lancet*, 365 (9475), pp.1942–1949, 2005.

Statistisches Bundesamt. *Alleinlebende in Deutschland. Ergebnisse des*

Mikrozensus 2011, Wiesbaden 2012.

Steffen, P. R., McNeilly, M., Anderson, N. et al. "Effects of perceived racism and anger inhibition on ambulatory blood pressure in African Americans," in: *Psychosomatic Medicine,* 65, pp.746–750, 2003.

Steinheuser, V., Ackermann, K., Schönfeld, P., et al. "Stress and the City. Impact of urban upbringing on the (re)activity of the hypothalamus-pituitary-adrenal axis," in: *Psychosomatic Medicine,* 76 (9), pp.678–685, 2014.

Techniker Krankenkasse, ed. *Beweg Dich, Deutschland! – TK-Studiezum Bewegungsverhalten der Menschen in Deutschland,* 2013.

Theeke, L. A. "Sociodemographic and health-related risks for loneliness and outcome differences by loneliness status in a sample of U.S. older adults, in: *Research in Gerontological Nursing,* 3, pp.113–125, 2010.

Triandis, H. *Individualism and Collectivism,* Boulder 1995.

United Nations, Department of Economic and Social Affairs, Population Devision. *World Urbanization Prospects: The 2005 Revision,* New York 2006.

United Nations, Department of Economic and Social Affairs, Population Division (2014). *World Urbanization Prospects: The 2014 Revision,* Highlights (ST/ESA/SER.A/352), New York 2014

"Urban health post-2015 (Editorial)", in: *The Lancet,* 385 (9970), p.745, 2015.

Vassos, E., Pedersen, C. B., Murray, R. M., et al. "Meta-analysis of the association of urbanicity with schizophrenia," in: *Schizophrenia Bulletin,* 38, pp.1118–1123, 2012.

Walmsley, D. J. and Lewis, G. J. "The Pace of Pedestrian Flows in Cities," in: *Environment & Behaviour,* 21 (2), pp.123–150, 1989.

Weaver, A., Himle, J. A., Taylor, R. J., et al. "Urban vs Rural Residence and the Prevalence of Depression and Mood Disorder Among African American Women and Non-Hispanic White Women," in: *JAMA Psychiatry,* 72 (6), pp.576–583, 2015.

Weber, A. *Mehr Matsch! Kinder brauchen Natur,* Berlin 2011.

Wissenschaftlicher Dienst der AOK, ed. *Fehlzeiten-Report 2012, Schwerpunktthema. Gesundheit in der flexiblen Arbeitswelt. Chancen nutzen, Risiken minimieren,* Berlin 2012.

Yehuda, R., Daskalakis, N. P., Bierer, L. M., et al. "Holocaust Exposure Induced Intergenerational Effects on FKBP5 Methylation," in: *Biological Psychiatry,* 80 (5), pp.372–380, 2016.

Zammit, S., Lewis, G., Rasbash, J., et al. "Individuals, schools, and neighborhood. A multi-level longitudinal study of variation in incidence of psychotic disorders," in: *Archives of General Psychiatry,* 67 (9), pp.914–922, 2010.

Zurawski, N. Technische Innovationen und deren gesellschaftliche Auswirkungen im Kontext von Überwachung, in: *Schriftenreihe Sicherheit,* Nr. 16, April 2015.

‖ 주석 ‖

프롤로그

1. Adli et al., 2017
2. Adli et al., 2016

Chapter 1. 도시의 스트레스

1. Selye, 1950
2. Lazarus, 1974
3. McEwen, 2007
4. McEwen, 2012
5. Cohen and Miller, 2007
6. Capitani et al., 1998
7. Epel et al., 2004

Chapter 2. 도시의 사람들

1. Dunbar and Shultz, 2007
2. Cantor-Graae and Selten, 2005
3. http://faculty.maxwell.syr.edu/rdenever/internationalsecurity/sageman.pdf
4. Henriksen and Thuen, 2015

5. Slavich et al., 2010
6. Curry et al., 2009
7. Cohen et al., 1998
8. Steffen et al., 2003
9. Heim and Binder, 2012
10. Joels et al., 2004
11. Conrad, 2008
12. Sotiropoulos et al., 2011
13. Lederbogen et al., 2011
14. Haddad et al., 2015

Chapter 3. 도시의 고충

1. Simmel, 1903
2. Hoch, 1976
3. Hoel, 1985
4. Triandis, 1995
5. http://www.richardwiseman.com/quirkology/pace_home.htm
6. Levine and Norenzayan, 1995
7. http://www.zeit.de/2004/31/A-Verkehr_in_Rom
8. Zit. nach Payer, "Signum des Urbanen. Gerausch und Larm der Großstadt um 1900"(http://www.bpb.de/gesellschaft/kultur/sound-des-jahrhunderts/209557/grossstadt-um-1900)
9. Lessing 1908; Morat, 2010
10. http://www.zeit.de/zeit-geschichte/2013/02/theodor-lessinglaerm-kaiserreich/seite-2
11. Basner et al., 2014
12. Stansfeld et al., 2005
13. Clark et al., 2006
14. Persson et al., 2007

15. Nordin et al., 2013
16. Heinonen-Guzejev et al., 2005
17. Pedersen, 2015
18. Iyengar and Lepper, 2000
19. Schwartz, 2000
20. Reutskaja and Hogarth, 2009

Chapter 4. 도시의 교통

1. https://www.theguardian.com/uk/2004/nov/30/research.transport
2. Muller, 2007
3. Gehl, 2015
4. Wissenschaftlicher Dienst der AOK (ed.), 2012
5. Putnam, 2001
6. Martin et al., 2014
7. http://www.uea.ac.uk/about/media-room/press-release-archive/-/asset_publisher/a2jEGMiFHPhv/content/walking-or-cyclingto-work-improves-wellbeing-university-of-east-anglia-researchers-find
8. Maguire et al., 2000; Maguire et al., 2006

Chapter 5. 도시의 위험

1. Kasperzak, 2000, p.122
2. Flade et al., 1989
3. Kriminalistisch-Kriminologische Forschungsstelle, 2006
4. Ruhne, 2011
5. Seligman, 1979
6. Rodin, 1976
7. Newman, 1972
8. Le Goix and Webster, 2008
9. www.marthashof.de

10. 리처드 세넷과 나눈 대화에서
11. Kotabe, 2014
12. Zurawski, 2015
13. Yehuda et al., 2016
14. 25년 동안 뉴욕에 살고 있는 영화 제작자 토마스 할라신스키와 나눈 대화에서
15. Asbrock and Fritsche, 2013

Chapter 6. 도시의 아이들

1. Maercker et al., 2004
2. Caspi et al., 2003
3. Heim and Binder, 2012
4. Howes et al., 2017
5. Vassos et al., 2012
6. van Os, 2004
7. Pedersen and Mortensen, 2001
8. Pedersen and Mortensen, 2006
9. Zammit et al., 2010
10. Selten et al., 2017
11. Isgor et al., 2004; Hanson et al., 2010
12. Steinheuser et al., 2014
13. Weber, 2011
14. www.theatlantic.com/magazine/archive/2014/04/hey-parentsleave-those-kids-alone/358631/
15. Hillienhof, 2014
16. Hornlein, K.: "Wo ist das Abenteuerland?," ZEIT online, 3. 9. 2015, http://www.zeit.de/2015/34/kinder-freiraum-freiheit-abenteuer
17. http://www.welt.de/welt_print/article2180543/Mehr-Platz-fuer-Kinder.html
18. https://bernardvanleer.org/solutions/urban95/
19. https://igarape.org.br/en/apps/child-security-index/

Chapter 7. 도시의 건강

1. Lelieveld et al., 2015
2. Greier et al., 2013
3. Techniker Krankenkasse, 2013
4. Hanel, 2007
5. http://www.faz.net/aktuell/wissen/erde-klima/lichtverschmutzung-wenn-die-nacht-zum-tag-wird-14278758.html
6. http://www.deutschlandradiokultur.de/es-gibt-zwei-schwerpunktzeiten.954.de.html?dram:article_id=144246
7. Ganten et al., 2009
8. http://www.fu-berlin.de/presse/publikationen/fundiert/archiv/2004_02/04_02_krzywanek/index.html
9. Geißler, 1933
10. Urban health post-2015 (Editorial), The Lancet 385 (9970): p.745, 2015
11. http://www.bpb.de/apuz/183456/urbanisierung-megastaedte-undinformelle-siedlungen?p=all
12. http://www.deutschlandradiokultur.de/dicke-luft-und-verseuchtefluesse-neu-delhi-ist-die.979.de.html?dram:article_id=328488
13. Rocha et al., 2015
14. Schiller et al., 2012
15. Barnett and Halverson, 2000; Sergeev, 2011
16. Fogelholm et al., 2006; Jackson et al., 2005; Rasmussen et al., 1999
17. Jokelaa et al., 2009
18. Melinder 2007; Lindroth et al., 2014
19. Singh and Siahpush, 2014
20. Bureau of Health Professions, 2010
21. Carvalho et al., 2014
22. Roenneberg and Merrow, 2007
23. Roenneberg et al., 2007

24. Levandovski et al., 2011
25. Bertelsmann Stiftung (ed.), 2015
26. Peen et al., 2010
27. Kegler et al., 2017
28. Fontanella et al., 2015
29. Jeyaratnam, 1990
30. van Os et al., 2010
31. Peen et al., 2010
32. http://www.who.int/healthy_settings/types/cities/en/
33. Hancock and Duhl, 1988
34. McGuirk, 2011
35. Rydin et al., 2012
36. Cheshire, 2012
37. Pope et al., 2015
38. Vgl. etwa http://www.zeit.de/2010/44/GL-Stadtentwicklung
39. Lee and Maheswaran, 2011
40. Mitchell and Pohpham, 2008
41. Cohen-Cline et al., 2015
42. Mitchell et al. 2015; European Quality of Life Survey 2012 참조. http://www.eurofound.europa.eu/surveys/europeanquality-of-life-surveys-eqls/european-quality-of-life-survey-2012
43. Holtan et al., 2015

Chapter 8. 도시의 고독

1. https://lsecities.net/media/objects/articles/high-density-living-inhong-kong/en-gb/
2. Sachs et al., 2016
3. Simmel, 1903
4. Milgram, 1970

5. https://albert-schweitzer-stiftung.de/wp-content/uploads/Legehennen-Albert-Schweitzer-Stiftung-fuer-unsere-Mitwelt-08-April-2016.pdf
6. Kennedy et al., 2009
7. Hier nach Roder, 2003
8. Cacioppo et al., 2014
9. Hawkley and Cacioppo, 2010; Cacioppo et al., 2002; Theeke, 2010
10. Holt-Lunstad, et al., 2015
11. Holt-Lunstad, 2010
12. Dunbar, 2010
13. Eisenberger, 2013
14. Lederbogen et al., 2011
15. Bickart et al., 2011; Kanai et al., 2012
16. Cacioppo, 2008; von der Heide et al., 2014
17. Linehan et al., 2014
18. Statistisches Bundesamt, 2012
19. Mueller et al., 2013
20. Schlapfer et al., 2014
21. Gianaros et al., 2007
22. Sennett, 2011 (b)
23. Sennett, 2011 (a), p.187

Chapter 9. 도시의 이방인

1. http://www.bpb.de/nachschlagen/zahlen-und-fakten/sozialesituation-in-deutschland/61646/migrationshintergrund-i
2. www.bpb.de/nachschlagen/zahlen-und-fakten/soziale-situationin-deutschland/61646/migrationshintergrund-i
3. Stand Mikrozensus 2013 (www.bpb.de/nachschlagen/zahlenund-fakten/soziale-situation-in-deutschland/61646/migrationshintergrund-i http://www.migration-info.de/sites/migration-info.de/files/field/image/mub_15-

04_migrationshintergrund_infografik_denizkeskin.jpg.)
4. Bertelsmann Stiftung (ed.), 2009
5. Bertelsmann Stiftung (ed.), 2009
6. Senat von Berlin, Bezirksamt Neukolln (ed.), 2016
7. Close et al., 2016; Cantor-Graae and Selten, 2005; Akdeniz et al., 2014
8. Adelman et al., 2011
9. Galea et al., 2007; Zammit et al., 2010
10. Rapp et al., 2015
11. Peucker, 2010
12. Cantor-Graae and Selten, 2005
13. Boydell et al., 2001
14. 메리암 슐러 오카크와 나눈 대화 중에서

Chapter 10. 도시의 재구성

1. Milgram and Jodelet 1982, pp.289~309
2. Schlaffer, 2013
3. Edelstein and Macagno 2012, pp.27~41; Mallgrave 2015, pp.9~32
4. Hardesty, 2013
5. http://www.bmwguggenheimlab.org/testing-testing-mumbai
6 .http://senseable.mit.edu/rfi/
7. Keller et al., 2012

Chapter 11. 도시의 사회자본

1. Jokela et al., 2015
2. http://www.mercer.de/newsroom/lebensqualitaet-muenchenbleibt-nummer-eins-in-deutschland.html
3. http://www.wiwo.de/politik/deutschland/staedteranking/
4. Putnam, 1993; Coleman, 1988
5. Dunbar and Shultz, 2007

6. Helliwell and Putnam, 2004

7. Putnam, 2001

8. Ma et al., 2015

9. http://www.hochschule-heidelberg.de/de/news-events/news/detail/news/2014/11/03/wegsehen-oder-zivilcourage-beweisen/

10. Margittai et al., 2015

11. http://www.rd.com/culture/most-honest-cities-lost-wallet-test/

12. Schnur, 2008

Chapter 12. 도시의 활용

1. Regener, 2008, p.18

옮긴이 **이지혜**
숭실대학교 정치외교학과를 졸업하고, 하이델베르크 대학교에서 정치학과 서양미술사학 학 · 석사 통합 과정을 마쳤다. 책에 대한 애착과 다방면에 대한 관심사를 살려 출판번역가의 길을 택한 뒤 다양한 분야의 책을 번역해왔다. 옮긴 책으로는 『생이 보일 때까지 걷기』, 『만나고 헤어지는 것이 이렇게 어려웠던가』, 『나에게 집중하는 연습』, 『나르시시스트 리더』 등이 있다.

도시에 산다는 것에 대하여

초판 1쇄 인쇄 2018년 12월 18일
초판 3쇄 발행 2020년 8월 25일

지은이 마즈다 아들리 **옮긴이** 이지혜
펴낸이 김종길 **펴낸 곳** 글담출판사 **브랜드** 아날로그

기획편집 이은지 · 이경숙 · 김보라 · 김윤아
마케팅 박용철 · 김상윤 **디자인** 엄재선 · 손지원 **홍보** 정미진 · 김민지 **관리** 박인영

출판등록 1998년 12월 30일 제2013-000314호
주소 (04209) 서울시 마포구 월드컵로8길 41(서교동483-9)
전화 (02) 998-7030 **팩스** (02) 998-7924
페이스북 www.facebook.com/geuldam4u **인스타그램** geuldam
블로그 blog.naver.com/geuldam4u

ISBN 979-11-87147-34-3 (03300)
책값은 뒤표지에 있습니다.
잘못된 책은 바꾸어 드립니다.

이 도서의 국립중앙도서관 출판시도서목록(CIP)은 e-CIP 홈페이지(www.nl.go.kr/ecip)와 국가자료공동목록시스템(www.nl.go.kr/kolisnet)에서 이용하실 수 있습니다.
(CIP 제어번호 : 2018039080)

만든 사람들
책임편집 김보라 **디자인** 박경은 **교정·교열** 윤혜숙 **표지 일러스트** 조혜주